Wir waren eine glückliche Familie: Vater Professor Dr. Arnulf von Hoyer, Sohn Alexander Jurka, Mutter Alja Rachmanowa

ALJA RACHMANOWA

Milchfrau in Ottakring

Tagebuch einer
russischen Frau

LIST VERLAG MÜNCHEN

Gestaltung des Schutzumschlags: Design Team, München

Diese deutsche Buchausgabe enthält die russischen Originaltagebücher der Verfasserin nach ihrer Verbannung aus Rußland und zwar die Jahre 1926 und 1927. Die in den Jahren 1916–1920 niedergeschriebenen Tagebücher erschienen unter dem Titel »Studenten, Liebe, Tscheka und Tod«, die aus den Jahren 1920–1925 unter dem Titel »Ehen im roten Sturm«. Die deutsche Übersetzung nach der russischen Urschrift besorgte Dr. Arnulf von Hoyer.

Die Werke Alja Rachmanowas erreichten eine Gesamtauflage von über zwei Millionen. Übersetzungen liegen in 21 Sprachen vor.

ISBN 3-471-78526-4

1979 Paul List Verlag GmbH & Co KG, München
über 100 Tausend

Satz: Fotosatz Schönthaler, Ludwigsburg
Druck und Bindearbeit: R. Oldenbourg

Dieses Buch ist meinem Manne gewidmet,

meiner „Sonne",

Prof. Dr. Arnulf von Hoyer,

– in diesem Buche „Otmar Wagner" genannt, –

in tiefer Dankbarkeit

für die fast 50 Jahre

unserer glücklichen Ehe.

Alja Rachmanowa

Held sein eine Minute, eine Stunde lang,
das ist leichter als in stillem Heroismus den Alltag zu tragen.
Nehmt es nur auf euch, das Leben in diesem grauen,
eintönigen Alltag, dieses Wirken, für das euch niemand lobt,
dessen Heldentum niemand bemerkt,
das in niemandem Interesse für euch erweckt;
wer diesen grauen Alltag erträgt
und dennoch dabei Mensch bleibt,
der ist wirklich ein Held!

Dostojewskij

17. DEZEMBER 1925.

Unser Zug kam in der Frühe in Wien an. Otmar nahm unsere beiden kleinen Handkoffer, ich den Knaben. Er war noch recht verschlafen und sah sich erschrocken nach allen Seiten um. Wir verließen den Bahnhof mit der Menge, die sich am Ausgange nach allen Seiten zerstreute. Viele wurden von Angehörigen erwartet. Uns erwartete niemand, wir wußten nicht, wohin wir gehen sollten. Wir begaben uns in einen Park in der Nähe des Bahnhofes und setzten uns auf eine Bank, die leicht mit Reif bedeckt war. Ein Gefühl tiefer Einsamkeit erfaßte meine Seele. Von allen Seiten her drang der Lärm der Großstadt auf uns ein, Automobile hupten und durch den Park liefen Leute, mit Paketchen beladen, einige trugen kleine Tannen. Man fühlte offensichtlich die Nähe des Weihnachtsfestes.

»Mich friert an den Händen!« sagte der Knabe. »Ich will nach Hause!«

Nach Hause! Dieses Wort klang mir sinnwidrig, phantastisch.

»Wir haben im ganzen zweihundertfünfunddreißig Schilling. Wir können nur in ein ganz billiges Hotel gehen«, ließ sich nach einer Weile Otmar vernehmen.

»Ich will essen und mir sind auch schon die Füße ganz abgefroren!« klagte Jurka wieder mit weinerlicher Stimme.

Langsam erhoben wir uns und gingen durch die breite, nüchterne Laxenburgerstraße. Vor einem Gasthof blieben wir stehen und traten nach einiger Überlegung ins Gastzimmer ein. Ein dickes, verschlafenes Weib in einer blauen, schmutzigen Schürze nahm schweigend unsere Bestellung entgegen und brachte uns nach langer Zeit die verlangte Milch. Ein junges Mädchen, ebenso verschlafen wie die Alte, bewegte mit viel Geräusch die Tische, auf denen die umgekehrten Stühle aufgestellt waren.

»Ich will nach Hause, zum Großvater und zur Großmutter!« begann der Knabe zu weinen. »Ich will hier nicht wohnen!«

Nun machten wir uns daran, ein passendes Hotel zu suchen. Auf den Straßen keine Spur von Schnee; ein warmer Wind blies, vereinzelt fielen Regentropfen. Grauer Himmel bedeckte die Stadt. Vor wenigen Tagen noch, in Moskau, hatte es Minus 30 Grad und überall, soweit unsere Augen reichten, Schnee, nichts als Schnee...

Das Zimmer, das wir in dem nächsten Gasthof mieteten, war ein langer, halbdunkler Raum mit zwei eisernen Betten. Kalt und unfreundlich war es.

Ich legte den Knaben nieder und sofort schlief er ein.

Otmar nahm mich bei der Hand.

»Nun müssen wir überlegen, was wir anfangen sollen«, sagte ich leise. »Es kann nicht sein, daß zwei junge, gesunde Menschen, die arbeiten wollen, untergehen. Geh vielleicht zu deinen Bekannten, die du hier in der Stadt hast, sie werden dir sicher raten können. Ich werde versuchen, zu schreiben. In Rußland hat man mir immer gesagt, ich hätte Talent. Vielleicht kann ich irgendwelche Erzählungen schreiben, irgend etwas über Rußland. Das muß doch die Menschen hier interessieren!«
»Nun, ich bin auch überzeugt, daß ich etwas finden werde«, sagte Otmar mit fester Stimme. »Und ich habe ja dich; da muß alles gut werden.«
Otmar umarmte mich und lange saßen wir schweigend da, auf unser schlafendes Kind blickend. Wie mager es geworden war und wie schlecht es aussah! Die Krankheit und die lange Reise haben es sehr mitgenommen.

21. DEZEMBER 1925.

Wie oft hörte ich von der Mutter die Worte: »Geld kann man verlieren und ein Haus kann man verlieren, aber die Bildung ist ewiges Kapital. Deshalb lasse ich meine Tochter studieren, damit sie nie ohne ein Stück Brot bleiben wird.«
Nun zeigt es sich, daß ich mir mit meiner ganzen Bildung buchstäblich kein Stück Brot verdienen kann. Was habe ich nun davon, daß ich das Gymnasium und die Universität abgeschlossen habe, daß ich mein ganzes Leben nichts getan habe als gelernt, studiert? Hier im fremden Lande sind alle Dokumente über meine Studien nichts als wertlose Papierfetzten. Dazu hat mir zu meinem großen Kummer die blasse, grimmige Frau an der Grenze meine Dokumente, wie sie sagte, »zum Andenken« weggenommen. Und bei Otmar? Er wurde bei Ausbruch des Krieges zum Militär einberufen, bevor er noch seine Schlußprüfungen absolvieren konnte. Freilich hat er dann in Rußland alle Prüfungen abgelegt, aber diese haben hier keine Geltung. So muß er jetzt seine Schlußprüfungen hier an der Wiener Universität absolvieren; aber wie soll er studieren, wenn er nicht weiß, wovon er morgen sich und seine Familie ernähren wird?

22. DEZEMBER 1925.

Otmar ist gerade von einer seiner Wanderungen in die Stadt zurückgekehrt. Müde sitzt er an dem Bett, in dem der Knabe schläft. Sein Gesichtsausdruck ist hart und traurig. Er ist schon bei allen seinen Bekannten

gewesen, aber nichts Tröstliches hat er erfahren. Irgendeine Stelle zu bekommen, ist fast unmöglich, durch literarische Arbeit etwas zu verdienen, ist fast ausgeschlossen. Ein paar Artikel oder Feuilletons würde man ja vielleicht unterbringen können, aber dann wäre es auch damit Schluß. Die Redakteure der Zeitungen wissen ja gar nicht, wohin sie sollen mit den Manuskripten, mit denen sie überschüttet werden.
Und dann, überall braucht man »Protektion«!
Nein, es kann nicht sein, wir müssen Wege finden, um uns unseren Lebensunterhalt zu verdienen. Ich habe eine Erzählung geschrieben, Otmar soll sie übersetzen und versuchen, sie in einer Zeitung unterzubringen.

23. DEZEMBER 1925.

Den ganzen Tag waren wir auf Zimmersuche, fast ganz Wien haben wir durchstreift. Das Hotel kommt uns viel zu teuer, es kostet sechs Schilling pro Tag. Es ist nicht leicht, ein Zimmer zu finden, da die meisten entweder am Ersten oder am Fünfzehnten frei werden. Überdies sind sie für unsere Verhältnisse sehr teuer. Endlich fanden wir etwas halbwegs Passendes bei einem Tierarzt, der keine Praxis hat. Das Zimmer kostet siebzig Schilling im Monat. Da wollen wir nun bleiben, bis wir etwas Billigeres finden.

24. DEZEMBER 1925.

In der Wohnung unserer Vermieter herrscht Grabesstille. Er, sie und zwei Kinder sitzen in einem Zimmer beisammen, aber nie hört man sie sprechen oder gar lachen. Sie leben nur vom Zimmervermieten und das reicht natürlich nicht. Sie sind beide überaus verbittert, und als ich heute in die Küche kam, meinen Tee zu kochen, fragte sie mich:
»Wie konnten Sie nur aus Rußland fortfahren, wo es sich dort so gut lebt? Dort sind die Leute wenigstens frei und es gibt keine Arbeitslosigkeit. Die haben es dort gemacht, wie es sich gehört; sie haben alle Bourgeois aufgehängt und die Proletarier machen, was sie wollen. Wir sind Kommunisten und können es nicht mehr erwarten, bis auch bei uns die Sowjetrepublik kommt. Aber dann werden wir schon dafür sorgen, daß allen Bourgeois die Gurgel abgeschnitten wird! Alle müssen sie krepieren, alle!«
Während sie sprach, glänzten ihre Augen vor Wut und ihr junges, hübsches Gesichtchen nahm den Ausdruck tierischen Blutdurstes an.

»Nun, erzählen Sie mir doch etwas über Rußland!« bat sie. »Der Gedanke an Rußland ist das einzige, was uns jetzt aufrecht erhält. Das ist der einzige Fleck auf der Erde, an dem der Mensch noch atmen kann!«
»Wann fahren Sie wieder nach Rußland?« mischte sich jetzt der Tierarzt selbst ins Gespräch. »Könnten Sie uns nicht irgendwie helfen, daß wir auch nach Rußland kommen? Sie haben sicher Verbindungen. Wohin muß man sich da überhaupt wenden, wenn man nach Rußland will?«
Ich war starr vor Staunen. Das sind die Leute in einem freien Lande! Bei uns träumt alles von Westeuropa und seiner Freiheit, und hier sehnen sie sich nach Sowjetrußland! Endlich gab mir der Tierarzt folgenden Rat:
»Packen Sie Ihre Sachen zusammen und fahren Sie, solange Ihr Visum noch gilt, zurück nach Rußland. Hier werden Sie keine Arbeit finden. Hier leben nur die Kapitalisten gut, alle anderen müssen vor Hunger sterben. Sehen Sie zum Beispiel mich an: Im Verlaufe eines ganzen Monats habe ich nichts gehabt als einmal eine Katze mit einem verdorbenen Magen. Sagen Sie, kann eine ganze Familie von einer einzigen kranken Katze leben oder nicht? Ich vermiete das Zimmer; können wir aber mit siebzig Schilling leben? Nein. Also sagen Sie, was man da machen soll? Da kann man eben nur Kommunist sein. Allen Bourgeois muß die Gurgel abgeschnitten werden, anders kann es nicht besser werden!«

25. DEZEMBER 1925.

Eine unheimliche Stille herrscht in der Wohnung. Die Familie des Tierarztes sitzt schweigend in ihrem Zimmer...
»Es muß einen Ausweg geben«, sagte ich zu Otmar. »Sehen wir einmal die Zeitung durch!«
Ich nahm das Zeitungsblatt, nach dem wir unser Zimmer gesucht, in die Hand.
»Hier, eine ganze Menge von Ankündigungen!... Sieh einmal: ›Bei Fleiß und Energie reichliches Monatseinkommen! Notenvertrieb Vienna.‹ Schau, da könnten wir etwas versuchen! Gehen wir gleich dorthin!«

28. DEZEMBER 1925.

Das Erarbeiten des »reichlichen Monatseinkommens« besteht in folgendem: Man bekommt Noten, von deren Erlös man sich einen gewissen

Prozentsatz behalten darf. Man muß von Haus zu Haus gehen, um die Noten anzubieten; aber niemand kauft sie, weil sie nichts wert sind. Um zu »erarbeiten«, wie Jurka sagt, machten wir uns alle drei auf den Weg. Ich wollte Otmar um keinen Preis allein lassen. Was hätte ich auch zu Hause anfangen sollen? In der Wohnung ist es so kalt wie draußen, denn ebensowenig wie unsere Vermieter haben wir Geld, um Kohlen zu kaufen. So gingen wir ein paar Häuser ab, aber alles war umsonst, kein einziges Heft konnten wir verkaufen. Eine Frau war so wütend, daß wir geläutet haben. Sie schrie uns so grob an und hat die Tür so schnell zugemacht, daß Jurka ganz erschrocken sagte: »Die österreichische Tante hat mir beinahe die Nase abgezwickt!« Müde, hungrig und erfroren kehrten wir endlich nach Hause zurück.
»Werden wir denn jetzt jeden Tag ›erarbeiten‹ gehen?« fragt Jurka besorgt. Wenn er sich nur nicht erkältet!
Nachdem wir für einen Monat das Zimmer vorausbezahlt, bleiben uns wenig mehr als hundert Schilling. Was werden wir beginnen? Was wird aus uns werden?

5. JÄNNER 1926.

Was ich gefürchtet habe, ist eingetreten. Jurka ist krank, er hat Fieber und phantasiert. Otmar läuft allein in der Stadt umher, ich sitze bei dem Kinde. Wir haben etwas Kohle gekauft und eingeheizt. Aber diese kleinen Kachelöfen, wie man sie hier in Österreich hat, geben keine Wärme.
Ich kann nicht schlafen. Ich kann mich nicht daran gewöhnen, daß hier in Wien die ganze Nacht hindurch gefahren wird. Ja, ist denn hier überhaupt eine Zeit, in der die Menschen schlafen? —
Ein grauer, langweiliger Morgen. Dichter Regen fällt vom schmutziggrauen Himmel.
Im Zimmer ist es noch halbfinster. In den großen Betten, die so ganz anders sind als unsere russischen, schlafen Otmar und Jurka. Ich blicke auf ihre lieben, ruhigen Gesichter, erforsche meine eigene Seele und stelle mir die Frage, die ich immer und immer auf den Lippen habe: Warum sind wir Feinde des Volkes? Feinde Rußlands?
Für mich existiert Rußland nur mehr in der Nacht. Nur im Traume kommt meine Heimat zu mir, so wie die verstorbene Mutter zum Kinde. Und ich strecke ihm die Hände entgegen. Es scheint mir, ich bin zu Hause, ich beginne den Fluß zu sehen und den Wald, die breiten, langen

Straßen unserer Stadt, und ich höre die Leute russisch sprechen. Es wird mir leichter ums Herz, so, wie es mir zu Hause war...

Aber der Lärm der Straße erweckt mich von neuem aus dem Halbschlummer, in den ich hinübergesunken. Ein fremdes Zimmer, fremde Betten, ein fremder Himmel, ein fremdes Haus! Alles fremd! Noch enger schmiege ich mich an Otmar und mein Kind...

9. JÄNNER 1926.

Von der Redaktion kam die Antwort, meine Erzählung aus dem russischen Leben könne nicht verwendet werden, sie sei gut geschrieben, aber zu »schwer«. Diese Antwort kränkte mich sehr. Wie soll ich denn aus dem russischen Leben etwas schreiben, das nicht traurig, nicht »schwer« wäre? Können denn die Menschen hier nichts Trauriges, nichts Düsteres ertragen?

12. JÄNNER 1926.

Heute ist Otmar erst sehr spät nach Hause gekommen. Von Fenster zu Fenster ging ich und wartete voll Unruhe. Tiefe Stille lag in der ganzen Wohnung, die wortlose Stille der Verzweiflung. Das kranke Kind, die brennende Sorge um unsere Zukunft, das erfüllte mein Herz mit Pein.

Endlich ertönte die Klingel. Ich öffnete die Tür, da stand Otmar. Stürmisch warf ich mich ihm an den Hals, es schien mir, als hätte ich ihn eine ganze Ewigkeit nicht gesehen.

Seine Hände und sein Gesicht waren eiskalt.

»Warum kommst du so spät?« fragte ich. »Warum?«

»Ich bin zu Fuß gegangen. Ich wollte das Geld für die Tramway sparen, um dem Kind einige Süßigkeiten zu kaufen. Da, nimm!«

Er reichte mir eine Tüte mit Konfekt, das ich nicht kannte.

»Das ist Eibisch, gegen Husten!«

Er trat ins Zimmer. Wenn er nur wüßte, wie lieb ich ihn hatte in dieser Minute!

13. JÄNNER 1926.

Der Knabe hat noch immer hohes Fieber. Er läßt meine Hand nicht aus der seinen und zuckt fortwährend erschreckt zusammen. Im Fieber spricht er fortwährend von Rußland und fleht, man möge ihn wieder nach Rußland zurückschicken.
In diesen Tagen hat sich Otmar schon in verschiedenen Berufen umgesehen, es ist ihm aber noch nicht gelungen, auch nur einen einzigen Schilling zu erarbeiten.

14. JÄNNER 1926.

Otmar ist krank, hat Fieber. Er hat sich wohl bei den ewigen Laufereien erkältet.
Wir haben noch 43 Schilling.

17. JÄNNER 1926.

»Gehen wir auf die Post!« sagte ich heute zu Otmar. »Vielleicht sind Briefe für uns da. Ich habe so ein Gefühl, daß wir von irgendwoher Geld bekommen werden!«
»Aber du hast ja noch Fieber!« protestierte Otmar. »Und woher sollten wir auch Geld bekommen? Das ist ja eine phantastische Idee!«
Aber es half nichts. Ich bestand darauf, und so machten wir uns auf den Weg. Um das Geld für die Tramway zu sparen, gingen wir die lange Strecke bis zum Hauptpostamte, wohin wir uns unsere Post von den Eltern schicken lassen, zu Fuß.
Wie ich erwartet, gab mir der Beamte einen Brief aus Rußland, aber als wir gehen wollten, rief er uns nach, es wäre noch etwas da. Nach längerem Suchen übergab er uns eine Geldanweisung. Otmars Kollegen von der Universität haben ihm eine Unterstützung geschickt, unsere Eltern haben auch etwas dazugelegt, und so haben wir jetzt auf einmal 789 Schilling. Ich weinte beinahe vor Freude. Wir sind jetzt wenigstens auf einige Monate gesichert. Wir waren tief gerührt und unendlich dankbar unseren Freunden und den liebsten Eltern, daß sie für uns so ein großes Opfer gebracht haben. Gott segne sie alle für ihre Güte!

I. FEBRUAR 1926.

Wir haben ein anderes Zimmer gemietet. Es ist zwar halbdunkel, weil sein einziges Fenster in einen Gang hinausgeht, es kostet aber nur 40 Schilling, und wir müssen sehr sparen.

Ich habe ja schließlich den ganzen Tag über Zeit genug, mit unserem Buben spazierenzugehen, während Otmar sich in der Universitätsbibliothek auf seine Prüfungen vorbereitet oder in der Stadt herumläuft, um Arbeit zu suchen. Mit dem Heizen sind wir mehr als sparsam. Wird es uns im Zimmer zu kalt, so gehen wir auf die Straße, um uns zu wärmen: erfrieren wir dort ganz, so kehren wir wieder zurück und es erscheint uns dann wieder im Zimmer wärmer.

4. FEBRUAR 1926.

Heute gingen wir an einem kleinen Geschäft vorbei. Der Besitzer stand mit gespreizten Beinen vor der Tür und rauchte behaglich aus einer kleinen Pfeife. In der Auslage waren Eier, Butter, Käse usw. in schönster Ordnung ausgestellt.

»Weißt du was?« sagte da Otmar. »Das wäre eine Idee, so ein Geschäft! Ich glaube nicht, daß die Arbeit sehr kompliziert wäre. Man hat gleich eine kleine Wohnung dabei, kann billig essen und erübrigt sicher noch Zeit genug für seine eigenen Angelegenheiten.«

»Das ist wirklich eine Idee!« rief ich aus, in hellem Entzücken. »Ich würde im Geschäft bleiben und du könntest dich dann ruhig auf deine Prüfungen vorbereiten!«

»Nun, gar so entzückt brauchst du gerade nicht zu sein!« warf Otmar ein. »Zu einem Geschäft braucht man Geld, und woher sollen wir es nehmen?«

»Du hast recht«, stimmte ich, plötzlich wieder ganz traurig geworden, zu. »Wer würde dir denn auch etwas leihen? Besonders für ein Geschäft? Wenn du mit deinem Geschäft zugrunde gehst, dann ist das Geld verloren!«

»Freilich ist es so; aber ich habe da einen sehr guten Freund, noch aus der Gefangenschaft«, meinte Otmar nachdenklich. »Ich war bei ihm schon vor einigen Tagen. Er ist ein ganz großartiger Mensch. Vielleicht leiht er mir das nötige Geld!«

Otmar ging heute zu seinem Freund aus der Gefangenschaft, um ihn um ein Darlehen zu bitten. Ein Geschäft zu haben, das erscheint mir jetzt als das höchste Glück. Ich fühle es ganz deutlich: Ob uns Doktor Walter jetzt das Geld leiht oder nicht, das ist für uns eine Frage auf Leben und Tod. Wir sind uns jetzt schon klar geworden, daß es für Otmar unmöglich sein wird, irgendeine Anstellung zu finden. Alles ist besetzt, überall eine Menge Arbeitsloser, überall sind wir zu spät daran. Und wir haben keine Protektion, und, das sagt uns hier jeden Tag fast jeder, in Österreich ist ohne Protektion nichts zu erreichen.

Wenn Otmar aus Rußland zurückgekehrt wäre, als alle Kriegsgefangenen heimfuhren, da wäre es anders gewesen; es gab damals alle möglichen Erleichterungen. Heute aber interessiert sich kein Mensch mehr für das Schicksal eines ehemaligen Kriegsgefangenen. Otmar ist freiwillig in Rußland geblieben, auf sein Risiko, und daß man sich in Rußland keine Existenz bauen kann, daran ist ja hier niemand schuld. Überall zuckt man bedauernd die Achsel und stellt fest, daß keine Aussichten vorhanden sind.

Da kamen mir die Worte des Studenten Wojciechowski in den Sinn, die er mir vor neun Jahren gesagt; ich habe sie nie vergessen:

»Also, ich wünsche Ihnen aufs aufrichtigste, von ganzem Herzen, daß Sie eines schönen Tages – für Sie wird er allerdings nicht schön sein – allein, in tiefster Armut, in einer fremden Stadt sein sollen, in zerfetzten Kleidern an Stelle Ihres schönen Pelzes, ich wünsche Ihnen, daß sie tagelang nichts zu essen haben sollen, fern sein sollen von allen Verwandten und Bekannten! Und dann mögen Sie sie suchen, Ihre Nachtigall in den Herzen Ihrer Mitmenschen! Sie werden schon sehen, ob Ihnen aufgetan wird, wenn Sie anklopfen werden! Die Menschen sind alle Schufte, Gauner, Schweine! Alle werden sie gleichgültig zusehen, wie Sie mit Ihrem ›offenen Herzen und wohlwollenden Gemüt‹ vor Hunger krepieren werden!«

Merkwürdig, wie eine Prophezeiung klingen mir jetzt die Worte dieses Menschen, der damals seinem Leben ein Ende machte. Weil er überzeugt war, daß sie die Wahrheit enthalten. In einem fremden Lande sind wir, schlechte Kleider haben wir, allein sind wir hier, verloren in der großen Stadt mit den vielen Menschen, für die alle wir nichts sind.

Ich sitze im Park und sehe zu, wie der Knabe mit dem Sande spielt. Ich denke an die Menschen, von denen jetzt unser Schicksal abhängt. Wird die Nachtigall in ihrer Seele erwachen?

»Werden wir heute wieder ›erarbeiten‹ gehen?« fragte der Knabe.
Otmar ist zurückgekehrt. Schon von weitem sah ich es ihm an, daß er das Geld bekommen hat. Wir sind gerettet!
»Otmar«, sagte ich, »wir werden alles tun, daß sie ihr Geld wieder zurückbekommen. Erzähle doch, wie alles war! Wie haben sie sich entschieden? Sie kennen mich ja doch gar nicht!« »In der Kriegsgefangenschaft in Sibirien war Dr. Walter einer von meinen besten Freunden. Er ist ein sehr guter Zahnarzt und verdient sehr viel. Mit großer Freude will er und seine sympathische Frau uns helfen. Sie beide möchten dich gern kennenlernen.«
Nachdem mir Otmar alles genau mitgeteilt, gingen wir ein wenig in der Stadt spazieren.
»Otmar«, sagte ich, »ich werde mich jetzt ganz allein mit dem Geschäfte abgeben und du kannst dich in Ruhe auf dein Examen vorbereiten. Welches Glück! Mein Gott, was müssen das doch für gute Menschen sein! Wie dankbar bin ich ihnen!«
Die vielen Leute, die mir jetzt begegneten, sie alle erschienen mir gar nicht mehr fremd. Ein Volk, in dem es Menschen gibt wie Doktor Walter, kann mir nicht fremd sein!
Wir beschlossen gleich, eine Zeitung zu kaufen und uns nach Adressen umzusehen.
»Nicht wahr«, sagte ich, »du kaufst mir ein Buch, wie man so ein Geschäft führen muß, denn ich habe ja von dem allen nicht die leiseste Ahnung!«
»Nun, es wird schon gehen!« beruhigte mich Otmar. »Bei dir geht alles, wenn du nur willst!«
Es war Abend geworden. Wir gingen in ein Gasthaus und nahmen ein Nachtmahl. Gulasch, das mir so gut schmeckt, weil man es bei uns gar nicht kennt, und für den Buben ein Kalbshirn.
»Wenn wir das Geschäft haben, werde ich da jeden Tag Kalbshirn bekommen?« fragte Jurka, als er mit dem Essen fertig war.

12. FEBRUAR 1926.

Für uns hat jetzt ein merkwürdiges Leben begonnen. Den ganzen Tag von früh bis abend durchfahren wir mit der Tramway Wien nach allen Richtungen und sehen uns Geschäfte an, die zum Verkauf angeboten sind. Wien ist eine riesige Stadt und es werden jeden Tag Dutzende von Geschäften verkauft, aber noch niemals habe ich mir eine Vorstellung davon gemacht, wieviel Bettelarmut und Elend wir auf unserer Suche nach einem passenden Objekt sehen würden. Das Wien mit den schönen Straßen, den reich und elegant gekleideten Menschen, den herrlichen Anlagen und prächtigen Palästen, wir sehen es nur an uns vorbeihuschen, wenn wir während unserer Tramwayfahrten aus dem Fenster blicken. Wenn wir aber dann dort aussteigen, wohin uns die Anzeige von irgendeinem Geschäft führt, das verkauft wird, dann sind wir in einem andern Wien, in dem wir stundenlang herumgehen und das bleibendere Eindrücke hinterläßt als die Stadt, die da an uns vorbeiflog wie die aufblitzenden und verlöschenden Flammen der Lichtreklamen.

Nachdem wir von der Haltestelle der Elektrischen noch viertelstundenlang durch Gassen und Straßen gewandert sind, die alle einander aufs Haar gleichen, gelangen wir zu irgendeinem Lokal, an dessen Eingang rechts und links Blechtafeln von Maggi, Kronenbrot, Imperial-Feigenkaffee usw. hängen und in dessen Auslage ein paar Brocken eingetrockneten Käses, ein paar Bündel verwelktes Suppengemüse und einige mit Mehl gefüllte Milchflaschen stehen. Beim Öffnen der Eingangstür erklingt ein Glöckchen. Lange müssen wir warten, bis endlich aus irgendeinem Winkel eine merkwürdige Figur in einer blauen Schürze, mit einem schwarzen Käppchen auf dem glattrasierten Schädel herausschleicht. Sobald dieser Mensch aber erfährt, daß wir gekommen sind, um seinen Laden zu kaufen, wird er auf einmal lebhaft und beginnt uns klarzumachen, daß das Geschäft glänzend geht und eine wahre Goldgrube ist. Arbeit fast keine, Gewinn ungeheuer. Man braucht nur dazusitzen und das Geld zusammenzuscharren!

»Warum verkaufen Sie das Geschäft?« fragt Otmar.

»Ja, wissen Sie«, lautet die Antwort, »meine Schwiegermutter will eine Sache anfangen, und da fordert sie das Geld zurück, das sie uns für das Geschäft geliehen hat. Da bleibt mir nichts übrig, als zu verkaufen. Sie können sich denken, wie schwer es für mich ist, eine solche Goldgrube aufzugeben!«

Wir haben heute sieben Geschäfte angeschaut, und dieses ist das fünfte, an dessen Verkauf die Schwiegermutter schuld ist, die plötzlich ihr Geld zurück haben will. Wieder ein Beweis für die abgrundtiefe Schlechtigkeit des so verschrienen Geschlechtes der Schwiegermütter!! – Den wahren Grund des Verkaufes sagt natürlich niemand. Aber an den leeren Gestellen, die durch leere Schachteln und Blechbüchsen den Eindruck der Fülle erwecken sollen, an der vernachlässigten Auslage, an dem schmierigen Ladentisch sieht man sofort, daß es sich um ein Geschäft handelt, das zugrunde gegangen ist. Auf die Frage, ob auch ein Wohnraum zum Geschäft gehört, antwortete der Besitzer:

»Ja, aber er ist ein wenig in Unordnung; wir sind nämlich gerade dabei, ins Dorf zu ziehen!«
Wir treten ein. Ein ganz kleines Zimmer ist es, mit einem Fenster in den Hof, halbdunkel. Ein ungeheures Bett mit rosa Federbetten nimmt fast den ganzen Raum ein, und auf ihm sitzen und liegen Kinder, deren Zahl ich auf sechs bis sieben schätze. Beim Herde stehen zwei Frauen, die sich nicht einmal nach uns umdrehen. Ich sehe ihre nackten, mageren, schmutzigen Beine. Durch das ganze Zimmer hindurch hängt eine Schnur mit irgendwelchen Fetzen zum Trocknen. Die Luft ist entsetzlich.
Auf die Frage, wieviel das Geschäft kostet, lautet die Antwort:
»Fünftausend Schilling, weil es eine Goldgrube ist!«
Wie wir wieder draußen sind, brauchen wir eine ganze Weile, um uns von dem niederschmetternden Eindruck zu befreien, den diese Höhle auf uns gemacht. Dann beschließen wir, noch eine der vorgemerkten Adressen vorzunehmen, obwohl es von Hernals, wo wir uns jetzt befinden, bis nach Hietzing sehr weit ist.
Wir fahren zuerst mit der Tramway, dann mit der Stadtbahn. Die Teile der Strecken, die unterirdisch führen, bringen den Knaben in hellstes Entzücken, nicht weniger aber auch die hochbahnartigen Teile. Auch ich sauge das Bild mit Begierde in mich ein. Die riesigen, mit tausend Lichtern übersäten Häuser, die vielen kleinen Parke, die zahlreichen Kirchen, die Automobile und Tramwaywagen, die unter den Viadukten hindurchschießen, wie ganz anders ist doch dies alles als in meiner stillen Heimatstadt, in der um diese Stunde kaum ein Mensch mehr auf der Straße ist. Und die Menschen! Alle sind sie ganz anders angezogen als bei uns, alle unvergleichlich eleganter und kultivierter, selbst die einfachsten Arbeiter. Am meisten aber gefallen mir die Frauen. Da, mir gegenüber, sitzt eine Blondine, sicher eine einfache Verkäuferin, aber ich bin überzeugt, daß es jetzt in ganz Rußland keine einzige Frau gibt, die so nett gekleidet ist.
Wir steigen aus. Wieder müssen wir lange gehen, bis wir endlich am Platze sind. Einem großen Park gegenüber steht ein langes Haus von ganz komischer Gestalt, wie ein Bügeleisen. Darin befindet sich das Geschäft, das wir besichtigen wollen. Wir erkennen es an den weißen Milchflaschen, die einsam in einer Auslage stehen, deren großes Fenster einen riesigen Sprung aufweist, von einer Ecke in die andere...
Nachdem wir eingetreten, empfängt uns eine dicke, rotwangige Frau in einer groben dunkelblauen Schürze mit einem großen roten, eingesetzten Fleck, gerade mitten auf dem Bauch. Vor ihr steht ein großer Teller mit frischem Weißkäse, von dem sie gerade mit der bloßen Hand ißt.

Wie sie uns sieht, wischt sie schnell ihre Hände in der Schürze ab und verzieht den Mund zu einem breiten Lächeln.
Im Geschäft gähnt eine erschreckende Leere. Außer dem Käse befinden sich darin noch zwei Milchkannen mit einer großen Milchlache davor, etwa zehn Eier auf einem zerbrochenen Teller auf einem Regal und sonst nichts, buchstäblich nichts, außer man rechnet den Schmutz noch zur Einrichtung, der überall herumliegt.
»Ich verkaufe das Geschäft«, erklärt sie, »weil ich heirate und ins Dorf zurückgehe. Mir paßt es nicht mehr in der Stadt. Aber das Geschäft ist eine Goldgrube. Eine wahre Goldgrube!«
Wir erkundigen uns nach dem Kundenstock.
»Ach, eine Menge Leute kaufen bei mir ein«, erklärt sie.
»Sie haben wohl das ganze große Haus als Kunden?« fragen wir.
»Eigentlich nicht, mit den meisten Parteien bin ich zerstritten, die Leute sind einem ja alle neidig. So neidig sind die Leute, daß sie, wenn Sie sie fragen, noch imstande sind und behaupten, ich verkaufe das Geschäft, weil es nichts trägt. Aber ich sage Ihnen, es ist eine wahre Goldgrube und ich gebe es nur her, weil ich heirate!«
»Ja, aber wenn Sie aus dem Hause keine Käufer haben«, wendet Otmar ein, »wo haben Sie sie denn dann? Gegenüber ist der Park, rechts der Bahndamm, links der lange Holzplatz, und in den Häusern weiter unten sind Geschäfte, die den Eindruck machen, daß sie recht gut gehen!«
»Ach, wenn Sie es verstehen, den Dienstmädchen schön zu tun«, antwortet sie, »dann werden sie auch zu Ihnen kommen! Die Hauptsache ist, daß man mit den Dienstmädchen gut steht!«
»Zeigen Sie uns die Wohnung!« sagt Otmar. »Sie haben angegeben, daß drei Zimmer vorhanden sind.«
Die Zimmer sind ziemlich groß, aber fast ganz dunkel und so feucht, daß das Wasser von den Wänden rinnt. Und in jedem Zimmer flanieren einige Hunde herum, große, schmutzige Tiere von gänzlich unbestimmter Rasse. Sie kratzen sich in einem fort und machen einen Höllenlärm. Ein entsetzlicher Gestank erfüllt die Räume, die, außer den Hunden, fast keine Einrichtung besitzen.
»Wenn Sie wollen, kann ich Ihnen einige von den Hunden dalassen, wenn ich aufs Dorf gehe«, sagt sie freundlich.
Nachdem wir noch erfahren, daß sie für die »Goldgrube« 4500 Schilling haben will, gehen wir fort.

15. FEBRUAR 1926.

Der erste Tag in unserem Geschäfte! Werde ich ihn jemals vergessen? Schon nach den ersten drei Stunden war ich beinahe verrückt; es kreiste mir nur so alles im Kopfe herum, diese neuen Gesichter, die mich mit unverhehlter Neugierde anstarrten, und vor allem diese vielen neuen Namen: wie soll ich mir alle diese Bänder, Gruber, Jiracek, Huber, Ondraschek, Meier, Zalodek und wie sie alle noch heißen merken? Was für schwere Namen diese Wiener haben! Und dann, ich soll nicht vergessen, daß die Frau Novotny früh ein Kipfel,[1] zur Jause[2] ein Zuckerkipfel und zum Nachtmahl einen Patentwecken braucht, daß dem Herrn Chwatal ein Viertelliter Milch, der Frau Bacher drei Viertelliter usw. vorbereitet werden müssen, daß die Frau Suchomel Freitag abend einen ganz frischen Liptauer wünscht, usw. usw.

Und den ganzen Tag über war das Geschäft voll von Menschen. Natürlich spielte die Neugierde eine große Rolle. Beinahe alle traten mit einem freundlichen Lächeln ein, sagten »Guten Tag« und begannen mir sofort ihr Bedauern auszudrücken, daß wir dieses Geschäft gekauft, denn es würde bestimmt spätestens in einem Monat zugrunde gehen.

Dann begannen die Frauen mir Ratschläge zu erteilen. Der Frau Tichy darf nichts auf Kredit gegeben werden, weil ihr Mann bald seinen Posten verlieren wird, dem Herrn Pogner nicht, weil er immer sein ganzes Geld versauft, und der Frau Hromada nicht, weil sie überhaupt davon lebt, daß sie Geschäftsleute ruiniert, weil sie riesige Schulden macht und nicht zahlt, dabei aber ruhig jeden Tag ins Kaffeehaus geht, Geld für Zigaretten hinauswirft und noch dazu ihre Katzen mit Schlagrahm füttert....

Und dann wurde ich gleich am ersten Tag in eine ganze Reihe von Familienverhältnissen eingeweiht. Die Frau Bartom hat früher ein zweifelhaftes Haus geführt und ist dadurch reich geworden, der Herr Bänder ist schon einige Male gesessen und es ist überhaupt eine Frage, ob seine Schwiegermutter eines natürlichen Todes gestorben ist; er wird sicher bald wieder wegen irgend etwas eingesperrt werden. Herr Bauer ist ein bekannter Dieb, Fräulein Fischer sieht nur so aus wie eine »Gnädige«, geht aber in Wirklichkeit »auf den Strich«, und ihr Vater ist ein alter Trunkenbold, den man ohnehin bald nach Steinhof[3] bringen wird...

Und dann erklärten sie mir, daß, wenn ich der Frau Aschenbrenner verkaufen werde, zu mir die Frau Singer nicht einkaufen kommen wird,

[1] Gebäck.

[2] Zwischenmahlzeit.

[3] Große Irrenanstalt.

22. FEBRUAR 1926.

Es ist erst sechs Uhr früh, aber Otmar ist schon in die Stadt gegangen und ich bin wieder für den ganzen Tag allein. So unfreundlich war es heute draußen, als ich vom Markte zurückkehrte! Die Fahrbahn und die Gehwege waren feucht, blasse Lichter flackerten in der Morgendämmerung, die Leute hetzten aneinander vorbei, mit ungeduldigen, gereizten Mienen. Einige Sterne standen noch am aufhellenden Himmel, und als ich zu ihnen emporblickte, da war es mir, als wollte das Gefühl der Einsamkeit und der Verlassenheit mir das Herz in der Brust erdrücken. Ich erinnere mich, daß schon in meiner Kindheit der Anblick des Morgenhimmels mit den erlöschenden Sternen immer ein Gefühl der Angst vor dem Alleinsein in mir auslöste.
Ich brachte der Trafikantin gegenüber die heiße Milch, die sie jeden Tag bei mir nimmt, und wünschte ihr guten Tag. Und ihr mürrisches »Guten Tag« klang ebenso einsam durch diesen grauen Morgen wie das Hupen eines vorüberfahrenden Automobils. Die Stadt war ja gerade erst am Erwachen.
Lange stand ich dann noch vor der Tür meines Geschäftes und blickte zum Himmel empor. Mir kam es so unsagbar schrecklich vor, daß ich einst irgendwo hier in Österreich sterben würde und nicht in Rußland. Warum mir gerade da der Gedanke an meinen Tod kam, das weiß ich nicht. Aber als ich den Himmel mit den langsam vergehenden Sternen vor mir sah, als ich das dumpf-gleichgültige »Guten Tag« der Trafikantin hörte, als ich die Schatten der armen und gedrückten Arbeitsmenschen an mir vorbeieilen sah, als ich die Feuchte und die Kälte des Wintermorgens meinen Körper durchrieseln spürte, da fühlte ich es, daß der Tod irgendwo nahe ist, ganz nahe, und daß es nichts Schrecklicheres geben könne als den Tod inmitten der kalten Gleichgültigkeit ringsherum...

25. FEBRUAR 1926.

Im Geschäft ist es bedeutend ruhiger geworden. Nach den ersten Tagen, in denen alle herbeiliefen, um zu sehen, wer da »hereingefallen« ist, ist das Interesse verflogen. Die erste Neugierde ist gestillt, und jetzt gehen die Leute in die anderen Geschäfte, um dort die Eindrücke wiederzugeben, die sie hier empfangen. Sie warten nun wohl alle und rechnen es sich aus, wann wir zugrunde gehen werden. Und wenn es so weitergeht wie jetzt, so sind wir tatsächlich rettungslos verloren. Den ganzen Tag über rechne und rechne ich, um Ausgaben und Einnahmen festzustellen. Ich verkaufe jetzt kaum mehr als dreißig Liter Milch im Tag, und vom Liter habe ich nur vier Groschen rein. Dabei liefert die Molkerei so, daß regelmäßig fast ein halber Liter fehlt, und die Kunden sind beleidigt, wenn man genau mißt und nicht etwas »draufgibt«. An den anderen Waren verdiene ich auch nicht viel, und von dem, was ich verdiene, verliere ich wieder einen großen Teil an den Milchflaschen.

Ach, diese Milchflaschen! Für jede Flasche muß ich der Molkerei fünfzig Groschen Einsatz zahlen. Von den Käufern aber wollen viele von einem Einsatz für die Flaschen gar nichts wissen, sie erklären beleidigt, es sei doch selbstverständlich, daß sie sie zurückbringen würden. Sehr oft aber bleibt es bloß beim Versprechen. Ich habe nie geglaubt, daß die Menschen so viel von anderen und so wenig von sich selbst an Genauigkeit und Anständigkeit verlangen. Ich habe mir vorgestellt, das Führen eines Geschäftes wäre sehr einfach: eingießen, abwiegen, einpacken, einkassieren, das wäre alles. Aber es ist unendlich viel komplizierter.

Ich erinnere mich da an eine Anekdote, die mir mein alter Professor der Linguistik erzählte. Er ging einmal an einem Exerzierplatz vorbei, auf dem Einjährig-Freiwillige gedrillt wurden, und hörte, wie sie der Feldwebel anschrie: »Das ist hier keine Universität, hier heißt's mit dem Kopf arbeiten!« – So heißt es auch für mich jetzt vielleicht mehr mit dem Kopf arbeiten als früher, wenn ich mich auf eine Vorlesung vorbereitete.

Aber das Geschäft muß gehen. Ich werde alle meine Kräfte zusammennehmen, um die Leute zu zwingen, bei mir einzukaufen. Niemals in meinem Leben habe ich es geliebt, andere Leute dafür verantwortlich zu machen, wenn es mir schlecht geht; auch jetzt will ich nicht über die Gemeinheit der Menschen klagen, sondern will versuchen, aus eigenen Kräften hochzukommen.

Etwas ist für mich ein großes Hindernis: daß ich eine Ausländerin bin. Wäre ich eine »Hiesige«, wäre es sicher viel leichter. Ich weiß es, daß in unserem Hause einige Frauen wohnen, die prinzipiell nicht zu mir kommen. Sie haben kein Wort mit mir gesprochen, sie kennen mich nicht, aber sie können mich nicht leiden und versuchen sogar andere davon abzuhalten, bei mir einzukaufen. Dieser Haß gegen Menschen, die man gar nicht kennt, dieses Verlangen, anderen ohne jeden leisesten Grund Böses zu tun, setzt mich in tiefstes Erstaunen. Es wird mir geradezu unheimlich, wenn ich sehe, welch furchtbare dunkle Kräfte im Menschen verborgen sind.

Da wohnt zum Beispiel in unserem Hause eine Frau Stern, die Witwe irgendeines Beamten, eine dicke Frau, die anscheinend sehr wirtschaftlich ist, denn man sieht sie fortwährend mit einer vollen Einkaufstasche herumlaufen. Sie macht den Eindruck eines außerordentlich gemütlichen und gutherzigen Menschen. Heute hatte ich Gelegenheit, folgendes Gespräch anzuhören, das sie mit Frau Novotny im Hofe beim Müllausleeren führte:

»Warum kaufen Sie denn nicht bei der Frau Wagner?« fragte Frau Novotny. »Beim Zima ist doch alles viel teurer und schlechter, es ist doch bekannt, daß er die Flaschenmilch selbst aus offener Milch abfüllt und daß er schon gestraft worden ist, weil er die Milch wässert.«

»Ach, was reden Sie da zusammen?« antwortete Frau Stern. »Alle Milchhändler wässern die Milch. Aber beim Zima weiß ich wenigstens, daß er bloß Wasser hineintut und daß ich nicht irgendeine Krankheit erwische. Aber was die Wagner macht, das weiß ich ja nicht. Ich würde Ihnen überhaupt nicht raten, bei dieser Fremden zu kaufen. Weiß Gott, wer sie ist und woher sie kommt. Was hat sie überhaupt hier zu suchen?«

Ich hörte noch einen verwunderten Ausruf der Frau Novotny und dann noch ein Geflüster, von dem ich aber kein Wort verstand...

Jetzt ist die Zeit schon lange vorbei, zu der Frau Novotny gewöhnlich einkauft. Sollten die Worte der Frau Stern gewirkt haben?

28. FEBRUAR 1926.

Ein Brief von der Mutter:

»Ach, Kinder, ich kann mich mit dem Gedanken nicht abfinden, daß Ihr auf einmal Geschäftsleute geworden seid! Ich kann mir nicht vorstellen, daß das das einzige wäre, wozu Alja fähig ist.

Alja, warum versuchst Du nicht, etwas zu schreiben? Ich war immer überzeugt, daß Dir dies gelingen würde. Und ich kann mir nicht vorstellen, daß das, was Du schreibst, niemanden interessieren würde.

Wenn Du wüßtest, mit welcher Wärme alle unsere Bekannten von Dir sprechen! Das ist mein einziger Trost, daß meine Tochter in den Herzen der Menschen hier ein so lichtes Erinnern zurückgelassen. Es ist beinahe so, als ob Deine Seele hiergeblieben wäre. Alle, die ich treffe und mit denen ich über Dich spreche, haben beinahe Tränen in den Augen. Unsere Dascha weint fast jeden Tag und manchmal halten mich auf der Straße ganz unbekannte Frauen an und erkundigen sich über Dich.

Diese Liebe aller zu Dir rührt mich tief und gibt mir die Hoffnung,

daß Dich die Menschen auch im fremden Lande so liebgewinnen werden wie in der Heimat.
Ach, wie schwer ist es uns ohne Euch, meine lieben Kinder, so daß wir es manchmal kaum ertragen können. Wie oft ziehe ich mit dem Großvater die Lade heraus, in der Jurkas Spielsachen liegen, und nehme sie in die Hände! Es sind lauter wertlose Sachen, aber sie sind uns teurer als alles in der Welt, denn sie erinnern uns an unseren lieben einzigen Enkel. Der Großvater erinnert sich, wie er mit Jurka Indianer spielte oder wie Jurka auf ihm als Reiter in der Stube herumritt, und es rollen ihm dabei die Tränen über die Wangen.
Ach, wie gerne wollten wir Euch wiedersehen! Wann wird das nur werden?«

1. MÄRZ 1926.

Jeden Abend kommt Fräulein Gretl zu mir um Milch. Es ist ein großes, schlankes, sehr bescheidenes und sehr rein gekleidetes Mädchen. Sie fällt schon deshalb auf, weil sie nicht, wie die Mehrzahl aller jungen Mädchen hier, einen Bubikopf trägt. Zwei große Zöpfe ruhen wie eine Krone auf ihrem Kopf. Zwei große, hellblaue Augen blicken freundlich, ruhig und klar in die Welt.
Jeden Abend erzählt sie mir von ihrem Hans, der in München Briefträger ist und der sie heiraten wird, sobald beide zusammen so viel erspart haben werden, daß sie sich eine Ausstattung kaufen können. Pünktlich einmal in der Woche schreiben sie sich.
»Öfter schreiben steht nicht dafür«, erklärt sie, »die Marken kosten schließlich auch Geld. Wir gehen schon sieben Jahre miteinander.«
Ich mußte sie wohl ziemlich verständnislos angesehen haben, denn sie erklärte mir weiter:
»Das heißt nämlich, wir sind schon sieben Jahre miteinander verlobt. Aber im Frühjahr werden wir wohl heiraten können. Auf der Messe kaufen wir die Möbel, Küche und Schlafzimmer. Dort ist alles viel besser und billiger als in den Geschäften.«
Gretl hat ihren Hans schon drei Jahre nicht gesehen. Sie schicken sich aber jedes Jahr einmal eine neu aufgenommene Photographie; beide warten und beide wissen, daß sie sich heiraten werden.
Bei uns in Rußland wäre so etwas jetzt undenkbar. Niemand würde warten, bis die Einrichtung zusammengespart ist. Er hat nichts, sie hat nichts, und sie heiraten, um dann ebenso schnell wieder auseinanderzugehen, wie sie sich gefunden.

Gretl ist Kellnerin in einer Küche der »WÖK«.[1]
»Die Wäsche haben wir schon fast ganz angeschafft, auch die Bettwäsche. Sogar einen Schlafrock habe ich ihm schon genäht!« teilt sie mir mit leuchtenden Augen mit, heute vielleicht schon zum zehnten Male.
Ich liebe diese Gretl mit ihrem freundlichen, ruhigen Gesichte, ihren bescheidenen Gesten, ihrer Ausdauer, ihrer Sachlichkeit, die himmelweit von Gleichgültigkeit entfernt ist.
Durch solche Frauen, denke ich mir, ist das deutsche Volk stark. Die deutsche Frau baut ihre Familie auf, und das Volk ist glücklich. Die russische Frau baut den Staat...!

3. MÄRZ 1926.

Als wir das Geschäft kauften, dachte ich, wir würden jetzt die selbständigsten Leute der Welt sein. Ich habe aber gleich am ersten Tage eingesehen, daß ich mich da grausam geirrt habe. Noch niemals im Leben waren wir so abhängig von den anderen Menschen wie jetzt.
Die Frau Neugebauer hat sich mit der Frau Tichy vor der Tür meines Geschäftes zerstritten. Ich verstand nur, daß es sich um ein Kissen handelte, das am Fensterbrett lag und auf das vom oberen Stockwerk etwas heruntergetropft war. Frau Neugebauer kaufte immer sehr viel bei mir ein. Eier, Milch, Butter, Wurst, Käse. Heute abend blieb sie aus.
»Sie wird bei Ihnen nicht einkaufen«, erklärte mir die Hausmeisterin, »weil sie mit der Frau Tichy bös ist, und sie will sich nicht dem aussetzen, daß sie die vielleicht in Ihrem Geschäft treffen muß.«
»Sie wird also deshalb bei mir nicht einkaufen?« frage ich erstaunt.
»Bis sie sich mit der Frau Tichy nicht versöhnt, sicher nicht«, bekam ich zur Antwort.
Von solchen Dingen also hängt mein Verdienst ab!
Dann haben die Kunden ganz merkwürdige Vorstellungen von ihren Rechten und Pflichten dem Kaufmann gegenüber, das heißt, genauer ausgedrückt, sie glauben, sie hätten überhaupt nur Rechte und keine Pflichten.
Heute hat Frau Sieberer zum Vieruhrtee zwanzig Zuckerkipfel bei mir bestellt, weil sie Gäste bekommen sollte. Um sechs Uhr schickte sie ihr Töchterchen zu mir.:
»Die Mutter läßt sagen, daß sie die Zuckerkipfel nicht mehr braucht, weil die Gäste nicht gekommen sind!«

[1] Billige Speisehäuser.

Weil die Gäste der Frau Sieberer nicht gekommen sind, sollen wir die zwanzig Zuckerkipfel selbst aufessen. Äußere ich aber auch nur ein Wort der Unzufriedenheit oder bestehe ich gar auf der Bestellung, dann ist die Frau tödlich beleidigt und ich habe eine Kundschaft weniger.

6. MÄRZ 1926.

Jeden Tag in der Früh kommen zwei junge Menschen zu mir ins Geschäft, beide mit dicken Aktentaschen unter dem Arm, und verzehren zum Frühstück ein Glas Milch und eine Semmel. Immer sind sie in Eile.

Noch niemals in meinem Leben habe ich junge Leute gesehen, die so bis oben angefüllt waren mit Energie und Arbeitslust. Beide sind sie natürlich arbeitslos und beide wollen sie nicht bloß Arbeit und Auskommen haben, nein, reich wollen sie werden, und zwar in kürzester Zeit, mit einem Schlage. Ich denke mir oft, wenn sie an der richtigen Stelle stehen würden, sie könnten eine ungeheure Arbeit leisten und vielleicht ganz Außerordentliches erreichen. So aber haben sie, wie sie sich ausdrükken, »Pech« im Leben. Alles, was sie beginnen, geht »schief«. Aber das Merkwürdigste ist, daß alle diese Mißerfolge nicht imstande sind, auch nur im geringsten ihre Energie und ihre Hoffnungsfreudigkeit zu vermindern. Hat sich ein Plan als undurchführbar herausgestellt, gleich wird ein neuer entworfen...

Der eine von den beiden heißt Willi, der andere Fred. Willi ragt besonders durch seine Rednergabe hervor, ist hübsch, und hat, wie er verschmitzt lächelnd behauptet, Glück bei den Frauen. Fred dagegen macht den Eindruck eines ernsten, vertrauenswürdigen Menschen, der nur wenig spricht. Fred ist der Sohn eines verkrachten Großkaufmannes, Willis Vater war Offizier, und er selbst hat auch die Kadettenschule besucht. Beide machen einen außerordentlich sympathischen Eindruck, obwohl mir gleich ein unbestimmtes Gefühl sagte, man müsse sich hüten, mit ihnen irgend etwas zu tun zu haben, besonders in Geldsachen.

»Frau Wagner!« sagte heute Willi zu mir – ich muß sie beide bei ihrem Taufnamen nennen, da ich ihre Familiennamen nicht kenne –, »wollen Sie innerhalb eines Monats hunderttausend Schilling in der Hand haben oder nicht? Sie brauchen nur ja zu sagen, und Sie werden sie haben! Sie brauchen mir nur drei Schillinge geben, sich hier zu unterschreiben und in einem Monat haben Sie hunderttausend Schilling gewonnen! Das Los, das Sie von mir nehmen, muß nämlich den Haupttreffer machen, denn ich bin ein Glücksvogel!«

»Nehmen Sie es nur, Frau Wagner!« fiel Fred mit seinem tiefen Baß ein. »Wir bringen Ihnen sicher Glück. Wir haben schon halb Wien Glück gebracht! Unterschreiben Sie nur, in drei Tagen bekommen Sie das Los zugeschickt, in einem Monat sind Sie reich!«

Ich blickte sie an, wie sie so vor mir dastanden, die Hälse mit bunten Wollschals fest umwickelt. Im Eifer des Gesprächs hatte sich bei Willi dieser Schal etwas verschoben und ich sah ganz deutlich, daß er den Kragen – der übrigens von zweifelhafter Weiße war – frei am Halse liegen und überhaupt kein Hemd am Leibe hatte. Der Eindruck, den er machte, war alles eher als vertrauenserweckend.

»Mit Ihrem heutigen Unternehmen werden Sie nicht viel Glück haben«, sagte ich, »denn es wird Ihnen sicher niemand ein Los abkaufen, wenn er es nicht gleich in die Hände bekommt.«

Willi lächelte verächtlich und sagte:

»Aber was glauben Sie denn! Wenn es keine Dummen auf der Welt gäbe, wären wir schon lange verhungert! Nun, Sie nehmen doch auch sicher ein Los, nicht wahr?«

»Ausgeschlossen!« »Nicht? Da kann man eben nichts machen, da müssen wir gehen, Zeit ist Geld!«

Sie verabschiedeten sich äußerst freundlich. Ich bat sie, nicht beleidigt zu sein, weil ich ihnen kein Los habe abnehmen wollen.

»Aber, gnädige Frau«, sagte Fred, »in unserem Berufe darf man nicht beleidigt sein, da darf man keine Eigenliebe haben. Das können sich nur Festangestellte leisten!«

Als sie schon bei der Tür waren, kehrte sich Willi noch einmal um und sagte:

»Wenn Sie schon kein Los kaufen, wollen Sie nicht mit mir um drei Schilling wetten, daß ich heute mindestens zehn Lose verkaufe? Bitte, keine Angst vor Betrug, ich lasse Sie abends in meine Bücher Einsicht nehmen!«

Erst als auch aus diesem Vorschlage nichts wurde, entfernten sich die zwei endgültig.

Abends traten sie ins Geschäft, über das ganze Gesicht glänzend.

»Nun, wie ist das Geschäft gegangen?« fragte ich, während ich ihnen die Milch reichte, die sie bestellt.

»Großartig! Vier Idioten haben wir gefunden! Das heißt vielmehr«, antwortete Fred, »eine Idiotin, einen Besoffenen und zwei gute Seelen! Freilich, zehn Groschen haben wir dabei draufgezahlt, denn der Betrunkene hatte im ganzen nur zwei Schilling und neunzig Groschen bei sich. Eine Frau hat uns ein Los abgenommen, weil Willi ihrem Sohn ähnlich sieht,

der im Kriege gefallen ist, ein Dienstmädchen das andere, weil ich dieselben schönen Augen habe wie ihr Bräutigam.
Ganz Wien sind wir abgelaufen. Aber dieses Geschäft ist doch etwas zu gefährlich. Morgen müssen wir etwas anderes beginnen. Wir werden Tinte verkaufen!«
Und des langen und breiten begannen sie jetzt sich zu unterhalten, wie sie aus Tintenstiften Tinte erzeugen könnten, die sie dann in den Trafiken losschlagen wollten. Am meisten zerbrachen sie sich den Kopf, wie sie zu einem gedruckten Firmenaufdruck kommen könnten. Als sie mit ihren geschäftlichen Angelegenheiten zu Ende waren, machten sie sich daran, Kreuzworträtsel zu lösen. Sie tun dies jeden Abend und schicken jedesmal am nächsten Tag die Lösung ein, haben aber bis jetzt noch keinen einzigen Groschen gewonnen.
Sie gehen zeitlich heim und trinken, wie sie behaupten, nie Alkohol, denn sie müssen, sagen sie, bei ihrem Berufe immer einen klaren Kopf haben.

12. MÄRZ 1926.

Ich sitze in der halbdunklen Kirche, rückwärts, im verstecktesten Winkel. Der Gottesdienst hat noch nicht begonnen. Die Kirche ist ganz leer, nur ein alter Bettler steht vor einer Heiligenstatue, mit einem derartig müden und hoffnungslosen Ausdruck im Gesicht, daß man auf ihn nicht blicken kann, ohne Schmerz zu empfinden.
Gestern habe ich den ganzen Tag gewaschen, mein erster Waschtag, seit wir hier im Geschäfte sind. Für mich war es ein bitterer Tag, aber für die ganze Bewohnerschaft unseres großen Hauses gab das ein interessantes Ereignis ab, ja, man kann sagen, eine Sensation.
Die Füße und die Hände schmerzten mich, und unerträglich dunstig und feucht war es in der Waschküche. Durch das kleine, vergitterte Fensterchen drang das Tageslicht nur schwach herein, und nur hin und wieder konnte man durch das sich an den Scheiben niederschlagende Wasser die Füße der Passanten deutlich erkennen. Der Dunst stieg aus dem Kessel empor und verbreitete sich über den ganzen Raum. Und Schimmel an den Wänden, Schimmel an der Decke und überall, und es schien mir, als ob sich auch mein Inneres dem dumpfen Andrange dieses Moders nicht erwehren könnte.
Aber die Arbeit schreckte mich nicht. Mein Gott, habe ich nicht hunderte Male in Rußland gewaschen und im Frost die schweren Wassereimer

geschleppt? Habe ich nicht im schmutzigen, halbdunklen Waggon gehaust? Aber dort war das ja in der Ordnung, alle Flüchtlinge haben damals so gelebt. Hier jedoch in dem großen Miethause fühlen alle Bewohner, daß ich da etwas tue, was sich für mich nicht gehört, was mir nicht zukommt, und das ist es eben, was alles so interessant und mit Schadenfreude erfüllt. Als das erstemal mein Waschtag nahte, kamen meine Kundinnen, eine nach der andern, und boten mir ihre Dienste als Wäscherin an. Als ich sagte, ich würde selbst waschen, blickten sie alle skeptisch auf meine Hände, und eine behauptete, ich wäre zu sehr »Gnädige«, als daß ich in dieser Waschküche waschen könnte.

»In der Waschküche ist kein Ausguß im Fußboden«, sagten sie, »und die Hausmeisterin ist eine solche ›Bißgurn‹, die schimpft immer, wenn der Boden nachher nicht ganz rein ist. Geben Sie die Wäsche lieber aus dem Haus, Sie werden sich nur Unannehmlichkeiten zuziehen!«

»Alle im Haus sind schon krank vor Neugierde, welche Wäsche Sie haben; sie werden Ihnen keine Ruhe geben, bis sie nicht alles gesehen haben!« So warnte mich Frau Bacher, die mir vom ersten Tage an mit großer Herzlichkeit entgegengekommen ist.

Ich hatte keinen Waschtrog und auch kein Geld, mir einen zu kaufen. Dieser Umstand ließ mich in den Augen der Bewohner tief herabsinken. Aber auch eine Waschrumpel hatte ich nicht, und so mußte ich in der kleinen Schüssel mit den Händen waschen.

Als erste kam die Hausbesorgerin zu mir. Ohne anzuklopfen trat sie herein, stellte sich hoheitsvoll vor mich hin, und mit feierlicher Stimme erklärte sie:

»Heute ist Freitag! Die Wäsche muß um fünf Uhr beendet sein, der Fußboden und die Kessel müssen gereinigt sein. Wenn etwas nicht in Ordnung ist, muß ich Ihnen den nächsten Waschtag entziehen!«

Während sie sprach, betrachtete sie neugierig meine Wäsche.

»Was ist denn das?« fragte sie. »Ein Handtuch? Hat man denn in Rußland immer so lange Handtücher? Und wäscht man in Rußland ohne Rumpel und ohne Waschtrog? Und warum waschen Sie in denselben Schuhen, die Sie im Geschäfte tragen? Das haben die Kunden nicht gern. Und was ist das? Ist das Ihre Bluse? Und das? Hat Ihr Mann solche Hemden?«

Und so ging es weiter. Gerade systematisch nahm sie ein Stück nach dem andern vor. Wie gerne hätte ich ihr gesagt, sie möge mich in Ruhe lassen, sie solle sich nicht um Dinge kümmern, die sie nichts angehen. Aber ein einziges grobes Wort von mir, und ich würde eine gute Kundschaft verloren haben und mit ihr vielleicht eine ganze Reihe anderer, denn die Hausbesorgerin ist ja von einem ganzen Kreis von Hausfrauen umgeben, die sozusagen unter ihrer Oberhoheit stehen. Ich bin deshalb vollständig abhängig von ihr und sie fühlt das und bemüht sich, immer und immer wieder diese Macht zu zeigen. Warum lieben die Menschen nichts so sehr, als die Macht zu dokumentieren, die sie über andere Menschen haben?

Diesen Tag war die Hausbesorgerin noch ganze viermal bei mir. Jedesmal sah sie sich in der Waschküche um und sagte:

»Es ist schon so spät! Wann werden Sie denn da die Waschküche ordentlich reinigen können? Und bitte, vergessen Sie ja nicht, daß der Fußboden nicht bloß gut gewaschen, sondern auch ganz trocken aufgewischt sein muß!«

Gar zu gern hätte ich sie gefragt, ob der Fußboden bis zum nächsten Waschtag am Montag nicht von selbst trocken geworden wäre, aber ich schwieg. Ich sah, daß sie die klare Absicht hatte, mich in Zorn zu bringen, sie wollte unser Gespräch bis zum Stadium des gegenseitigen Beschimpfens bringen, so wie sie es tagtäglich gewohnt war.

Aber es gelang ihr nicht. Hier in der Fremde sollen sie keine Klage hören, kein Aufbäumen sehen. Weit, weit verstecke ich meinen Stolz und meinen Schmerz. Alles will ich ertragen, was mir zu ertragen hier in der Fremde bestimmt ist, so lange nur meine Kräfte reichen, aber niemandem, niemandem will ich zeigen, wie schwer es mir ist...

Auch andere Frauen besuchten mich in der Waschküche, ich weiß nicht, wie viele. Alle überschütteten sie mich mit Fragen. Wie man in Rußland wäscht, was man in Rußland ißt, wann man in Rußland zu Bette geht, ob man in Rußland den Karfiol bloß mit Butter ißt oder mit Semmelbröseln, wie man in Rußland Leberknödel macht, ob es wahr ist, daß sich in Rußland die Männer mit den Stiefeln aufs Bett legen, ob es wahr ist, daß man in Rußland das Fleisch gleich mit dem Fell zusammen zum Kochen stellt usw. Und warum ich ausgerechnet einen Österreicher zum Mann genommen habe, ob es nicht genug Männer in Rußland gäbe und warum wir ausgerechnet jetzt nach Österreich gekommen seien.

Ich antwortete den neugierigen Nachbarinnen auf alle Fragen möglichst gleichgültig und objektiv. Von dem, daß man uns ausgewiesen, sagte ich kein Wort, und bezüglich des Geschäftes behauptete ich, daß mir diese Arbeit sehr gut passe. Überhaupt, sagte ich, gefalle es mir hier sehr gut und ich könnte mir gar kein besseres Leben wünschen. Ich sah, daß meine Worte wie eine Bombe wirkten und daß alle höchst unzufrieden, ja beleidigt waren. Die Leute wollten Klagen und Seufzer hören, womöglich Tränen sehen, und ich habe sie bitter enttäuscht.

Als gerade wieder einige Frauen versammelt waren, sagte Frau Bacher:

»Frau Wagner, nehmen Sie doch meinen Waschtrog, in Ihrer Schüssel werden Sie ja doch bis vier Uhr nicht fertig, und eine Stunde brauchen Sie mindestens zum Fußbodenwaschen!«
Und da kam es von allen Seiten. Die eine trug mir ihre Rumpel an, die andere dies, die dritte das. Ich lehnte aber alles ab und behauptete, es wäre mir so am bequemsten. Viel Mühe verwendete ich darauf, vor den Frauen meine aufgewaschenen Finger zu verbergen.
Gegen vier Uhr verliefen sich die Neugierigen, sie mußten ihre Jause bereiten. Endlich war ich allein und konnte mich an die wichtige Prozedur des Fußbodenwaschens machen. Ich wendete alle Mühe daran, denn ich wollte um alles in der Welt nicht, daß die Leute sagten, der Fußboden wäre deshalb schlecht gewaschen, weil ich eine Russin sei. Siehst du, Rußland, wie ich hier in der Fremde deine Ehre hochhalte!
Wie ich mich eilte! Noch jetzt tut mir alles weh, und doch wäre ich nicht fertig geworden, wenn mir nicht ein junger Mann, ein Arbeitsloser, zu Hilfe gekommen wäre. Er wohnt in dem Holzschuppen neben der Waschküche und kam gerade herein, um Wasser zu holen. Als er mich erblickte, nahm er, ohne ein Wort zu sprechen, das Putztuch und begann den Fußboden aufzuwischen.
»Sie werden sich die Hände verderben, Sie sind doch Klavierspieler!« wollte ich einwenden.
»Ach, das ist noch eine Frage, wann ich wieder Gelegenheit haben werde, meinen Beruf auszuüben! Aber Sie werden das größte Unglück erleiden müssen, wenn der Boden nicht um fünf Uhr staubtrocken ist.« Er sprach diese Worte so freundlich und blickte mich dabei so lieb an, daß mir mit einem Male wieder ganz warm wurde.
Als die Hausmeisterin kam, blickte sie streng in jede Ecke und jeden Winkel und sagte dann kopfschüttelnd:
»Ich hätte meinen Kopf dafür gewettet, daß Sie damit nicht fertig werden!« Dann fügte sie, schwer aufseufzend, hinzu:
»Na ja, da kann man halt nichts machen!«
Und jetzt sitze ich hier in der Kirche, am frühen, grauen Morgen... Es ist der einzige Ort in der Fremde, an dem ich mich wohlfühle... Es ist still in mir, traurig still... Ich bete um nichts, bitte um nichts... Ich will das Leben von dir, o mein Gott, nehmen, wie du es mir gibst. Wie bitter es auch sei, ich will es bis zum Ende tragen...

Das Geheimnis des Lebens verstehen heißt das Leben so nehmen, wie es ist. Nichts klingt einfacher als diese Worte, und doch ist nichts schwerer, als diese Worte Wirklichkeit werden zu lassen. Jeder Mensch denkt mehr von sich, als er in der Realität des Lebens erreichen kann; und glücklich zu sein, trotzdem man nicht das aus sich heraus entwickelt, wozu man die Keime in sich trägt, das ist schwer!
So spreche ich jeden Tag zu mir.
Heute kam eine Kundin zu mir ins Geschäft, Fräulein Fischer, die, wie man hier sagt, »trab-trab« geht. Sie ist ein recht liebes, freundliches Ding, hat immer etwas zu plaudern und gehört zu meinen anspruchslosesten Kundinnen. Gewöhnlich sitzt sie da und erzählt mir von ihren Angelegenheiten so lange, bis eine andere Kundschaft ins Geschäft kommt.
»Ja, heute war ein Bekannter bei mir, ein ehemaliger Kriegsgefangener«, sagte sie. »Ich habe ihm erzählt, daß meine Milchfrau eine Russin ist, und das hat ihn sehr interessiert.«
Zuerst verstand ich nicht, was sie damit meinte, und erst, als sie fort war, begriff ich, daß diese Milchfrau ja ich sei. In der ersten Minute war ich ganz unglücklich darüber. Ich Milchfrau! Das Interessante ist, daß es gerade das Wort war, das mich so kränkte. Ich wollte Universitätsdozentin sein und bin »Milchfrau« geworden! Aber dann nahm ich mich wieder in die Hand. Man muß es eben verstehen, daß Träume und Wirklichkeit Dinge sind, die sich nicht vereinen lassen. Und warum habe ich mir eingebildet, gerade Universitätsdozentin zu werden? Das Leben hat mich zur Milchfrau gemacht, folglich habe ich alles zu tun, um eine gute, richtige Milchfrau zu sein. Man muß das Leben eben nehmen, wie es ist, ohne Seufzen und Klagen.
Es ist sehr schwer, sich an dieses Leben zu gewöhnen. Merkwürdig, daß der Kutscher vom Kronenbrot sich jedesmal verpflichtet fühlt, mir freundlich den Rücken zu klopfen und mir allerhand Liebenswürdigkeiten zu sagen, von denen ich allerdings kein Wort verstehe, da er sie im reinsten Wiener Dialekt spricht. Das allerdings ist noch merkwürdiger, daß er das Hofieren dazu benützt, um mich möglichst zu betrügen, sei es beim Erstellen der Rechnung oder beim Zählen des Gebäcks. Überhaupt, das drückt mich ganz besonders nieder, daß man immer und überall von Betrug umgeben ist. So zum Beispiel heute. Zwei Männer kamen mit einer Kiste herein und wiesen mir eine Rechnung auf 76 Schilling vor. »Hier ist das Waschblau und die Seife, die Ihr Mann bestellt hat«, erklärten sie.

»Das ist unmöglich«, entgegnete ich, »da mein Mann niemals im Geschäft ist.«
Sie begannen zu schimpfen und drohten mit dem Gericht, als zum Glück gerade Otmar heimkam. Ich rief ihn ins Geschäft, aber als ich mich umdrehte, waren beide Männer mitsamt ihrem Waschblau bereits verschwunden.

14. MÄRZ 1926.

Heute hatte ich Gelegenheit, eine Szene zu beobachten, die mich tief berührte.
Es kam der junge Herr Resch, setzte sich zum Tischchen und begann, wie gewöhnlich, ein Gespräch mit mir zu führen. Er fragte mich aus, wie es in Rußland aussehe, erzählte von den Wildwestfilmen, die er im Kino sieht, schwärmte von Fußballmatchen und behauptete, er sei so stark, daß ihn niemand besiegen könne.
Heute war er in seliger Stimmung und erzählte mir, daß er sein erstes Geld als Lehrbursche verdient habe, ganze vier Schilling. Drei Schilling fünfzig Groschen führte er an seine Mutter ab, fünfzig Groschen behielt er für sich. Dieses Kapital hat er beschlossen zu »vertun«, und zwar gerade bei mir, damit ich auch etwas an ihm verdienen könne. Diese Aufmerksamkeit des vierzehnjährigen Burschen war geradezu rührend. In seinem reinen, glattgebügelten Anzug, mit dem aus der Seitentasche hervorlugenden Taschentuch aus Seide und seinem peinlich frisierten Scheitel stand er wie die Verkörperung aller Tugenden des deutschen Volkes vor mir da, seiner Gutherzigkeit, seines Familiensinnes, seiner Sparsamkeit und seiner Arbeitsliebe. Er erzählte, seine »Mutti« habe ihm durchaus einen ganzen Schilling belassen wollen, er habe aber erklärt, fünfzig Groschen wären genügend, er müsse doch auch etwas zum Haushalt beitragen. Und wie wichtig er sich fühlte als – wenigstens teilweise – Familienerhalter!
Lange sprach er halblaut vor sich hin und erwog, was er sich um seine fünfzig Groschen kaufen solle, damit er möglichst viel, möglichst Gutes und dabei möglichst Nahrhaftes bekomme. Endlich entschloß er sich zu fünf Deka Extrawurst und einer Semmel, das er alles mit unglaublicher Langsamkeit verzehrte. Zum Abschluß kaufte er sich noch eine Rippe Schokolade.
In diesem Augenblick öffnete sich die Tür und herein flog der kleine Hansi, das Söhnchen eines Kaufmannes nebenan, eines der wenigen Kin-

der in dieser Gegend, denen es gut geht. Er bat mich, ihm einen Schilling zu wechseln.
Der junge Herr Resch sah sich den kleinen Hansi eine Weile an und, ihm freundlich auf die Achsel klopfend, sagte er:
»Du, Kleiner, such dir aus, was du willst!«
Der Junge tat so, als ob sich dies ganz von selbst verstände. Mit ernstem, unbeweglichem Gesicht, keine Spur von Freude zeigend, suchte er sich eine Neapolitaner[1] aus, sagte »Danke« und lief davon. Mich rührte diese Noblesse, mit der der Lehrbursch von seinem ersten Verdienst den kleinen Jungen bewirtet, dieser Drang, irgend jemandem etwas Angenehmes zu tun.
Der junge Herr Resch zahlte mit wichtiger Miene und ging fort, gravitätischen Schrittes, die Mütze nach dem Muster Harry Piels schief auf die Stirn setzend. Wenn er wüßte, wie reizend er da war!

15. MÄRZ 1926.

Ich lebe jetzt zwei ganz getrennte Leben: eines am Tage in Österreich, im Geschäft, das andere nachts in Rußland.
Was für ein Tag immer gewesen sein mag, wie viele Semmeln unverkauft blieben, wie viele Kunden mich mit den Milchflaschen betrogen haben mögen, abends, wenn ich meinen Kopf an die Brust Otmars gelegt und eingeschlafen bin, dann befinde ich mich wie mit einem Zauberschlage in Rußland. Das Merkwürdige dabei ist, daß meine Träume nicht wie ein Chaos durcheinandergeworfen sind, sondern daß sie im Gegenteil eine fast systematisch geordnete Reihe bilden. Wenn ich ins Reich des Traumes hinübergehe, dann öffne ich das Buch meines früheren Lebens gerade auf der Seite, an der ich die vorhergehende Nacht stehengeblieben bin. Und keine Spur von Phantasie ist in meinen Träumen. Die Wirklichkeit rollt vor meinen Augen ab, genau so, wie sie war, mit einer solchen Klarheit und einer solchen Deutlichkeit und Genauigkeit, daß ich einfach sagen kann, ich erlebe sie noch ein zweites Mal. Meine Backfischjahre sind es, die ich so von neuem lebe. Warum gerade sie? Ist dies ein Zufall? Oder hat es einen Sinn? Ist es vielleicht eine Selbstschutzmaßnahme meines Körpers, der Kraft für die Stürme schöpfen will, die ihn jetzt erschüttern, indem er in sich die Erlebnisse und Gemütszustände einer Zeit zurückruft, die für ihn sieghaftes Selbstvertrauen und sicheres Wollen bedeuteten?

[1] Waffelschnitte.

Immer haben Träume in meinem Leben eine ungeheure Rolle gespielt. Meine Träume, mein zweites Leben, das von meinem früheren Sein genährt wird, es wird mir helfen, mein jetziges reales Leben zu ertragen, das Leben in der Fremde, das mir phantastischer erscheint als der wüsteste Traum.

Schon als ich mich schlafen legte, wußte ich, ich würde jetzt von der Mutter Dorofeja träumen. Und in der Tat, kaum hatte ich die Augen geschlossen, da trat sie zu mir, setzte sich an den Bettrand und sah mich starr an, so wie nur sie blicken konnte, mit ihren rätselhaften, dunkelbraunen Augen. Dann fragte sie mich:

»Was? Ein zweites Leben willst du leben? Aus mir heraus willst du es haben, weil du mich so anstarrst?«

Und mir schien, ich setzte mich langsam im Bette auf, und an der Stelle unseres kleinen Zimmerchens sah ich einen großen, hellen Raum mit hohen Fenstern, durch die der Klang der Osterglocken hereindrang. Auf dem Tische standen Kulitschen, Paßcha,[1] ein riesiger Schinken, eine geräucherte Gans, ein Ferkel mit Meerrettich und andere Dinge ohne Ende. Die Mutter Dorofeja sah mir in die Augen und lächelte. Niemals lacht sie, immer nur lächelt sie, ohne dabei die Lippen zu öffnen.

»Am liebsten kriechen die Teufel durch einen lachenden Mund in die Seele«, erklärte sie immer.

Die Mutter Dorofeja war eines der merkwürdigsten Wesen, denen ich je in meinem Leben begegnet. Ihre Persönlichkeit hat einen ganz tiefen Eindruck auf mich gemacht, wahrscheinlich ebendeshalb, weil sie etwas so ganz außerordentlich Einzigartiges war.

Niemand weiß, wann und woher sie gekommen ist. Die Großmutter erinnerte sich noch an sie, als sie selbst noch ein Mädchen war, und sie behauptete, daß die Mutter Dorofeja schon damals so ausgesehen habe, nicht ein bißchen anders als zu meiner Mädchenzeit. Ganz unerwartet ist sie immer aufgetaucht und ebenso unerwartet ist sie immer wieder verschwunden. Alle dachten, sie wäre einmal eine Nonne gewesen, weil sie immer schwarz gekleidet ging und eine Nonnenhaube trug. An der Brust hing ihr ein großes silbernes Kreuz.

Die Mutter Dorofeja war sehr klein und ausgetrocknet wie ein dürrer Ast; das Gesicht war dunkelbraun, ihre Hand so klein und fein, daß man meinen konnte, sie gehöre zu irgendeiner alten Ikon. Das Merkwürdigste waren die Augen. Wenige Menschen vermochten ihren Blick auszuhalten. Sie blickte starr und unbeweglich drein, mit ernstem Gesicht, so, als wollte sie in den Augen derer lesen, die sie ansah. Der Schnitt

[1] Osterspeise aus Quark, Rahm, Eiern, Mandeln, Sultaninen u.s.w.

ihrer Augen war mandelförmig, so wie man es auf alten persischen Miniaturen sieht, lange, dunkle Wimpern überschatteten sie und dichte, kohlschwarze Brauen gaben dem Gesichte einen eigenartigen, beinahe mystischen Ausdruck. Was für Haare sie hatte, konnte niemand sagen, da sie immer von der schwarzen Haube bedeckt waren.

Die Mutter Dorofeja sprach sehr wenig, aber was sie sagte, suchten alle, die es hörten, in ihrem Gedächtnisse zu bewahren, denn alle waren fest davon überzeugt, daß ihre Aussprüche prophetischen Charakter trügen. Und alle ihre Voraussagungen haben sich tatsächlich immer unweigerlich erfüllt.

Merkwürdig war es auch, daß man immer, sobald die Mutter Dorofeja ins Haus kam, das Gefühl hatte, irgendein Unglück stünde unausweichlich bevor. Im Laufe langer Jahre hatte es sich erwiesen. Sobald nur die Tür sich langsam, ganz langsam öffnete, zuerst das dunkle Haupt und nachher die kleine Gestalt mit dem langen Krummstab sich lautlos hereinschob, mußte einige Tage später irgendein Unglück eintreten. Das Unglück war unvermeidlich, aber man wußte auch, daß die Mutter Dorofeja für die Betroffenen so lange beten würde, bis sich alles wieder zum Guten gewendet hätte. Und so erschien sie allen nicht als die Urheberin des Unheils, sondern als die, die Schutz vor den Folgen desselben bringen würde.

Die Mutter Dorofeja stellte ihren Krummstab in eine Ecke und begann das ganze Zimmer zu bekreuzen. Vollständig systematisch ging sie dabei vor: zuerst die Fenster, dann die Tür, dann die Schlüssellöcher. Damit vertrieb sie den »Unreinen Geist«, womit sie den Teufel meinte. Hierauf ging sie zum Geschirrschrank. Bei allen Familien, in denen sie verkehrte, befand sich dort eine hölzerne Schüssel und ein Holzlöffel für sie. Niemals aß sie aus einem anderen Geschirr, da sie jedes andere als unrein ansah. Nachdem sie diese Schüssel und diesen Löffel mit einem Kreuzzeichen versehen, wandte sie sich an die Anwesenden, um sie zu begrüßen.

Auch ihr Gruß war ganz eigenartig. Alle mußten sie auf die Schulter küssen und wurden dabei von ihr bekreuzt. Dies ging unter tiefem Schweigen vor sich. Nachher begab sie sich in die Ecke, in der die Ikone hingen, setzte sich dort nieder, schlug ihr kleines, in Schweinsleder gebundenes Büchlein auf und vergrub sich in dessen Lektüre.

Von dieser Minute an begannen alle ihr gewöhnliches Leben weiterzuführen, aßen, tranken, schliefen und arbeiteten wie sonst; aber niemanden verließ auch nur auf eine Minute der Gedanke, daß die Mutter Dorofeja anwesend sei und daß man kein einziges Wort, das sie sprechen würde, überhören dürfe.

Die Mutter Dorofeja aß nur einmal im Tag, immer ein und dasselbe: Kartoffeln mit Sonnenblumenöl und geriebenem Rettich. Dann betete sie stundenlang. Des Abends versammelten sich alle um sie herum und lauschten, wie sie irgend etwas von ihren Wanderungen erzählte. Sie war ihr ganzes Leben lang umhergezogen, von einem Heiligen zum andern, von einem Wallfahrtsort zum andern, dreimal war sie am Grabe des Herrn gewesen, die Ssolowki[1] hatte sie besucht, den Seraphim von Sarrow, Simeon den Gerechten und die Kiewer Lawra... Ich glaube, es gibt keinen einzigen Heiligen, kein einziges Kloster im weiten heiligen Rußland, in dem sie nicht gewesen wäre.

Ihre Erzählungen machten immer auf alle den tiefsten Eindruck. Sie sprach im gewöhnlichen Bauerndialekt, den sie aber mit vielen kirchenslawischen Ausdrücken untermischte. Alles, was sie sprach, war von starkem Glauben getragen, und hinter allem mußte man einen tiefen, geheimen Sinn erkennen. Ihre Worte konnte man nicht vergessen, sie gruben sich in die Seele ein wie eine Flammenschrift.

Wenn sie erzählte, gab es keinen Menschen im Hause, der nicht dabei war. In den Türen stand das ganze Gesinde. Die Köchin heulte laut vor Ergriffenheit und grub sich dabei die Faust tief in die Wange; der Kutscher schneuzte sich ununterbrochen in die Hand, über die dabei die Tränen herunterliefen. Die Großmutter bekreuzte sich von Zeit zu Zeit, und der Großvater zog seine schwarzen Brauen zusammen, wobei sein Gesicht beinahe denselben merkwürdigen Gesichtsausdruck annahm, wie ihn die Mutter Dorofeja hatte.

Bevor man sich zu Tische setzte, verbeugte sich die Mutter Dorofeja vor den Anwesenden, beinahe bis zur Erde, und sprach:

»Verzeiht mir, meine guten Leute, wenn ich heute vor euch gesündigt haben sollte.«

Und dann fügte sie immer hinzu:

»Verzeiht auch einander, wenn ihr euch beleidigt habt, denn niemand weiß, wieviel ihm noch zu leben geblieben ist, und ohne Verzeihung zu sterben ist das Schrecklichste auf der Welt.«

Und in der Tat, wenn die Mutter Dorofeja im Hause war, da sprachen alle mit einer ganz andern, leiseren und ruhigeren Stimme. In der Küche hörte das Gezänke auf, die Kutscher fluchten nicht. Das Gesicht der Großmutter nahm einen feierlichen Ausdruck an und der Großvater sprach wenig, während er sonst doch stundenlange Unterredungen mit seinen Angestellten führte. Es war so, als ob alles im Hause damit beschäftigt gewesen wäre, seine Seele zu reinigen.

[1] Berühmtes Kloster.

Nach dem Abendessen gab es uns Kindern keine Ruhe, bevor wir uns nicht bis zur Vorratskammer durchgeschlagen hatten, in der Mutter Dorofeja schlief. Nicht um alles in der Welt hätte sie im Zimmer geschlafen; die »Kammer der Mutter Dorofeja«, die an das Speisezimmer anstößt, ein dunkles Loch, ohne Fenster, war der einzige Ort, an dem sie es gestattete, daß man ihr ein Bett herrichtete. Es durfte aber aus nichts anderem bestehen als aus einer Lage Stroh.

»Christus ist auf Stroh geboren, warum soll da nicht ich arme Sünderin auch auf Stroh schlafen?« sagte sie immer.

Das Aufregendste und Unheimlichste für uns Kinder aber war, daß sich die Mutter Dorofeja jeden Abend vor dem Schlafengehen geißelte.

»Für meinen Herrn muß ich jeden Tag leiden«, erklärte sie.

Als wir die ersten Schläge hörten, liefen wir zu ihrer Kammer. Zuerst vernahm man ein langes Murmeln, dann das Rascheln der Kleider, einen Schlag und nachher ein leises Stöhnen. Wahrscheinlich schlug sie sich mit irgendeiner Kette, denn man hörte dabei ein Klirren wie von Eisen. Bleich und zitternd standen wir vor der Türe, und als wir es nicht mehr aushielten, liefen wir in unser Schlafzimmer zurück.

»Ach, wie schwer ist es, eine Heilige zu sein!« rief Natascha einmal aus. »Nichts essen, auf Stroh schlafen, sich geißeln!... Aber die Mutter Dorofeja hat mir gesagt, wenn ich mich brav aufführe, komme ich auch in den Himmel. Wozu soll ich mich dann plagen und schinden?«

Jedesmal, wenn die Mutter Dorofeja zu uns kam, war es ein Ereignis für mich. Ich wich fast keinen Schritt von ihr. Während sie saß und las, blickte ich sie unverwandt an. Mich erfaßte es tief, daß ihr ganzes Leben ein Aufschwung war, ein Emporsteigen, ein Kreuz, das sie nur deswegen tragen mußte, weil sie es sich selbst auferlegt. Wie oft haben ihr die Großeltern angeboten, bei ihnen zu bleiben. Sie hätte bei ihnen wohnen können, beten und lesen, soviel sie wollte, ohne daß sie auch nur einen Finger hätte rühren müssen. Aber nie verblieb sie länger als drei Tage, und dann verschwand sie wieder auf ein halbes Jahr, ein Jahr, manchmal auch auf zwei.

Einmal wagte ich es, sie zu fragen, woher sie die Kraft hätte, soviel Hunger, Kälte und Leiden zu ertragen. Lächelnd antwortete sie:

»Wer an Gott glaubt, kann alles ertragen.«

Diese Worte habe ich auch früher schon oft gehört, aber von ihr gesprochen, klangen sie viel tiefer, viel inhaltsreicher, viel wahrer. Vielleicht deshalb, weil dies bei ihr niemals bloße Worte waren, weil sie immer Wort und Tat verband. –

Nun, und jetzt habe ich im Traume gesehen, daß sie neben mir saß,

mich mit ihren dunklen, braunen, rätselhaften Augen anblickte und sprach:
»Auch in deinem Leben ist Gutes und Böses. Jetzt ist es böse, bald wird das Gute kommen!«
Und dann trat wieder die Großmutter ins Zimmer und klagte der Mutter Dorofeja, daß ihr das Stubenmädchen Glascha ein Medaillon gestohlen habe, und fragte sie, was sie mit ihr beginnen solle; es sei ihr leid um sie, da sie eine Waise ist, eine Diebin könne sie aber doch nicht im Hause behalten. Aus dem Waisenhause habe sie sie genommen, immer ihr nur Gutes erwiesen, und jetzt hätte sie so an ihr handeln müssen.
»Verzeihen mußt du ihr«, sprach Mutter Dorofeja. »Du rettest eine Seele damit. Nicht der ist heilig, der niemals fällt, sondern der, der sich erheben kann, wenn er gefallen. Wenn du Glascha verjagst, wird sie immer tiefer sinken, wenn du ihr verzeihst, wird sie ihre Seele reinigen, weil sie sehen wird, daß du an sie glaubst.«
Die Mutter Dorofeja sagt zu allen »du« und wünscht auch, daß alle so mit ihr sprechen. Das »Sie« stellt nur eine Mauer auf zwischen den Menschen, behauptet sie.
»Sage mir du und verstecke nicht deine Seele vor mir! Ich gehe zum Grabe des Herrn, trage deine Gedanken mit mir und bete für dich. Nun, schau mir nur fest in die Augen, fest, ganz fest, in meine Augen hinein! Ich sammle überall die Blicke der Menschen zusammen, um sie dann vor dem Grabe des Herrn niederzulegen.«
Dieser Gedanke verwunderte mich aufs höchste, und als sie mein Staunen bemerkte, sagte sie:
»Da ist nichts zu verwundern! Wenn du auf mich schaust – nicht so, wie wenn du mit den Leuten redest, sondern mit ganz offener Seele –, dann blicke ich durch deinen Körper wie durch Glas. Alles sehe ich dann da drinnen. Denn wenn jemand wirklich zu schauen versteht, dann kann er den Menschen bis auf den Grund ihrer Seele blicken. Allen Schmerz sehe ich da, bei dir und bei den anderen, und wie eine Biene trage ich ihn mir zusammen. Die Biene sammelt Honig, ich sammle die Leiden der Menschen. Über die weite russische Erde wandere ich und sammle ihren Kummer. Und wenn es schon so viel wird, daß ich es nicht mehr tragen kann, dann gehe ich nach Jerusalem oder zu irgendeinem Heiligen und breite das ganze Menschenleid aus, das ich gesammelt. Und bete dann für die Menschen. Denn sie haben viel zu tun und haben keine Zeit, zu beten. Und wenn ich dann sehe, daß ihnen Gott verziehen, dann gehe ich hinweg und beginne von neuem, das menschliche Leid zu sammeln...«

»Und verzeiht Gott allen?« fragte ich sie.
»War da einmal folgendes«, sprach sie: »Ich befand mich gerade in dieser Gegend und trat ins Haus eures Onkels, des Gatten der Lisaweta Petrowna. Er ist ein jähzorniger Mann und haßt mich. Als er mich erblickte, schrie er: ›Verjagt diese alte Bettlerin!‹ Da stellte ich mich vor ihn hin und sprach: ›Jakow Iwanitsch, du wirst nicht mehr länger als ein halbes Jahr leben. Blicke auf mich, ich werde deinen Blick hinwegtragen und für dich beten!‹ Aber er wurde nur noch zorniger. Doch ich hatte seinen Blick schon eingefangen und ging fort. Nach einem halben Jahre kam ich zum Grabe des Herrn und betete auch für ihn. Da fühlte ich, wie es ganz dunkel wurde in meiner Seele. Es ist ein so eigenes Gefühl, wenn Gott ein Gebet nicht annimmt. Nun, dachte ich, er ist wohl gestorben und hat noch in seinem Tode Böses getan. Ganz furchtbar wurde mir zumute für ihn. Als ich wieder nach Hause zurückkehrte, erfuhr ich, daß er an seinem Sterbebette bestimmt hat, alles Geld und das Haus, das er als Mitgift mitbekommen, falle seinen Verwandten zu. Seiner Frau vermachte er einen einzigen Rubel in Silber. Noch über das Grab hinaus hat er sich über sie lustig gemacht. Jahrelang wandere ich nun schon mit seinem Blicke von einem Heiligen zum andern, aber noch immer habe ich keine Verzeihung für ihn erbitten können. Das Schrecklichste ist es, ein böser Mensch zu sein. Ein böser Mensch ist der unglücklichste Mensch. Es ist nur Nebel und Finsternis in seiner Seele und seine Bosheit ist schon seine Strafe für ihn... Und doch möchte ich auch ihn bei Gott herausbeten! Wer sollte denn für ihn beten, wenn nicht ich? Er hat doch in seinem ganzen Leben niemandem etwas Gutes getan!«
Diese Worte waren mir so ins Herz gedrungen und hatten mich so tief erregt, daß ich damals begonnen habe, die Menschen anders anzublicken, als ich es bisher getan. Ich wollte die Blicke ebenso sammeln wie die Mutter Dorofeja.
»Mein liebes Kind«, sagte sie mir da einmal, »sei vorsichtiger mit den Seelen der Menschen! Ein schweres Geschäft ist das! Ein fremdes Leid kann nur der in sich aufnehmen, der selbst eine Seele hat wie Stahl. Es ist nicht leicht, fremdes Leid zu sammeln! Mit anderen hast du Mitleid und selbst zerbrichst du vielleicht dabei. Fremdes Leid in seiner Seele zu tragen ist schwerer als eigenes. Wie eine schwere Last legt es sich in dein Herz. Allen willst du helfen, aber es ist nicht leicht, denn selten wollen es die Leute selbst, daß man ihnen helfe. Die größte Hilfe ist es, in ihnen den Wunsch zu erwecken, daß sie sich selber helfen möchten...«
Da schreckte ich auf. Es war der Lärm, den der Milchkutscher verursach-

te. Das heißt, es war vier Uhr früh. Noch einmal tauchte das Bild der Mutter Dorofeja vor mir auf.
»Am besten hilft sich der Mensch selbst. Und wer das will, der wird es schon verstehen!« hörte ich sie sagen.
Ich erwachte ganz. Durch das Fenster sah ich mit einer Kerze in der Hand den Bäcker schleichen, der immer um vier Uhr fünfzehn sich zur Arbeit begibt.
Der Traum war zu Ende, die Wirklichkeit begann. Ich mußte aufstehen, aber ich wußte, daß ich in der folgenden Nacht davon träumen würde, wie die Mutter Dorofeja den Onkel Wasja vor der Heirat mit der schönen, aber schlechten Ksenia Nikolajewna bewahrte.

16. MÄRZ 1926.

Tränen der Menschen, o Tränen der Menschen!
Am frühen Morgen, am späten Abend fließt ihr dahin,
Ohn' Unterlaß fließt ihr, heimlich, verborgen,
Zahllos, endlos fließt ihr dahin,
So wie die Regenströme vom Himmel fallen
In kalter, finsterer Herbstesnacht.

Ich las dieses Gedicht heute früh. Unter dem Ladentisch habe ich immer ein Buch liegen, ein russisches natürlich, und jede freie Minute nütze ich aus, um darin lesen zu können. Ich weiß, es wäre besser, ich täte es nicht. Wenn ich Russisch lese, so ist es mir, als ob ich eins würde mit dem Leben der russischen Heimat. Ich weiß, daß meine Sehnsucht nach Rußland, dem Land, das mich verstoßen hat, ein Zeichen meiner Schwäche ist. Ich müßte unbarmherzig alles aus meinem Herzen reißen, was mich an Rußland fesselt, und ich müßte alles tun, um mich mit diesem neuen Leben zu verbinden. Aber es ist so eigenartig, fremd und phantastisch, dieses neue Leben, daß mir immer noch mein früheres Leben in Rußland, von dem ich jede Nacht träume, ja das aus den russischen Büchern zu mir spricht, mehr Realität zu haben scheint als alles, was ich hier jeden Tag um mich her sehe.
Was mich aber dennoch diesem neuen Leben näherbringt, ist, daß ich hier dieselben Leiden sehe wie bei uns in Rußland. Leiden ohne Ende. Leiden zu jeder Stunde. Und der Schmerz ist der gleiche wie bei uns. Wir haben in Rußland immer die Vorstellung gehabt, daß die Leute in Westeuropa ganz anders leben als bei uns, daß nur wir Russen nicht

imstande sind, uns von unseren Martyrien zu befreien. Das Schicksal hat mich nach Westeuropa gebracht; aber in einen dunklen Winkel, in dem die Menschen nicht leben, sondern bloß vegetieren, wo sie von früh bis abends und von abends bis früh leiden, wo die Tränen in Strömen fließen...

Das Wetter ist trostlos. Der Regen rinnt endlos vom Himmel, alle Kunden kommen naß wie Pudel ins Geschäft, bei allen zeigen die bleichen Gesichter den Ausdruck hoffnungslos schlechter Laune. Natürlich wirkt dies auch auf mich zurück.

Da öffnet sich die Tür und laut keifend tritt eine Arbeiterin herein mit einer großen Einkaufstasche in der Hand. Unter dem Mantel guckt das tränenübergossene Gesichtchen eines wohl anderthalbjährigen Knaben heraus.

»Wirst du ruhig sein oder nicht? Die ganze Nacht hat er geflennt und jetzt brüllt er wieder! Ach, ich halte dieses Leben nicht aus!«

Mit einer Geste der Kraftlosigkeit und Verzweiflung läßt sie sich auf die Bank nieder.

»Ach, so ein uneheliches Kind zu haben, das ist eine Qual!« stöhnt sie. »Warum habe ich es mir nur anhängen lassen?«

Diese Szene wiederholt sie systematisch jeden Morgen. Ihr Gesicht ist ganz blau vor Kälte, die Lippen zittern. Sie eilt zur Arbeit in die Knopffabrik und füttert vorher noch schnell ihr Kind bei mir. Ein Glas Milch und eine Semmel. Selbst ißt sie nichts. Beinahe jede Sekunde schlägt sie ihren heulenden Knaben, und nach jedem Schlag gibt sie ihm einen Kuß. Manchmal macht sie auf mich den Eindruck, als ob sie nicht ganz normal wäre. Für sie hat sich die Mutterliebe in bittere Qual verwandelt. Sie erarbeitet achtzig Schilling im Monat und ist mir den Betrag für das tägliche Frühstück ihres Kindes bereits seit einem Monat schuldig.

»Der Teufel soll alle Männer holen!« wiederholt sie unbedingt jeden Morgen. »Einem ein Kind anzuhängen, da sind sie gleich dabei! Aber dann, wenn das Malheur da ist, dann such sie!

Und der Balg da, die ganze Nacht schläft er nicht, und mich läßt er auch nicht schlafen. Bald werden sie mich aus der Fabrik jagen. Immer fürchte ich mich, daß meine Nachbarin auf das Kind nicht aufpaßt, und da kann ich nicht achtgeben in der Fabrik. Kein Leben ist das, sondern eine Qual!«

Sie spricht mit heiserer Stimme. Schnell wickelt sie das Kind in irgendwelche schmutzige Fetzen ein und läuft davon. Nach ihr bleibt ein merkwürdiger, schwerer Geruch im Geschäft stehen. Der Geruch bettelhafter Armut.

Es ist leichter, einen Ansturm des Schmerzes zu erleiden, als jeden Tag und jede Stunde diese ewigen stumpfen Qualen mit ansehen zu müssen, sage ich leise vor mich hin. Aber, zum Glück, ich habe keine Zeit, nachzudenken, denn schon betritt eine neue Kundin den Laden. Eine »Vorstadtaristokratin«. Ihre Mutter verkauft auf dem Markte Obst, aber sie selbst ist in einem Parfümgeschäft als Verkäuferin angestellt. Sie ist elegant gekleidet, hat gut gepflegte Hände mit polierten Fingernägeln, und noch eine halbe Stunde, nachdem sie das Geschäft wieder verlassen, duftet es darin nach Veilchen. Sie nimmt die Türklinke mit einer Geste in die Hand, als ob es sie eine fast übermenschliche Überwindung kosten würde, etwas so Schmutziges und Ekelhaftes zu berühren. Um ihre Lippen schwebt immer ein verächtliches Lächeln. Und ganz offen verachtet sie auch alle, die in diesem Hause wohnen, ihre Mutter, das »Obstweib«, und mich, die Milchfrau, mit einbegriffen. Niemand von meinen Kunden behandelt mich so von oben herab wie sie. Ihr Besuch hinterläßt immer ein schweres Gefühl in mir. Ohne mich auch nur anzublicken, kommt sie an den Ladentisch heran und sagt:
»Bringen Sie mir einen halben Liter Milch und eine Semmel hinauf!«
Ohne zu grüßen, geht sie wieder hinaus. Lange denke ich darüber nach, woher denn dieses Mädchen zu einer derartigen Verachtung gekommen sein mag. Sie ist doch selbst im Milieu der Armut aufgewachsen, und nur ganz zufällig hat sie sich dann zu einer Verkäuferin in einer Parfümerie emporgearbeitet. Wohl trägt sie Seidenstrümpfe; ist das aber ein Grund, daß sie alle Menschen verachten muß, die bei ihrer Arbeit keine Seidenstrümpfe tragen können?
Da kommt ein kleiner, dicker Junge ins Geschäft herein, ein hoffnungslos dummes Bürschchen. Er tritt zum Ladentisch und sagt mit höflicher Geste, so wie es einem wohlerzogenen Kinde gebührt:
»Bitte, geben Sie mir um zehn Groschen Oxdradium!«
Dabei legt er zehn Groschen auf den Tisch.
»Oxdradium?« frage ich verwundert. Ich denke angestrengt nach, aber es fällt mir von allen meinen Waren keine einzige ein, die eine ähnliche Bezeichnung trüge.
»Wozu ist denn das?« frage ich.
»Ich weiß es selbst nicht recht«, antwortet der kleine Franzi. »Unser Lehrbursche hat mich darum geschickt.«
Als der Knabe wieder draußen war, hörte ich, wie ihn eine ganze Schar von halbwüchsigen Burschen mit lautem Lachen empfing, und ich verstand, daß sie sich einfach über mich lustig machen wollten. Freilich erfuhr ich erst später, worin der Witz bestand, als mir eine Frau erklärte,

eine solche Ware gebe es nicht, »Oxdradium« wäre in Schriftdeutsch mit »Ochs, drehe dich um« zu übersetzen.
Wieder war die Mutter der reizenden, aber so unangenehmen Verkäuferin aus dem Parfümgeschäft bei mir. Wie immer, machte sie den Eindruck eines zerquälten und bis zur Erschöpfung ermüdeten Menschen. Das riesige Kopftuch war zum Auswinden naß, und ganze Bäche von Wasser tropften von den Fransen auf den Boden herunter. Sie stellte den Krug für die Milch auf den Ladentisch und ließ sich auf die Bank nieder. »Ach, allen Müttern möchte ich nur das eine sagen: Erzieht niemals eure Töchter über den eigenen Stand hinaus! Als mein Mann starb, habe ich alle meine Liebe meiner Mitzi geopfert. Selbst habe ich nichts gegessen, nur um sie recht schön anzuziehen. Und jetzt ist sie im Geschäft und schämt sich meiner. Sie hat jetzt nur einen Gedanken: wie sie es verbergen könnte, daß ihre Mutter am Markt mit Gemüse handelt. Heute begegnete ich ihr auf der Straße, wie sie mit einem jungen Herrn ging, und sie tat so, als ob sie mich nicht sähe. Und als ich sie anrief, machte sie mir ein so böses Gesicht, daß ich es gar nicht vergessen kann.«
Frau Gruber begann bitterlich zu weinen.
»Heute geht sie wieder tanzen, aber ich darf sie weder begleiten noch abholen. Sie ist achtzehn Jahre alt; mein Gott, was kann da nicht mit einem Mädchen geschehen! Das ganze Geld, das sie verdient, geht auf Strümpfe. Mit mir spricht sie kein Wort, und wenn ich etwas sage, schlägt sie die Türe zu und geht fort. Und ich bin doch ihre Mutter!« »Ach, Frau Gruber«, sagte ich, »kränken Sie sich nicht zu sehr. Wenn Ihre Tochter selbst Mutter werden wird, dann wird sie Sie besser verstehen und schätzen lernen!«
Frau Gruber sah mich ein paar Sekunden lang an und begann dann zu lächeln.
»Nun, ich habe ja Geduld, um zu warten, bis sie wieder zu mir zurückkehrt. Aber ich fürchte sehr, daß sie auf schlechte Wege kommt. Übrigens, sie möchte ja gar kein Kind haben. Das verdirbt die Figur, sagt sie...« In diesem Augenblick trat die »Unzufriedene« ins Geschäft. Ich nenne sie so, weil sie grundsätzlich mit nichts einverstanden ist und an niemandem ein gutes Haar läßt. Niemand kann sie leiden, und sie braucht nur die Türe ins Geschäft zu öffnen, so ergreifen alle übrigen Käufer die Flucht.
Auch Frau Gruber empfahl sich gleich.
»Nu, der ihre Tochter wird auch bald mit dem Büchel gehen! Ja, das kommt davon, wenn man das Töchterlein an Kunstseide und an Spangenschuherln gewöhnt!« sagte sie giftig.

»Anderthalb Liter Milch!« bestellte sie hierauf, beide Hände in die Hüften gestützt. Dann begann sie mir die letzten Neuigkeiten zu erzählen, die sich im Hause zugetragen. Bei solchen Gelegenheiten regt sie sich immer sehr auf und zeigt dies durch eine ganz merkwürdige Geste an. Sie schlägt sich nämlich während des ganzen Gespräches ununterbrochen mit der rechten Hand heftig auf den Bauch. Die ersten Tage versetzte mich diese Bewegung geradezu in Schrecken, jetzt bin ich sie aber schon gewohnt. Ich erfuhr von ihr, daß Herr Blumenthal seinen Posten verloren hat und jetzt ungeheure Schulden macht; daß seine Frau einen Hausfreund hat, der sie ins Kaffeehaus ausführt; daß Frau Hofer mit einem Rauchfangkehrer »recht gut« ist, dessen Frau ihr die Augen auszukratzen die Absicht hat; daß die Trafikantin gegenüber wegen Zahnschmerzen eine geschwollene Wange hat, daß die Geschwulst aber eigentlich von ihrem Bräutigam stammt, der ihr eine Ohrfeige gegeben hat, weil sie ihr Bruder heimbegleitet hat, von dem er aber nicht glaubt, daß es wirklich ihr Bruder ist, usw. Sie spricht in kurzen Sätzen und jedes Wort sitzt wie ein Messerstich. Den ganzen Tag über lehnt sie am Fenster und beobachtet alles, was in der Umgebung vorgeht. Niemals spricht sie auch nur ein einziges Wort, das nicht von Giftigkeit erfüllt wäre, und wenn sie fortgeht, habe ich das Gefühl, sie hätte mich in einer Kehrichtgrube zurückgelassen.
»Und wo ist Ihr Kind?« fragte sie heute.
»Im Zimmer«, antwortete ich.
»Im Zimmer?« wiederholte sie, sah mich eine Weile mit starren Augen an und begann dann plötzlich zu lachen. Sie lacht so, daß alles an ihr zittert; ihr herabhängendes Doppelkinn, ihre dicken, roten Wangen und vor allem ihr voluminöser, unförmiger Bauch.
»Das Loch mit dem Fenster auf den Gang, das nennen Sie ein Zimmer? Nicht einmal umdrehen können Sie sich ja dort! Das ist ja nicht einmal ein Kabinett! Sie haben halt wahrscheinlich noch nie ein richtiges Zimmer gesehen. Kommen Sie nur einmal zu mir, ich habe eine Küche, ein Zimmer und ein Kabinett. Das ist ein Zimmer! Es wohnt ein Zimmerherr drin, aber bei Tag arbeitet er in der Fabrik, da kann ich es Ihnen schon zeigen. Übrigens, in einem Zimmer müssen zwei Fenster sein, und in Ihrem Loch ist ja nicht einmal ein richtiges. Mein Gott, mir scheint, diese Russen, die haben überhaupt gar keine Zimmer!«
Die »Unzufriedene« lachte und lachte. Sie lachte so anhaltend und so laut, daß die Hausbesorgerin die Tür öffnete und nachsah, was da los sei. Wie könnte auch irgendwo etwas vorgehen, wo sie nicht dabei wäre?
»Die Frau Wagner nennt ihr Loch ›Zimmer‹! Ha, ha, ha!« schüttelte sich die »Unzufriedene« vor Lachen.

Die Hausbesorgerin kann die »Unzufriedene« nicht leiden, sie sprechen schon monatelang nicht miteinander, aber diese Gelegenheit brachte sie einander auf einige Minuten näher.

Beide stehen sie mir gegenüber, beide die Arme in die Hüften gestützt, und lachen.

Einige andere Frauen kommen ins Geschäft, und auch sie stimmen ein. Als sie schon alle wieder draußen sind, höre ich vom Korridor her, wie sie sich darüber unterhalten, daß die Russin dieses Loch ein Zimmer nennt, und noch abends erzählt mir die kleine Grete, die kaum sprechen kann, daß ihre Mama ihrem Papa erzählt hat, ich habe unsere Behausung ein »Zimmer« genannt.

Es gehört viel Willenskraft dazu, um all dem gegenüber Gleichmut zu bewahren. Mich beleidigt zu zeigen, wäre sicher der größte Fehler gewesen. Ich bemühte mich auch, mich möglichst gleichgültig zu zeigen, und versuchte zu erklären, daß die Bezeichnungsweise im Russischen eben eine andere sei, daß es dort nicht auf die Zahl der Fenster ankäme. Auf die erneute Frage der »Unzufriedenen«, ob ich auch schon ein wirkliches Zimmer gesehen habe, antwortete ich, ich meine schon, aber ein so schönes Zimmer wie das ihre wohl nicht, worauf sie sich sehr geschmeichelt fühlte.

Aber der Tag ist noch nicht zu Ende. Es kommt ein Knabe, mein größtes Kreuz. Dem Aussehen nach ist es ein sehr lieber Bub, gesund, rotwangig, mit großen, grauen Augen und Haaren, die wie eine Bürste emporstehen. Aber seine Augen sind kalt. Mit mir ist er geradezu erbarmungslos, und ich glaube schon lange, trotz meiner Geduld werde ich ihn doch einmal, wie man hier sagt, »hinausschmeißen« müssen. Wenn er zur Türe hereinkommt, schlägt er sie unbedingt so zu, daß ich mich jedesmal fürchte, die Glasscheiben würden brechen.

»Zwei Liter!« sagt Toni und stützt sich auf den Ladentisch. »Aber bitte, genau! Ich weiß, daß Sie schlecht messen und den Rahm abnehmen, aber uns werden Sie nicht betrügen! Der Vater wird Sie schon anzeigen! Dann wird man Ihnen das Geschäft wegnehmen und Sie können verhungern!«

Ich antworte kein Wort und blicke ihn an. An diesem Knaben verwundert mich am meisten dieser ganz unverhüllte Wille, um jeden Preis Schmerz zu verursachen.

»Wie alt bist du?« fragte ich ihn.

»Was geht das Sie an?«

»Weil solche Worte, wie du gesprochen hast, nur ein sehr dummes oder ein sehr schlechtes Kind sagen kann.«

»Ich bin weder dumm noch schlecht. Ich habe lauter Einser im Zeugnis.«
»Wie kannst du denn sagen, daß ich dir weniger Milch eingieße, wenn du ganz genau weißt, daß ich dir immer mehr eingieße? Du bittest mich ja selbst immer darum, weil du ohnehin unterwegs abtrinkst!«
»Sie können leicht mehr eingießen, Milch geben Sie mir ja doch zu wenig, weil Sie sie ohnehin wässern!«
»Aber deine Mutter hat doch selbst gesagt, ich hätte die beste Milch, weil ich so dumm sei, daß ich die Milch nicht abrahme. Sie selbst hat gesagt, alle täten dies, nur die Russin getraut sich nicht.«
»Der Vater wird Sie trotzdem anzeigen. Er hat ohnehin immer mit dem Gericht zu tun. Er ist ja schon in Pension, und da hat er keine andere Arbeit. Und wenn die Butter nicht frisch ist, wird er Sie auch anzeigen, und wenn der Topfen alt ist, auch!«
Ich reiche ihm den Milchkrug. Er führt ihn zum Mund und trinkt daraus, wobei er mich unverwandt frech anstarrt. Dann stellt er den Krug auf den Ladentisch und sagt:
»Ich muß mich selbst um mich kümmern. Die Mutter gibt uns zu wenig zu essen. Die Mutter mißt die Milch immer nach, und wenn ein Viertelliter fehlt, dann sind Sie schuld!«
»Wie alt bist du, Toni?«
»Zehn!«
»Toni, du bist sicher so gemein und gießt auch noch selbst Wasser nach!«
Ich fürchte mich vor diesem Knaben. Deshalb, weil mir seine Herzlosigkeit unheimlich ist. Ich bin immer lieb mit ihm, wie mit allen Kindern, und kann es gar nicht begreifen, warum er mir so schlecht will.
Da blickt er mich wieder frech an und fragt:
»Weshalb sind Sie überhaupt hierhergekommen?« Und vorwurfsvoll fügt er hinzu:
»Wir haben hier ohnehin genug Arbeitslose. Nur das Brot nehmen Sie den Unsrigen weg!«
Jetzt nimmt er endlich seinen Krug und geht. Bei der Türe vergißt er nicht, sich umzudrehen und mir die Zunge zu zeigen.
Er ist fort. Einige Minuten sitze ich da, wie in Ketten geschlagen. Das ist meine Wirklichkeit! sage ich mir. Und ich muß das alles ertragen! Muß es in der Fremde ertragen, weil mich mein eigenes Land verstoßen hat. »Verstehe es, zu leiden, wie eine Göttin trage deinen Schmerz!« sage ich mir den Vers meiner Lieblingsdichterin vor.
Da öffnet sich die Tür und herein stürzt Frau Novotny, die Mutter Tonis. »Nein, das ist zuviel!« schreit sie. »Mein Mann wird Sie anzeigen! Statt zwei Liter eindreiviertel, und noch dazu gewässert!«

Bevor sie noch zu Ende gesprochen, tritt schon Toni ins Geschäft, mit einem Gesichtsausdruck, der von beleidigtem Ehrgefühl spricht.
»Mama«, erklärt er, »ich habe der Milchfrau gleich gesagt, daß sie zu wenig eingegossen hat, aber sie hat gesagt, das macht nichts, meine Mutter wird ohnehin glauben, ich habe unterwegs weggetrunken. Der Vater soll sie nur anzeigen!«
Meine Bestürzung ist so groß, daß Frau Novotny davon sogar betroffen erscheint.
»Weißt du, Toni«, sage ich, »daß man so lügen kann, das habe ich nicht gewußt! Wissen Sie, Frau Novotny«, wende ich mich nun an seine Mutter, »Ihrem Jungen werde ich keine Milch mehr verkaufen. Wenn Sie von mir Milch wollen, dann kommen Sie selbst. Er erhält keinen Tropfen mehr.«
Frau Novotny gerät in helle Wut und beginnt zu schreien, daß ihr Toni das beste Kind der Welt sei, daß er lauter Einser habe und daß ihr Mann mich anzeigen werde. Ich weiß nicht, wie die Sache geendet hätte, aber zum Glück treten auf einmal gleich fünf Leute ins Geschäft, und Frau Novotny geht fort, ohne ihre Gefühle bis zum Ende ausdrücken zu können.

19. MÄRZ 1926.

Ich habe mich nicht geirrt. Heute träumte ich davon, wie die Mutter Dorofeja den Onkel Wasja vor der Heirat mit der schönen Ksenia bewahrt hat.
Wie immer, so tauchte auch damals die Mutter Dorofeja ganz unerwartet auf. Zum Mittagessen erwartete man die Braut mit ihrer Schwester und ihrem Schwager. In der Küche herrschte fieberhafte Tätigkeit, man buk, briet, kochte, als ob nicht drei Menschen eingeladen wären, sondern ein ganzes Regiment. Die Großmutter lief vom Zimmer in die Küche, von der Küche in das Zimmer, mit dem Gesichte eines Feldherrn vor der Schlacht. Es sollte alles so werden, daß man sich nicht vor den »Petersburgischen« Gästen zu genieren brauchte.
»Du, Mascha, daß du mir ja nichts verdirbst!« sagte sie zur ersten Köchin. »Du mußt das doch selbst einsehen. Ksenia Alexandrowna ist eine Petersburger Aristokratin und ist das feinste und zarteste Essen gewohnt. Da dürfen wir in der Provinz doch auch nicht zurückstehen! Hast du genug Schmetten in das polnische Zicklein gelegt?... Ach, die Torte! Da hat wieder jemand die Türe zugeschlagen, da wird die ganze Lufttorte zusam-

menfallen! Das wäre ja entsetzlich! Und sieh schnell nach, ob nicht der Stör zerkocht...«

Und gerade, als dieses Getriebe seinen Höhepunkt erreichte, erschien die Mutter Dorofeja. Wie gewöhnlich begab sie sich ins Zimmer, in dem die Ikone hängen, und setzte sich dort nieder. Sie fragte nicht einmal, was diese ganze Aufregung bedeute. Der Onkel war bereits im Smoking, als er auf sie zutrat, die Wangen vor Erregung gerötet. Er sah äußerst repräsentativ aus, und trotzdem er schon ein guter Vierziger war, hätte ihn niemand für mehr als dreißig gehalten; das Gesicht ohne Runzeln und ohne Falten, mit einem Teint, um den ihn jedes Fräulein beneidet hätte. Er war von hohem Wuchs, kräftig, aber doch fein gebaut, und die warmen grauen, manchmal ein wenig zerstreut blickenden Augen vollendeten das Bild eines schönen Mannes im besten Sinne des Wortes. Er war immer mit seinen Geschäftsangelegenheiten so erfüllt gewesen, daß das Leben an ihm nur so nebenbei vorüberfloß. Wenn man ihm beim Essen nichts auf den Teller vorlegte, so saß er ruhig da, langsam seinen Schnurrbart drehend, und bemerkte es, wenn er aufstand, gar nicht, daß er nichts gegessen hatte. Ich habe noch niemals einen Menschen gesehen, der sich seiner Arbeit so vollständig hingegeben hätte wie er. Heute schwamm auf seinen Lippen ein heiteres, glückliches, fast kindliches Lächeln. Er schämte sich beinahe, seine Freude zu zeigen. Alle behaupteten, es wäre das erstemal in seinem Leben, daß sich Onkel Wasja ernstlich verliebt habe.

»Heiraten willst du, Waßenka?« wandte sich da die Mutter Dorofeja an ihn. »Eine gute Sache, kein Mensch soll daran vorübergehen. Aber du bist ein wenig spät dran, und da mußt du doppelt vorsichtig sein!... Wie lange bist du schon mit ihr bekannt?«

Die Frage war dem Onkel unangenehm, aber der Mutter Dorofeja keine Antwort geben, das war unmöglich, und so sagte er nach einigem Zögern:

»Eigentlich erst zwei Wochen. Wir haben uns am Nishnij-Nowgoroder Jahrmarkt kennengelernt.«

»Wie und wo seid ihr bekannt geworden?« forschte sie weiter.

»Im Theater; sie ist in der Loge nebenan gesessen mit ihrer Schwester und ihrem Schwager.«

»Wer hat den andern zuerst gesehen, du oder sie?«

»Ksenia Alexandrowna kann man nicht anders als sie bemerken. Sie ist wie die Sonne! Sie ist so schön, daß sich alle dort in sie verliebt haben!«

»Nu, daß du dich verliebt hast, das ist kein Wunder, du hast ja wie ein Mönch gelebt die ganzen Jahre her. Daß dich auch einmal die Schönheit einer Frau besiegt hat, ist ganz natürlich. Die Frau, das ist eine Kraft! Selbst die Ritter und die Helden hat sie niedergerungen! Die stärksten Männer unterliegen der Schönheit der Frau. Aber wenn's zum Heiraten gehen soll, da müßt ihr euch erst einmal interessieren, wie es mit dem Herzen ausschaut! Und je schöner eine ist, desto vorsichtiger muß man da sein! Hat sie ein gutes Herz, deine Ksenitschka?«

»Wie kann eine solche engelsgleiche Schönheit herzlos sein?«

Die Mutter Dorofeja lächelte fein, fast unmerklich.

»Nun höre, Waßenka!« forschte sie weiter. »Du liebst sie. Liebt sie aber dich auch?«

»Ja, sie hat es mir selbst gestanden!« antwortete der Onkel, und ein seliges Lächeln zog über sein Gesicht.

»Nun, Waßenka«, sagte sie dann ernst, »wenn deine Schöne ankommt, dann stelle ihr drei Fragen. Beantwortet sie sie gut, dann heirate sie; wenn nicht, dann laß sie fahren! Dein Geld will sie, deine Schöne, sonst nichts!!«

Der Onkel senkte den Kopf wie ein Schuljunge, der auf einem dummen Streich ertappt worden ist. Nach einer Weile fragte er leise:

»Welches sind die drei Fragen?«

Mit feierlicher Stimme begann Mutter Dorofeja:

»Die erste Frage ist: Wo willst du, daß wir den größeren Teil des Jahres verleben; hier auf meinem Gut oder im Ausland, in irgendwelchen Kurorten? Wenn sie antwortet: Im Ausland, in den Kurorten, weil das für deine Gesundheit besser ist, dann siehst du gleich, daß es ihr nicht um dich geht, sondern um das vornehme Getue. Du weißt dann, daß sie deine Angelegenheiten nicht interessieren; und was wäre das für eine Ehe? Die zweite Frage lautet: Werden dich, Ksenitschka, meine Verwandten freuen? Ich habe viele Neffen, Nichten, Tanten, Schwäger usw., und jeden Sommer und zu Ostern und zu Weihnachten kommen sie bei mir zusammen, und da sind wir oft mehr als fünfzig Personen... Wenn sie dann antwortet: Nein, ich möchte am liebsten mit dir allein sein, dann weißt du, daß sie nicht zu dir paßt, weil sie dich nicht liebt. Denn wenn sie dich lieben würde, so würde sie dich nicht aus der großen Familie herausreißen wollen, ohne die du nicht leben kannst.

Und das dritte: Nach dem Essen sage, daß du soeben ein Telegramm erhalten hast, in dem man dir mitteilt, daß dein Hauptunternehmen zugrunde gegangen sei und daß du jetzt vielleicht aufgehört habest, ein reicher Mann zu sein. Du wirst dann schon sehen, was sie tun wird!«

Der Onkel stand eine Weile nachdenklich da, dann küßte er der Mutter Dorofeja die Schulter und ging hinaus...

Inzwischen hatte der Großvater angeordnet, den Geistlichen holen zu lassen, und legte die Verlobungsringe auf den prachtvoll gedeckten Tisch. Wir Kinder mußten unsere besten Kleider anziehen, liefen wie toll im ganzen Hause herum und standen allen hinderlich im Wege.
Da hörten wir Glockengetön von der Straße. Sie kommen! Sie kommen! Ein kleiner Knabe, den wir als Schildwache aufgestellt, stürmte herein und meldete, daß sie schon auf der Brücke wären. Der Großvater und die Großmutter stellten sich im Vorzimmer auf, und auf einer silbernen Tasse, die mit einem rotgestickten Tuche verhängt war, hielten sie einen Laib Brot und eine Schale mit Salz den Ankömmlingen entgegen. Ernst und feierlich blickte der Großvater vor sich hin. Wie liebe ich diesen imposanten Kopf mit dem dichten, schneeweißen Haar und den dunkelschwarzen, buschigen Augenbrauen!
Da drangen schon Schritte von unten her zu uns herauf, und gleich darauf sah man die Braut mit ihrem Gefolge die breite Marmortreppe emporschreiten. Wir alle drängten uns im Saale zusammen, während der Onkel im Vestibül die Gäste empfing.
Ich erblickte Ksenia Alexandrowna in dem Augenblick, als sie in den Saal trat. Ich war starr. Mein Gott, welche Schönheit! Die Tränen sind mir beinahe in die Augen getreten. Ich habe viel von ihr gehört, aber daß eine Frau so schön sein könne, das habe ich mir nicht vorgestellt. Und ich habe seither viele Frauen gesehen, aber noch keine, die sich auch nur entfernt mit ihr hätte messen können. Ich bemerkte auch, wie sich die Tante wütend auf die Lippen biß, als sie das neue, zukünftige Glied der Familie erblickte. Sie galt als die schönste Frau des Ural, und die Schönheit Ksenias mußte sie tief beleidigt haben.
Im ersten Augenblick war Ksenia ganz verlegen, der Großvater mit dem Brot und dem Salz, die Großmutter, die sie unverwandt ansah, die vielen, vielen Menschen, das brachte sie augenscheinlich in Verwirrung. Ihr elfenbeinfarbenes, blasses Gesicht überzog sich mit einer tiefen Röte.
»Tritt in das Haus mit guten Gedanken und mit guten Gefühlen!« begrüßte sie der Großvater. »Und möge mein Haus das deine werden!« Er wandte dabei kein Auge von Ksenia und ich bemerkte wohl, daß ihre Schönheit auf ihn denselben Eindruck gemacht wie auf mich. In ihrem eng anliegenden grauen Reisekleid und mit ihrem stolzen Blicke sah sie aus wie eine Königin. Und wie eine Königin trat sie auch herein. Aber etwas Kaltes, fast Unheimliches lag in ihren großen grauen Augen, die von einem merkwürdigen grünen Schimmer übergossen schienen. Es waren die Augen einer Tigerkatze.
»Ich bin froh, euch zu sehen!« antwortete sie mit einer tiefen, melodischen

Stimme, in der aber keine Spur von Wärme klang. Nun war es an den Großeltern, verlegen zu sein. Sie fühlten, daß ihr Empfang für die »Petersburger Gäste« zu provinzial war, sie wußten nicht, was sie mit dem Brot und dem Salz anfangen sollten, und ließen es kurzerhand irgendwo verschwinden. Es begann wieder ein verlegenes Hin und Her, bis der Onkel einige Male die Hände seiner zukünftigen Braut küßte und sie einlud, sich ins Speisezimmer zu begeben. Da trat der Großvater auf sie zu und sprach in herzlichem Tone, während er sie auf die Stirn küßte:

»Komm zu uns als unsere geliebte Tochter!«

Aber auch diese Begrüßung wurde von Ksenia Alexandrowna aufgenommen wie ein Mißverständnis.

Hinter ihr schritt ihre Schwester. Merkwürdig, die zwei waren einander ähnlich wie zwei Tropfen Wasser, und doch war alles anders. Dieselben feinen Lippen erschienen bei ihr zu dünn, dieselben dichten Brauen zu eng aneinandergewachsen, dieselbe klassische Nase zu scharf, wie der Schnabel eines Habichts, und alles in allem war sie, trotz der außerordentlichen Ähnlichkeit, eine abstoßend häßliche Frau. Hinter der Schwester der Braut kam deren Mann, ein dicker, gutmütig aussehender Herr mit goldenem Zwicker auf der Nase, und nach dem, wie er ging und wie er sich hielt, konnte man genau erkennen, daß er in der Familie nicht die geringste Rolle spielte, trotzdem er zu den höchsten Beamten des Reiches zählte, denn er war Geheimer Staatsrat.

Als sich alle zum Tische gesetzt, waren über sechzig Personen versammelt.

»Was sind denn das für Gäste?« hörte ich die Braut fragen.

»Das sind keine Gäste!« antwortete stolz der Großvater. »Meine Töchter mit ihren Familien und auch andere Verwandte kommen immer bei uns im Sommer, zu Weihnachten und zu Ostern zusammen.«

Zuerst wurde Wildsuppe serviert. Es war dies ein besonderes Geheimrezept der Großmutter, auf das sie ungeheuer stolz war. Man brauchte sieben verschiedene Arten von Wild zu ihrer Zubereitung. Alle widmeten sich mit tiefster Andacht diesem Wunderwerk der Küche, ich aber beobachtete Ksenia Alexandrowna. Mehr nach den Bewegungen seiner Lippen erkannte ich, daß nun der Onkel die erste Frage der Mutter Dorofeja an sie stellte, wo sie lieber leben wollte, hier auf dem Gut oder im Ausland. »Im Ausland natürlich!« hörte ich sie antworten.

»Ich bin das schon so gewohnt, ich verbringe den größten Teil des Jahres in Paris, in Wien oder in der Schweiz.«

»Aber das wird für meine Geschäfte sehr unvorteilhaft sein!« wandte der Onkel ein.

»Man kann ja die Geschäfte einem Vertreter anvertrauen. Im äußersten Falle kann ich ja schließlich auch allein fahren!«
Dann fügte sie lächelnd hinzu:
»Ich bin ja eigentlich im Ausland mehr zu Hause als in Rußland!«
Was war das für ein häßliches, kaltes Lächeln. So, als ob sie eine Rolle spielen würde, dachte ich.
Der Onkel und seine Braut unterhielten sich nun weiter, aber ich konnte nichts mehr verstehen. Ich beobachtete nur, wie der Onkel über und über errötete. Wie es sich dann später herausstellte, hatte ihm Ksenia Alexandrowna auf seine zweite Frage bezüglich der Verwandten zur Antwort gegeben, sie würde alle »hinausfeuern«, und das wäre auch für ihn das beste. Im Anschluß darauf erklärte sie ihm auch, so lange sie noch jung wäre, wolle sie keine Kinder haben, da dies ihre Figur zu sehr verderben würde.
Als man einen gebratenen Kapaun auftrug, beobachtete ich, wie der Onkel einem Lakaien etwas zuflüsterte. Kurze Zeit darauf brachte man ihm ein Telegramm. Er las es und seine Gesichtszüge drückten Sorge, ja Bestürzung aus. Der Großvater sah ihn fragend an, behielt aber, wie immer, volle Ruhe. Dann neigte sich der Onkel zu seiner Braut und sprach eine Weile leise auf sie ein. Sie erschrak und erbleichte, wurde aber bald wieder ganz ruhig und blickte dann längere Zeit ihre Schwester an.
Als sich die Gäste erhoben, um sich in den Saal zu begeben, sah ich, wie Ksenia Alexandrowna einige Worte mit ihrer Schwester wechselte. Da erklärte diese plötzlich, während sie sich erhob:
»Ach, es ist mir sehr übel, ich fürchte, ich bekomme meine Magenzustände! Wir müssen gleich heimfahren!«
Mit besorgter Miene stürzte sich Ksenia Alexandrowna auf die Schwester und machte sich mit ihr zu schaffen, worauf sie dem Onkel erklärte, sie müßte sofort ihre Schwester heimbringen.
»Aber ihr seid doch gerade erst gekommen!« sagte der Onkel mit einem Lächeln, von dem ich nicht recht sagen konnte, ob es verlegen oder boshaft war. »Ihr seid doch fast eine ganze Woche gereist, um in unser Nest zu kommen, und jetzt wollt ihr nicht einmal bis zum Abend bleiben?«
Da trat der Großvater heran, die Verlobungsringe in der Hand, und teilte mit, daß der Geistliche bereits da sei und nun die Verlobten segnen wolle.
»Die Segnung kann nicht stattfinden, da Ksenia Alexandrowna ihre kranke Schwester nach Hause führen muß«, sprach der Onkel mit fester

Stimme und, ohne ein Wort mit ihr zu sprechen, geleitete er seine »Braut« zur Tür, wo er sich mit einem Handkuß von ihr verabschiedete.

20. MÄRZ 1926.

Heute kamen Willi und Fred so elegant angezogen ins Geschäft, daß ich sie kaum erkannte. Freilich, bei näherem Zusehen erstreckte sich die Veränderung nicht auf das Kostüm, sondern nur auf die Wäsche. Beide hatten weiße Hemden an und weiße Kragen, und statt des blau-roten Wollschals zierten Krawatten aus rosa Kunstseide ihren Hals. Es fiel mir gleich auf, daß Fred hinkte, und als ich auf seine Füße sah, konstatierte ich, daß diese in hellbraunen Halbschuhen steckten, die ihm mindestens um drei Nummern zu klein sein mußten. In den Händen hielten beide in weißes Papier eingewickelte Blumensträuße.
»Wieder ein neues Geschäft?« fragte ich. »Eine neue Idee?«
»Etwas ganz Glänzendes, meine Idee! Einfach genial!« antwortete Willi voll Stolz. »Wir haben ein Abschiedsbüro aufgemacht. Gestern abend haben wir begonnen. Wir warteten am Westbahnhof, bis wir jemanden fanden, der fortfährt, ohne begleitet zu werden. Wir sprachen ihn an und machten ihm den Vorschlag, wir würden ihm mit dem Taschentuch winken und, wenn sich der Zug in Bewegung setzt, einen Blumenstrauß ins Abteilfenster reichen. Alles in allem für drei Schilling. Er war einverstanden. So haben wir noch zwei Herren, den einen um zwei, den andern um vier Schilling, eine alte Dame um drei, ein Girl sogar um fünf Schillinge begleitet. Jetzt gehen wir gleich wieder hin zum Schnellzug.«
Ich war starr vor Staunen. Ich muß dabei wohl etwas auffällig die Blumensträuße gemustert haben, denn Fred erklärte mir:
»Ach, Sie wundern sich, wo wir die vielen Blumensträuße hernehmen? Das ist ganz einfach! Wenn sich der Zug in Bewegung setzt, stolpern wir ein wenig und können dann den Zug trotz aller Bemühung nicht mehr erreichen. Das habe ich mir ausgedacht. Dadurch werden die Spesen unseres Unternehmens auf ein Minimum reduziert.«

24. MÄRZ 1926.

Ganz aufgeregt kam heute Fräulein Fischer zu mir, die, wie die Hausbesorgerin sagt, »trab-trab« geht. Sie bat mich, unter dem Ladentisch ihren neuen Strohhut mit den langen schwarzen Samtbändern zu verstecken.

»Nicht wahr, er steht mir gut? Schauen Sie nur!« sagte sie und setzte ihn auf den Kopf. Sie ist recht hübsch, hat große, braune, nicht gerade sehr intelligente Augen, dicke, grellrot geschminkte Lippen, hat immer sehr gut gewellte Haare und riecht nach einem sehr starken und sehr billigen Parfüm. Ihre Hände sind groß, aber außerordentlich gut gepflegt; ich bin es hier nicht gewöhnt, solche Hände zu sehen. Sie hat viele Kleider, alle sehr bunt, und alle erinnern sie mich eher an Badekostüme, so kurz sind sie, so stark am Hals und unter den Armen ausgeschnitten und so fest an den Körper anliegend. Ihrer Kleidung nach kann man wohl leicht auf ihren Beruf schließen.

»Ach, mit dem Vater ist ein Kreuz«, klagte sie. »Alles Geld, das ich mir erarbeite, nimmt er mir weg und vertrinkt es. Und bei meinem Beruf muß man doch gut angezogen sein, braucht Puder, Parfüm usw. Denken Sie sich, nach jedem Gast kommt er zu mir ins Zimmer und verlangt mir das Geld ab. Und bei Ihnen macht er wahrscheinlich auch noch auf meinen Namen Schulden?«

»Ja«, antwortete ich, »er hat Wurst und Bier gekauft.«

»Bitte, geben Sie ihm nichts! Sagen Sie, ich habe es nicht erlaubt! Ich koche selbst das Essen und er bekommt genug. Auch Bier bekommt er jeden Tag. Nein, das ist doch zuviel! Da arbeitet man den ganzen Tag und die ganze Nacht, und da soll man sich nicht einmal ein wenig Geld auf die Seite legen können! Ich möchte doch auch heiraten, und wer nimmt heutzutage ein Mädchen ohne Geld? Wenn der Vater nicht wäre, glauben Sie, ich hätte diesen Beruf ergriffen? Glauben Sie, es ist ein Vergnügen, sich mit jedem Dahergelaufenen abzugeben? Die meisten gehen ja an, aber manche sind schon darunter, da graust es einem, wenn man sie nur anschaut; und da soll man noch lächeln oder gar Leidenschaft spielen! Ständige Kundschaften sind überhaupt schwer zu finden, und, das wissen Sie ja von Ihrem Geschäft her, ohne ständige Kundschaft ist nichts zu machen.«

Sie begann fast zu weinen, als sie die Rechnung sah, die ihr Vater auf ihren Namen gemacht.

»Dieser alte Saufbold! Wenn er schon nur einmal sein Delirium bekommen möchte! Dann käme er nach Steinhof und ich hätte meine Ruhe! An allem Unglück ist nur er schuld! Ich war noch nicht einmal vierzehn Jahre alt, wie er mich das erstemal verkauft hat, und jetzt lebt er schon mehr als fünf Jahre von mir. Aber ich habe keinen Charakter! Pfeifen sollte ich ihm etwas und weggehen von ihm! Jeden Tag nehme ich mir es vor, und immer wieder tut er mir leid... Ach, wenn sich nur jemand fände, der sich in mich verlieben würde, da wäre es viel leichter! Aber

ich bin ja niemandem nötig. Für eine Stunde, für eine Nacht höchstens, aber länger braucht mich niemand!«
Sie setzte sich nieder und begann zu weinen. Nach einer Weile fuhr sie fort:
»Wissen Sie, wen ich am meisten hasse? Die sogenannten anständigen Frauen! Da haben sie sich einen eingefangen, sitzen schön im Warmen und tragen die Nase hoch. Glauben Sie aber, daß sie besser sind als unsereins? Manchmal, wenn ich so herumgehe und sehe so eine ›Anständige‹, da möcht' ich ihr am liebsten das ganze Gesicht zerkratzen! Da protzt sie sich und hätte aber gar keinen Grund dazu, vielleicht lauft ohnehin ihr Mann zu mir, weil es ihm zu langweilig mit ihr ist! Da kommt so ein Schriftsteller zu mir und sagt mir immer, daß er sich mit mir am besten fühle, daß ich ihm mehr wert sei als alle Bücher und alles andere. Alle sagen sie so. Aber nachher schauen sie mich nicht einmal mehr an und laufen wieder zu ihrer ›Anständigen‹. Man sieht es ihnen an, daß ich ihnen direkt zuwider bin...«
Sie weinte noch herzzerreisender.
»Warum suchen Sie sich keine andere Arbeit?« fragte ich.
»Mein Gott, was für eine denn? Wäsche waschen oder Geschirr abwaschen? Wäscherinnen und so Zeug gibt es ohne mich auch genug. Und übrigens bin ich eine solche Arbeit auch gar nicht gewöhnt. Heiraten möcht' ich, heiraten!«
Nachdem sie mich noch einmal gebeten, ihrem Vater nichts auf Kredit zu geben und ihm nichts von dem Hut zu erwähnen, den ich ihr verstecken sollte, ging sie fort.

29. MÄRZ 1926

Ich bin aus einem Lande gekommen, in dem es keinen Feiertag mehr gibt. Dasselbe Essen, dieselbe Kleidung, dieselbe Stimmung und keine Ruhe. Die Männer haben irgendwelche Überstunden, freiwillige Arbeiten, Meetings, die Frauen müssen sich bemühen, ihre Wirtschaft ein wenig in Ordnung zu bringen, die sie die Woche über gänzlich vernachlässigt. Es wird geputzt, gewaschen und gekocht, wenn möglich gleich auf eine ganze Woche voraus. Alles, was auf Feiertagsstimmung hindeuten würde, wird vermieden, denn in gehobener Stimmung darf sich ja ein Russe nur dann befinden, wenn sie durch irgendein revolutionäres Ereignis hervorgerufen wurde.
Wie ganz anders hier! Über die ganze Woche fast wirft der Sonntag

seinen verklärenden Schein. Schon Freitag abends reinigt die Hausbesorgerin alle Treppen, putzt die Türklinken und die Fensterstöcke. Samstagnachmittag kommen meine Kunden und bitten mich, ihnen das Fleisch für den Sonntagsbraten auf das Eis zu legen. In weißen Schüsseln, mit weißen Servietten sorgfältig zugedeckt, liegen da Schnitzel, Rostbraten, das Schweinefleisch usw. Mag man auch vielleicht die ganze Woche durch fast gehungert haben, am Sonntag muß ein richtiges, gutes Feiertagsessen da sein. Jedesmal, wenn ich eine solche Schüssel in den Eiskasten stelle, frage ich mich, ob die Leute hier eine Ahnung haben, wie gut sie essen. Nicht nur reichlicher, sondern auch unendlich viel schmackhafter und abwechslungsreicher. Und wissen die Männer, wieviel Dank sie ihren Frauen schulden, daß sie sich mit solcher Liebe mit der Hauswirtschaft beschäftigen, statt sich politisch »aufzuklären«? In Rußland gilt Hauswirtschaft als Sklaverei, von der sich die Hausfrau befreien muß.

Für uns freilich ist der Sonntag nicht der Freudentag wie für die anderen. Uns fehlt etwas, und das erniedrigt uns in den Augen aller. Nämlich das, was jede einfache Arbeiterfamilie hat: Sonntagskleider. Dies ist ein Umstand, den wir sorgfältig verbergen müssen, weshalb wir, wenn nur irgend möglich, im Mantel ausgehen. Überdies verlassen wir das Haus in der Zeit, in der alles beim Mittagessen sitzt, und wir stehlen uns dann wie die Diebe davon, um rasch in irgendeiner Seitengasse zu verschwinden.

Am Montag wird dann des langen und breiten erzählt, wie man den Sonntag verbracht hat, und auch ich werde so lange gefragt, bis ich Rechenschaft ablege. Um die Reputation meines Geschäftes nicht zu schädigen, bin ich gezwungen, nun allerhand Sonntagsvergnügungen zu erfinden, die natürlich alle mit einem Nachtmahl in irgendeinem Restaurant schließen müssen. Was wären das denn auch für Geschäftsleute, die sich am Festtage damit begnügen, daß sie die Straßen Wiens ablaufen oder sich an malerischen Winkeln ergötzen?

6. APRIL 1926.

Wieder habe ich schlecht geschlafen. Die ganze Nacht habe ich von der GPU geträumt. Ich sah einen grauen, nebeligen Herbstmorgen, irgendeinen alten Schuppen und einige zum Tode Verurteilte. Ich stand hinter einem Pfosten und konnte durch den Nebel hindurch ihre Gesichter erkennen: es waren mein Vater, Wadim und Otmar. Und ich sah, wie ein stumpfnasiger Rotarmist mit einem roten Gesicht, einem roten Stern auf der Kappe und roten Quadraten am Ärmel seines Mantels auf sie zuging, langsam auf sie zielte und abdrückte. Ein Schuß ertönte und – ich erwachte und fühlte, daß ich in Wien war, in unserem kleinen Zimmerchen, neben mir Otmar und das Kind. Ich schmiegte mich fest an Otmar und bald war ich wieder eingeschlafen. Doch da träumte ich wieder denselben Traum, nur daß diesmal alles in irgendeinem Kellergewölbe vor sich ging, unter einer Kirche; und ich sah wieder die bleichen Gesichter der Todesopfer, hörte die langsam heranschleichenden Schritte der Henker und wußte, daß diese Schritte uns den Tod bringen würden... Die Schritte kamen näher und immer näher. Ich durchlebte Minuten tödlicher Angst, der Angst in der letzten Minute vor dem Tode, wie sie Ungezählte in Rußland erlebten und erleben. Nun war es mir, als ob diese furchtbaren Schritte der Tür unseres Zimmers zukämen, immer näher und näher. Da öffnete sich die Tür – und ich erwachte...

Ich weiß nicht mehr, wie oft, in wie vielen Variationen dieser Traum heute nacht zu mir gekommen...

Rußland, mein Rußland, heute habe ich dein wahres Gesicht gesehen, unverhüllt, so wie es ist; und als der kalte, düstere Morgen anbrach, da erschien mir unser Kämmerchen mit seinen feuchten Wänden, seiner Armut und seiner Dunkelheit, mit seiner primitiven Einrichtung und seinem abgetragenen Fußboden wie ein Paradies.

Ich bin ja in Österreich, ich bin frei. Niemand kommt zu mir, um mich zu verhaften, niemand droht mir, mich ohne Grund zu erschießen.

Rußland, mein Rußland, wie dankbar bin ich dir, daß du mich hinausgewiesen hast aus deinen dunklen Steppen. Du hast mich verstoßen von deiner Erde und hast mir damit die Freiheit gegeben, die Freiheit, ohne die kein menschliches Leben möglich ist!

Aber warum war mir dennoch so weh, als heute mein Bübchen Jurka zu mir sagte:

»Bei euch in Rußland stehen die Kinder vielleicht spät auf, bei uns in Österreich dürfen sie zeitlicher aus dem Bette.«

Das sagte er mir, als ich verlangte, er solle länger schlafen. Für ihn ist Rußland etwas Fremdes. »Bei uns«, das ist für ihn Österreich. Warum hat sich mein Herz so schmerzhaft zusammengezogen bei dem Gedanken, daß mein Kind nicht mehr Russe sein würde?...

Ein unangenehmer Tag war heute. Kam da der Briefträger, nahm mich um die Taille und bot mir ein Billett zu irgendeinem Ball an, wobei er mir mitteilte, daß er auch dort sein würde, wenn ich mit ihm tanzen wollte. Er wollte weiter nichts, als mir zeigen, daß er mir aufrichtig zugetan ist.

Warum kann ich mich gar nicht an den Gedanken gewöhnen, daß ich bloß eine Milchfrau bin, warum kann ich keine Gleichgültigkeit aufbringen der Behandlung gegenüber, die mir die Leute zuteil werden lassen? Gekränkt hat mich auch, daß mich Frau Springer, wie man hier sagt, »zusammengeputzt« hat, weil sie ihren Brotwecken nicht zur rechten Zeit erhalten hat.

»Sie wissen doch«, sagte sie, »daß ich zur Frau Major waschen gehen muß! Ich kann nicht so schlampig sein. Da würde mich meine Gnädige schön anschauen, wenn ich deshalb zu spät käme!«

»Ich habe selbst den Wecken erst später bekommen, der Bäcker hat sich heute verspätet!« rechtfertigte ich mich.

»Das geht mich nichts an! Sie müssen sich darum kümmern, daß ich mein Brot rechtzeitig erhalte!«

Was sollte ich noch entgegnen? Wenn ich das Brot zu spät bekomme, geht sie zu jemand anderem und ich verliere vier Groschen pro Tag. Und für diese vier Groschen muß ich eben so manches hinunterschlucken. Das merkwürdigste ist, daß gerade die Leute, die sich selbst in der gedrücktesten Stellung befinden, am meisten bereit sind, diejenigen grob zu behandeln, die in irgendeiner Beziehung von ihnen abhängig sind. Ich bin traurig und bekümmert... Der Tag kriecht dahin, die Minuten scheinen wie Stunden. So gerne möchte ich jetzt in dem Band der Zeitschrift für Individualpsychologie lesen, den mir Otmar aus der Universitätsbibliothek mitgebracht hat, aber die Kundinnen bleiben alle so entsetzlich lange im Geschäft, daß mir buchstäblich keine Sekunde bleibt. Schließlich vergesse ich das Buch. Nun, das Leben ist ja auch ein Buch, und mein Schicksal ist es, im Buche des Lebens zu lesen. Das Leben mit seiner grausamen Aufrichtigkeit öffnet vor mir seine Geheimnisse, und das ist ja letzten Endes mehr, als mir ein gedrucktes Buch geben kann...

Diese bleiche, magere Frau mit dem nachdenklichen und resignierten Gesicht kommt immer gegen fünf Uhr zu mir. Zu dieser Zeit kehrt ihr Mann von der Arbeit zurück. Sie bleibt immer sehr lange und erklärt dann natürlich ihrem Manne, sie habe so lange warten müssen, weil so viele Kunden im Geschäfte gewesen seien. Sie kommt zu mir, um so wenig als möglich mit ihrem Mann zusammen zu sein, da es ihr, wie sie sich ausdrückt, mit ihm zusammen im Zimmer zu eng ist. Er ist akkurat und pünktlich, tut immer alles das, was gerade getan werden muß, spricht niemals etwas Überflüssiges, und doch kann sie mit ihm nicht leben.

»Wenn er mit mir ist«, sagt sie, »so kommt es mir vor, als ob ich keine

Luft bekäme, als ob sich die Wände auf mich stürzen würden. Und mit dem Kind ist er auch so. Das Kind darf sich nicht rühren. Er schimpft nie, aber die ganze Zeit räsoniert er. Ich weiß gar nicht, wie ich mit ihm leben soll, so gar nichts Liebes hat er...«
Und sie beginnt bitter zu weinen...
Da kommt die junge Frau Wolf ins Geschäft, eine meiner liebsten Kundinnen. Die andere legt ihre Semmeln in die Tasche, wischt sich verstohlen die Tränen weg und geht hinaus.
Die junge Frau Wolf ist schlank wie eine Tanne und immer sehr rein und nett gekleidet. Am Arme trägt sie ein acht Monate altes Mädchen, sie selbst ist kaum neunzehn Jahre alt. Sie ist noch gar nicht lange verheiratet und sehnt sich sehr nach ihrer Heimat – Tirol glaube ich. Ihr Mann ist zwanzig Jahre älter, sie liebt ihn aber sehr, ebenso ihr Kind. Es macht ihr ein großes Vergnügen, bei mir zu sitzen und mit mir zu plaudern. Das Ende ist gewöhnlich, daß sie in Tränen ausbricht vor lauter Heimweh.
»Frau Wolf«, ermahne ich sie, »Tränen zur rechten Zeit sind eine große Kraft, aber wenn sie zu häufig werden, so können sie Ihnen Ihr Familienglück zerstören. Ihr Mann arbeitet den ganzen Tag, kommt mit Sehnsucht zu Ihnen nach Hause und findet Sie weinend. Eine Zeitlang wird er versuchen, Sie zu trösten, dann wird es ihm aber langweilig werden. Die Tränen sind eine Waffe der Frau, aber wenn sie sie nicht vorsichtig anwendet, kehrt sie sich gegen sie selbst.«
»Ach, wie können Sie ohne Heimat und ohne Verwandte leben?« fragte sie mich zum hundertsten Male.
»Ich lebe so, weil es eben sein muß!« antworte ich. »Der Mensch kann sich zu allem zwingen, was er nur wirklich will. Man muß aber wirklich wollen.«
Ich richte mich selbst mit diesen Worten auf und auch Frau Wolf beginnt bereits zu lächeln. Sie hat ein so außerordentlich liebes Lächeln und so reizende, große, braune Augen. Man kann es sich kaum vorstellen, daß dieses liebe Ding schon Mutter ist.
Ich kann jetzt kaum schreiben, so zittern mir die Hände vor Aufregung. Es war ein merkwürdiger Käufer bei mir, ein Russe. Zum ersten Male habe ich hier Russisch sprechen hören, und das ist es wohl vor allem, warum ich so aufgeregt bin. Aber vielleicht auch deshalb, weil seine Reden so merkwürdig waren. Er kam herein, als noch Frau Wolf bei mir war. Eine große Aktentasche hatte er unterm Arm und sah aus wie der Vertreter einer großen Firma. Aufmerksam blickte er sich im ganzen Geschäft um und hörte gespannt zu, während ich mit Frau Wolf sprach. Als sie fort war, setzte er sich, ohne eine Aufforderung abzuwar-

ten, auf den Stuhl und sagte auf russisch, wobei er mich mit seinen grauen, kalten Augen durchdringend ansah:

»Sie sind eine Russin?«

»Ja, ich bin Russin«, antwortete ich. Aber statt der Freude, die ich hätte fühlen sollen, da doch ein Landsmann in der Muttersprache zu mir redete, erhöhte sich in mir nur das dumpfe Gefühl einer inneren Unruhe, das mich schon den ganzen Tag lang nicht losgelassen. Ich weiß nicht, wie es kam, aber in dem Augenblick, als ich das erste russische Wort aus seinem Munde vernahm, traten mir die blutigen Gestalten aus meinem heutigen Traum wieder mit vollster Klarheit vor die Augen.

»Wie sind Sie hierher nach Österreich gekommen?« fragte mich der Russe weiter. In seinem Gesichte zuckte dabei etwas auf, was mich – warum, dessen war ich mir nicht bewußt – zur Vorsicht mahnte.

»Ich bin mit meinem Manne hierhergekommen. Mein Mann ist Österreicher«, sagte ich.

»Freiwillig oder unfreiwillig?« fragte er mit einem maliziösen Lächeln. In dieser Frage war nichts Besonderes, jedem Russen mußte sie eigentlich naheliegen. Aber der Ton, in dem er sprach, der Schal, mit dem er seinen dünnen Hals umwunden hatte, und vor allem seine Hände mit den wächsernen, spinnenlangen Fingern flößten mir ein unerklärliches Mißtrauen ein, den Wunsch, ihn möglichst bald wieder loszuwerden. Es umgab ihn ein Fluidum, ein unerklärliches, das mich an die GPU denken ließ. Etwas, was sich nicht in Worte fassen läßt, was aber stärker ist als der handgreiflichste Beweis.

»Wollen Sie die Milch mit oder ohne Semmel?« fragte ich, seiner Frage ausweichend. »Sie wollen doch sicher ein Glas Milch haben?«

»Ach ja«, entgegnete er. »Ich war so erfreut, eine Landsmännin zu treffen, daß ich ganz vergessen habe, etwas zu bestellen. Aber bitte, erzählen Sie mir doch, wie Sie nach Österreich gekommen sind! Ich werde einstweilen diese Torte essen.«

Er nahm sich ein Stück Torte und begann sie zu verzehren, wobei er mich keinen Augenblick aus den Augen ließ.

»Ich habe keine Zeit zum Plaudern«, erwiderte ich, »ich muß heute noch die Fenster waschen!«

»Aber Sie haben doch mit der Kundin da lange genug geplaudert!«

»Ich plaudere gewöhnlich nur mit denen, für die ich ein besonderes Interesse habe«, gab ich zur Antwort und wendete mich von ihm ab.

»Wahrscheinlich sind Sie aus Rußland ausgewiesen worden, wenn Sie sich so ungern mit Ihren Landsleuten unterhalten!« sagte er da kurz und scharf.

Ich wandte mich schnell zu ihm und sagte vorwurfsvoll:
»Vielleicht wissen Sie davon sogar mehr als ich selbst? Vielleicht wissen Sie sogar, weshalb man uns ausgewiesen hat?«
Für mich war es nun nicht mehr zweifelhaft, daß er über alles orientiert war, daß er nicht gekommen ist, um Milch und Kuchen zu essen, sondern um mich auszuhorchen. Aber weshalb? Was sollte das für einen Sinn haben?
»Nun, sehen Sie, ich habe es richtig erraten!« lachte er gutmütig. »Mein Name ist Iwanow. Ich bin selbst ein ›Politischer‹, bin aus Rußland geflohen, unter dem alten Regime natürlich, noch unter dem Zaren. Ich möchte jetzt sehr gerne wieder nach Rußland zurückkehren und möchte Sie da fragen, wie es sich dort lebt, ob es dafürsteht.«
»Es hätte doch keinen Zweck, Sie aufzuklären«, entgegnete ich, noch immer in demselben gereizten Tone wie früher. »Sie sind ja sicher über Rußland ganz genau informiert!«
»Sagen Sie mir, bitte, weshalb sind die Russen immer so mißtrauisch gegeneinander? Sie mißtrauen mir doch offensichtlich, nicht wahr? Und ich bin doch ein alter Revolutionär, habe gegen den Zaren gekämpft!«
»Ich bin deshalb mißtrauisch«, sagte ich, ihm dabei scharf in die Augen blickend, »weil man, wie es scheint, auch hier im Auslande niemals davor sicher ist, einen GPU-Agenten zu treffen!«
»Nu, Sie sind heute schlecht aufgelegt, wahrscheinlich miese Geschäfte! Oder es gefällt Ihnen hier überhaupt nicht im Laden. Sie haben doch sicher in Rußland drüben einen Intelligenzberuf gehabt!«
»Erstens gefällt es mir im Geschäft sehr gut, und zweitens habe ich wirklich keine Zeit mehr«, fiel ich ihm energisch ins Wort.
Der Russe erhob sich und fragte:
»Wieviel bin ich schuldig? Siebzig, achtzig Groschen?«
»Fünfundsiebzig Groschen!«
»Da haben Sie einen Schilling, der Rest gehört Ihnen!«
»Ich nehme keine Trinkgelder!«
»Dann geben Sie es Ihrem Kinde!«
»Mein Kind braucht es auch nicht!«
»Da, nimm Kleiner!« rief er Jurka herbei und wollte ihm die fünfundzwanzig Groschen in die Hand drücken, die ich ihm auf den Ladentisch hingelegt hatte. »Ich darf von fremden Leuten kein Geld nehmen!« antwortete Jurka prompt.
»Nun, dann geben Sie es irgendeinem Bettler!« sagte der Russe in gereiztem Tone und ging hinaus.
Wer war er? Was wollte er von uns?

Willi und Fred traten ins Geschäft, vor freudiger Aufregung zitternd. Willi setzte sich sofort auf einen Stuhl, die Beine übereinandergeschlagen, wobei er seine neuen, überlangen Halbschuhe herausfordernd zur Schau stellte.

»Fred, bring mir eine Semmel!« befahl er von oben herab.

Fred flog geradezu zum Ladentisch, nahm eine Semmel und legte sie seinem Freunde vor das Milchglas, das ich ihm inzwischen serviert hatte. Mit nachlässiger, wichtiger Miene verzehrte Willi sein Frühstück. Es fiel mir auf, daß er außer seinen Halbschuhen auch noch über andere Neuanschaffungen verfügte, nämlich über ein rosa Hemd und eine grellgrüne Krawatte.

Ich konnte mich eines Lächelns nicht erwehren, als ich ihm in sein strahlendes Gesicht blickte. Man sah sofort, das war ein Mensch, dem das Glück zu winken begonnen hatte.

»Aller Wahrscheinlichkeit nach«, sagte Willi, »werden wir jetzt selten Gelegenheit haben, bei Ihnen Milch zu trinken. Wir übersiedeln nämlich in den zweiten Bezirk, wo ich ein großes Fleischergeschäft übernommen habe.«

Wenn mir Willi mitgeteilt hätte, man habe ihn zum Präsidenten der Vereinigten Staaten ernannt, ich hätte nicht überraschter sein können.

»Ein Zufall!« erklärte er weiter. »Unser ganzes Leben ist auf Zufälligkeiten aufgebaut. Man muß es nur verstehen, den Augenblick zu erfassen, und ich und Fred, wir haben das eben begriffen. Den Metzger Prikryl hat der Schlag getroffen, als wir gerade an seinem Geschäft vorübergingen. Wir sind natürlich sofort hinzugelaufen, um Hilfe zu leisten. Man muß immer helfen, denn es kann sein, daß man dabei Geld verdient. Wir wurden bei diesem Anlaß mit seiner Tochter bekannt, einem sehr lieben blonden Mädchen. Die Frau des Metzgers war einige Jahre vorher gestorben, so daß die Tochter jetzt eigentlich ganz allein dastand. Der Vater hat ihr immer gesagt, es wäre besser, im Notfalle ganz fremde Leute ins Geschäft zu nehmen, als sich mit Verwandten einzulassen. Trude, so heißt sie nämlich, wußte nicht, was sie anfangen sollte, und da kam mir ein guter Gedanke. Ich erklärte ihr, daß ich von Beruf gelernter Metzger sei und Arbeit suche und daß Fred sozusagen schon als Metzger geboren wäre. Denken Sie, sie hat mir das nicht sofort geglaubt? Aufs erste Wort! Wissen Sie, man muß es nur verstehen, den Leuten treuherzig in die Augen zu blicken, dann ist es ganz egal, welchen Blödsinn man zusammenredet, es wird einem ja doch alles geglaubt...

Nu, die Sache ging sehr rasch. Ich packte gleich die Schürze des Vaters, die am Nagel hing, band sie mir um, und so arbeiteten wir bis zu Mittag. Dann aßen wir zusammen. Es besteht die beste Hoffnung, daß der Vater stirbt, und dann heirate ich einfach die Trudi. Warum auch nicht? Ein Haus, ein Geschäft, eine angenehme Beschäftigung und eine sichere Existens. Ist das nicht herrlich?«

»Ja, aber Sie waren doch niemals Metzger!« wandte ich ein.

»Lächerlich! Ein intelligenter Mensch versteht jeden Beruf, wenn er nur will!« sagte Willi und fragte mich dann mit herablassender Miene:

»Mir scheint, ich bin Ihnen noch etwas schuldig?«

»Ja, dreizehn Schilling!«

Mit nachlässiger Geste warf er mir einen Zwanzigschillingschein hin und steckte den Rest, ohne einen Blick darauf zu werfen, in die rechte Rocktasche.

»Nun, grüß Gott!« nickte er mir noch zu. »Ich werde einmal mit meinem eigenen Auto vorfahren, mit der Trudi! Komm, Fred, wir müssen gehen!«

Beide verließen das Geschäft. Lange mußte ich über sie lachen. Dieses Siegesbewußtsein, dieser unbeugsame Wille, auf jeden Fall das Schicksal beim Schwanz zu packen, wie sich Willi ausdrückt, machen die beiden ganz außerordentlich sympathisch. Viel gäbe ich darum, wenn ich zusehen könnte, wie Willi das Herz der jungen Trudi erobern wird.

13. APRIL 1926.

Für mich ist es immer besonders unangenehm, wenn der Vater des Fräuleins Fischer kommt. An ihm ist eigentlich nur mehr ganz wenig Menschliches geblieben. Wenn man ihn sieht, dann glaubt man erst, wie tief ein Mensch sinken kann. Er ist entsetzlich dick, aufgedunsen wie ein Schwamm, das rote Gesicht läßt beinahe keine Züge erkennen. Sobald er ins Geschäft tritt, fährt er mit seiner zitternden Hand in die Tasche und holt nach langem Suchen eine leere Bierflasche heraus, die er gegen eine volle austauscht. Er wäscht sich wohl niemals, denn von ihm geht ein so entsetzlicher Geruch aus, daß ich jedesmal nach ihm lüften muß, um diesen durchdringenden Gestank zu entfernen. An den Beinen hat er unförmige, zerrissene Hausschuhe, aus denen seine vor Schmutz starrenden Zehen hervorlugen.

Heute wollte er wieder etwas auf Kredit nehmen.

»Ihre Tochter hat mich gebeten, Ihnen nichts zu geben«, erklärte ich ihm.

Zuerst sah er mich verständnislos an; dann begann sein Gesicht langsam rot zu werden, röter und immer röter. Er sprach nichts, aber aus seinem Munde drang ein unheimliches Zischen. Ein lähmendes Entsetzen erfaßte mich, als ich ihn so vor mir stehen sah, ich glaubte, jeden Moment müßte ihn der Schlag treffen. Nach einer Weile drehte er sich jedoch um, steckte langsam die leere Bierflasche wieder in die Tasche, und ohne ein Wort gesprochen zu haben, ging er hinaus.
Wie nur ein so entsetzlicher Mensch eine so hübsche Tochter haben kann, dachte ich.

15. APRIL 1926.

Otmar kam aus der Stadt, hungrig, müde und bedrückt. Er setzte sich auf eine Kiste und sprach lange darüber, wie fürchterlich unsere Lage wäre, daß man ihn überall mit dem Bemerken abweise, es sei nichts mehr frei, und was das für ein entsetzliches Wort wäre, dieses ›Zu spät‹!«
Er lehnte müde sein Haupt an die Wand und schloß die Augen.
»Otmar«, sagte ich, »ich liebe dich!«
Er schwieg.
»Ich liebe dich!« wiederholte ich und umarmte ihn, während ich ihm in sein liebes, bleiches, müdes Gesicht blickte.
»Ich habe dich auch lieb!« antwortete er endlich. Nach einer Pause setzte er hinzu:
»Das ist aber auch alles, was uns geblieben ist!«
Schmerzvoll war es für mich, zu sehen, daß heute seine Müdigkeit und sein Kummer stärker waren als meine Liebe, daß sie heute nicht imstande war, in seinem Herzen die Freude zu entzünden wie an anderen Tagen...
Ich ging weg von ihm und machte mir im Geschäft zu schaffen. Ich wollte weinen, aber ich konnte es nicht. Es war mir, als ob ich zu Eis erstarrt wäre. So sehr zog es mich zu Otmar hin, um ihm zu sagen: »Otmar, alles wird wieder gut werden, es wird das Wunder kommen, das uns rettet!« Aber ich fürchtete, ich könnte ihn mit diesen meinen Worten verletzen. Auf seinem Gesichte spiegelte sich die bittere Wirklichkeit, während ich mich mit einer durch nichts begründeten dummen Hoffnung tröstete.
Lange wusch ich die Tische und machte im Geschäfte Ordnung. Otmar saß die ganze Zeit über da und sprach kein Wort, und ich dachte immer einen und denselben Gedanken: Habe ich ihm nicht mit meiner Liebe sein Leben verdorben? Wenn er mich nicht geliebt hätte, er wäre mit

seinen Kameraden nach Hause gefahren, wäre hier schon lange in sicherer Stellung, verheiratet und glücklich...

Nein, heute tut mir mein Herz nicht wegen mir weh, sondern wegen Otmar, der eine Russin liebt und nun mit ihr das traurige Schicksal der Russen teilen muß...

20. APRIL 1926.

Heute kam eine Frau zu mir, ganz in Fetzen gekleidet, von jüdischem Aussehen, und begann mit mir russisch zu sprechen. Sie hat irgendwo gehört, daß ich eine Russin bin, und kam, wie sie behauptete, um mit mir in unserer gemeinsamen Muttersprache zu plaudern. An ihren unruhig umherlaufenden Augen sah ich aber sofort, daß sie irgendeine bestimmte Absicht hatte. Und wirklich, nach einigen allgemeinen Redensarten schon rückte sie mit ihrem Anliegen heraus.

»Sie haben Kapital und ich habe Erfahrung«, sagte sie. »Ich bin eine ganz erstklassige Hutmacherin, aber ich habe keine Arbeit, weil jetzt alles Konfektionsware trägt. Aber wir könnten ja mitsammen Konfektionsware verkaufen. Wir werden schon verkaufen! Wir werden eine Sache herrichten, die uns beide wärmen wird! Die Hauptsache ist die Erfahrung. Ohne Erfahrung nützt Ihnen Ihr Kapital auch nichts. So, sehen Sie, hier kommt der Ladentisch hin, da der Spiegel, hier die Stellagen...!«

Während sie dies sprach, lief sie von einer Ecke in die andere und machte sogar die Tür in unser Zimmerchen auf.

»Ach, das ist ja sehr fein!« rief sie aus. »Da drinnen werde ich meine Reparaturwerkstätte haben und Sie werden sich elegant anziehen und fesch aussehen und die Kundschaften empfangen. Ihr Herr Gemahl kann irgend etwas anderes unternehmen, wir beide werden schon mitsammen mit unserem Geschäft fertig werden.«

In diesem Tone sprach sie weiter, wohl an die drei Stunden lang. Sie erzählte von sich; sie ist Emigrantin und hat keine Arbeit, ist nahe am Verhungern. Ich stellte ihr Milch, Butterbrote und Wurst vor, und sie aß alles mit einem wahren Heißhunger hinunter. Daß wir kein Kapital haben, wollte sie mir nicht glauben. Als sie einsah, daß aus dem gemeinsamen Hutgeschäft nichts würde, ging sie enttäuscht fort, bat mich aber, doch noch einmal darüber nachzudenken.

23. APRIL 1926.

Fräulein Fischer kam heute mit einem so freudestrahlenden Gesichte zu mir ins Geschäft, daß ich sie sofort nach der Ursache fragte.

»Im Prater habe ich einen jungen Mann kennengelernt, einen sehr feschen Kerl. Ich bin mit einer Freundin beim Swoboda gesessen und er mit seinem Freund am Tisch nebenan. Nun, und da sind wir halt so ins Gespräch gekommen. Dann sind wir zusammen ins Kino gegangen und nachher mit dem Riesenrad gefahren. Am Anfang war er sehr traurig; er hat erzählt, daß ihn seine Braut verlassen, weil sich ein anderer gefunden hat, der Chauffeur ist und mehr verdient als er. Er ist nämlich bloß Bierkutscher. Dann aber ist er lustiger geworden und er hat gesagt, ich sähe seiner früheren Braut ähnlich. Er hat mich bei der Hand genommen, ganz vorsichtig, und hat mich sogar um Erlaubnis gefragt. Nachher meinte er, ob ich nicht am Samstag mit ihm ausgehen könnte. Das wäre ein Mann für mich! Dieses Leben habe ich ohnehin schon satt. Den Vater könnten wir ins Spital geben, er hat so heute schon die ganze Nacht weiße Mäuse gesehen und kleine Teufel gefangen, lange dauert es ohnehin nicht mehr mit ihm. Aber das eine ist nur dumm, mein Neuer weiß nicht, womit ich mich beschäftige. Er hat sich immer so gewundert, daß meine Hände so schön sind, und da habe ich gesagt, ich wäre in einem Manikürsalon angestellt.«

Der Roman des Fräuleins Fischer interessiert mich sehr.

1. MAI 1926.

Ein Brief von der Mutter:

»Meine Lieben!

Meine Gedanken sind immer um Euch, ich denke nur an Euch, spreche in Gedanken mit Euch... Sobald ich aufgestanden bin, begebe ich mich in Euer Schlafzimmer – es ist dort alles so geblieben, wie es war. Nicht einen einzigen Gegenstand würde ich vom Flecke rühren. Dann gehe ich in Euer Arbeitszimmer und blicke auf Eure Schreibtische. Endlich stehe ich lange vor dem Bettchen Jurkas, das ich nicht berührt seit dem Tage, an dem Ihr uns verlassen mußtet, und ich bilde mir ein, ich erkenne noch die Formen seines lieben kleinen Körperchens am Leintuch und an der aufgeschlagenen Decke. Unter dem Polster guckt der Hase mit dem abgerissenen Beine hervor. Und hier kann ich niemals weilen, ohne daß ich bitterlich weinen müßte, denn meine einzige Freude, meine Sonne, haben sie mir mit meinem lieben Enkelchen genommen...

Meine Lieben! Ich weiß, daß Ihr von neuem beginnen müßt, Euch Euer Leben aufzubauen. Ich weiß, Ihr seid tapfer und stark. Das ist es, was mich vertrauen läßt, daß Ihr das Leben besiegen werdet, vor allem deshalb, weil Ihr Euch liebt. Ihr werdet diese schweren Tage überwinden wie die, die Ihr schon einmal überwinden mußtet.

Wir aber sind alt. Greise. Für uns gibt es keine Zukunft mehr... Meine Kinder... Unsere Tage sind jetzt schwer, unerträglich schwer und unsäglich leer. Leer ist alles um uns herum. Das einzige, das uns von Euch geblieben ist, das sind Eure Schreibtische und Jurkas Bettlein mit dem verstümmelten Häslein unter dem Kissen...«

7. MAI 1926.

Ich habe eine neue Kundin, noch dazu eine Russin. Als sie das erstemal ins Geschäft trat und wir die üblichen Begrüßungsformeln austauschten, sahen wir uns gegenseitig eine Weile an, um dann beide in ein herzliches Lachen auszubrechen. Ja, diese lichten Haare und diese blauen Augen, die kann man auch hier antreffen; aber dieser Zug heimlicher Melancholie um den Mund und dieser singende Tonfall, diese dunkle, satte Stimme, das konnte nur eine Russin sein.

»Nun, wie fühlen Sie sich hier?« war ihre erste Frage an mich.

»Ausgezeichnet!« antwortete ich ganz automatisch, dachte aber, bevor ich noch das Wort vollendet: Vor einer Landsmännin brauchst du dich doch nicht zu verbergen! Und in der Absicht, mein Herz zu erleichtern, wollte ich ihr ausführlich erzählen, wie schwer es mir mit dem Geschäfte sei und wie sehr ich oft unter dem Heimweh leide. Dann aber, wohl mehr einer Gewohnheit als meiner Überzeugung folgend, fügte ich hinzu: »Im übrigen habe ich mich in Österreich schon ganz eingewöhnt und die Menschen gefallen mir hier sehr gut. Man muß sie nur zu nehmen wissen!«

»Nun, bei mir ist es ganz anders! Ich kann mich absolut nicht hineinfinden, und von Jahr zu Jahr fühle ich mich fremder«, unterbrach sie mich mit lebhafter Gebärde. Nach einer Weile fuhr sie fort:

»Haben Sie übrigens schon die Beobachtung gemacht, daß die Österreicher, die in Rußland kriegsgefangen waren, ganz andere Menschen geworden sind, nachdem sie in ihre Heimat zurückgekehrt?«

»Nein, das ist mir noch nicht aufgefallen.«

»Für mich ist das – leider – bereits zu einem Axiom geworden. Bei uns im barbarischen Rußland, da hat man zu ihnen aufgeblickt wie zu höheren Wesen, und sie sind es tatsächlich selbst geworden. Wer waren die besten Ehemänner und Familienväter? Die Kriegsgefangenen, die mit Russinnen verheiratet waren! Mich zum Beispiel haben alle beneidet, daß ich einen Österreicher zum Manne habe.«

Sie stieß einen schweren Seufzer aus und fuhr dann dort:

»Und jetzt... Noch auf der langen Reise nach Österreich war er so lieb und so zärtlich zu mir, daß ich es mir schöner gar nicht hätte wünschen können. Aber mit dem Tage, an dem wir in seiner Heimat eintrafen, war es vorbei mit meinem Glück. Wäre er in Rußland geblieben, es wäre heute noch so wie früher. Aber Österreich, das ist ein ganz anderes Land. Nehmen Sie nur das Leben, das unsere russische Intelligenz in den letzten Jahren führte! Keine äußeren Ablenkungen, das ganze Leben verläuft im Schoße der Familie, im Vereine mit ganz guten Bekannten, alle haben ein großes Interesse für Bücher, kurz, alles ist mehr auf das innerliche Leben eingestellt. Ein Deutscher, der in eine solche Familie hineinheiratet, paßt sich diesem Leben an und vertieft es noch. Er bildet einen Mittelpunkt, von dem aus er seine deutsche Kultur wirken läßt. Kaum aber ist er in seinem eigenen Lande, inmitten seiner Kultur, da beginnt er sie plötzlich nicht mehr zu bemerken, sie interessiert ihn nicht mehr, und seine russische Frau muß zu ihrer Überraschung sehen, daß er eine wahre Leidenschaft zu Dingen faßt, für die sie gar kein Verständnis hat. Auf einmal bemerkt er, daß er ohne Sport nicht leben kann, und in seinem Gehirn hat nichts mehr Platz als Rekorde. Auf einmal bemerkt er, daß er abends nicht zu Hause bleiben kann und ins Wirtshaus oder ins Kaffeehaus gehen muß, schon deshalb, weil er nur dort Menschen finden kann, die bereit sind, mit ihm zusammen stundenlang über irgendwelche sportliche Ereignisse zu disputieren. Und es endet dann damit, daß seine Frau, die er früher vergöttert hat, vollständig zurücktreten muß hinter irgendeine sportliche Mitzi!

Dazu kommt noch, daß die russische Frau früher in ihrer Heimat selbst etwas vorgestellt hat, Eigenwert hatte. Hier ist es Schluß damit; die Schwiegereltern stehen ihr feindlich gegenüber, die Freunde des Mannes lachen ihn aus, daß er hier im Lande niemanden gefunden und sich eine Frau aus der Fremde importieren mußte.

Die russische Frau will Mutter sein, Hausfrau, eine liebende Gattin, sie will dabei auch ein intensives geistiges, kulturelles Leben führen. Und was sie will, das kann sie auch – außer einem: Eine ›Sportmitzi‹ kann sie nie werden!«

Da kamen einige Kundinnen in den Laden und meine neue Bekannte mußte sich verabschieden. Sie versprach, wiederzukommen.
Wie leid tut es mir, daß sie so schnell gegangen war!

12. MAI 1926.

Der Arbeitslose Gruber hat die Erlaubnis erhalten, nach Rußland zu fahren. Man hat ihm das Einreisevisum gegeben, was eine große Seltenheit ist. Hier in Wien ist er den ganzen Tag auf Suche nach Arbeit gewesen, hat aber nichts finden können. Einmal ist er bei dieser Gelegenheit in eine Rauferei hineingeraten, die mit dem Eingreifen der Polizei endete. Er wurde dabei am Auge verwundet und ließ sich gleich darauf auf den Rat eines Freundes in die Kommunistische Partei einschreiben. Jetzt fährt er als Opfer für die kommunistische Idee nach Rußland. Rußland ist für ihn nichts, ein leeres Wort; aber in einigen Tagen wird er dort sein, während für mich die Tore Rußlands für immer verschlossen sind.

14. MAI 1926.

Es gibt Menschen, die einen tief rühren können, durch nichts anderes als durch ein einfaches, stilles, unaufdringliches Wohlwollen. Bei mir kauft jeden Tag eine Frau ein, die ich die »Stille« nenne, weil sie sich immer so ruhig und bescheiden verhält und – eine seltene Ausnahme – von niemandem etwas Schlechtes spricht.
Heute habe ich ihr aus Versehen um zwei Groschen mehr Rest gegeben. Einige Minuten später brachte sie sie mir zurück. Dabei fühlte sie sich heute noch sehr unwohl und es war ihr sicher eine große Mühe, noch einmal vom vierten Stockwerk herunterzulaufen.
»Das wäre doch nicht notwendig gewesen!« sagte ich.
»Ich weiß recht gut, was die zwei Groschen für Sie bedeuten!« gab sie mir freundlich lächelnd zur Antwort.

27. MAI 1926.

Wie immer, kam auch heute Frau Pospischil einkaufen. Sie ist noch ganz jung, aber so mager, so blaß und so bettelhaft gekleidet, daß man nicht nur Erbarmen fühlt, wenn man sie ansieht, sondern Scham über

sein eigenes Wohlergehen. Sogar über ein Wohlergehen wie das unsrige. Sie wie ihr Mann sind arbeitslos und haben fünf Kinder, das älteste von neun Jahren. Heute sah sie aber ganz besonders schlecht aus, und als sie mich bat, ihr auf Kredit Milch und Brot zu geben, da zitterten ihre Hände so, daß sie ihre Handtasche fallen ließ.
»Was ist mit Ihnen? Sind Sie krank?« fragte ich.
»Nein, ich bin in anderen Umständen«, gab sie zur Antwort und begann zu weinen.
»Aber Ihr Kleinstes ist doch erst einige Monate alt!« sagte ich erschrocken.
»Ja, er ist erst sechs Monate alt. Nun, das wird ein schönes Christkindl bei uns werden!« weinte sie.

14. JUNI 1926.

Lange, endlos einförmige Tage ziehen sich dahin. Einer wie der andere mit denselben Sorgen und denselben, seltenen Freuden. Einer nach dem andern.
Ein langweiliges Leben! Mehr als jemals fühle ich, wie wunderschön und interessant das Leben ist. Aber dieses Leben, ich habe es nicht, es ist irgendwo außer mir. Ich bin nicht darin, es hat mich aus sich hinausgeworfen. Ich sitze wie in einem Sumpf, in dem es kein Leben gibt, sondern nur ein Vegetieren.
Zeitlich früh stehe ich auf, kleide mich eilig an, laufe in die Bäckerei um die ersten Frühsemmeln, dann um allerhand Dinge auf den Markt, stehle mir ein paar Minuten für die Kirche ab, eile heim, das Frühstück zu bereiten, und schon warten die Käufer im Geschäfte. Und dieser Augenblick, in dem ich ins Geschäft trete, ist der traurigste für mich im ganzen Tag, denn ich weiß, daß ich jetzt den ganzen Tag allein sein werde, ohne Otmar, meiner Sonne.
Und dann schleichen die Stunden dahin. Um neun Uhr kommt der Eisfuhrmann, legt das Eis auf den Boden, und gerade um diese Zeit muß irgend jemand so lange plaudern, bis das Eis aufzutauen beginnt, bevor ich es in den Eiskasten bringen kann. Und was das wieder für eine unangenehme Arbeit ist: da ein Stück Eis für die süße Milch, dort eins für die saure; da eins für das Bier und dort eins für das Gefrorene. Kaum bin ich nun dabei, das Schmelzwasser vom Boden aufzuwischen, da kommen schon die Lieferanten mit dem Gefrorenen und dem »Eskimo«. Wieder Scherereien mit dem Eis und dem Wasser. Dann werden Semmeln gebracht, ein Vertreter nach dem andern kommt, und dazwischendrein

die Kunden. Und wieder reinigen, reinigen, zusammenräumen; und dabei schießen mir fortwährend Gedanken durch den Kopf, wie: Der Bub sollte neue Strümpfe haben, die Schuhe sollten besohlt werden, aber immer wieder reicht das Geld nicht.

Ach, nur leben, um zu existieren, was kann es Langweiligeres, Hoffnungsloseres geben? Aber alle, alle leben hier so, nur mit dem einen Gedanken im Kopfe: Existieren und nicht vor Hunger sterben...

Und den ganzen Tag geht mir Otmar nicht aus dem Kopf. Von früh bis abends muß er studieren. Er bereitet sich auf die Schlußprüfungen an der Wiener Universität vor, dabei muß er zu Fuß gehen, und zu Mittag kann er nicht einmal richtig essen, denn fürs Gasthaus reicht es nicht; er ißt nur das, was ich ihm mitgebe. Wird er lange so durchhalten können?

Um zwölf Uhr geht es ganz besonders lebhaft zu. Ich lege freundlich lächelnd das Speiseeis in die Waffeltüten, und niemand hat auch nur die geringste Ahnung, wie entsetzlich langweilig es mir dabei ist.

Um halb zwei Uhr kommt das Fuhrwerk mit dem Kronenbrot. Der Kutscher reißt immer einige liebenswürdige Witze, die ich schon längst wörtlich auswendig kenne. Um zwei Uhr kommt das Hammerbrot, und der Kutscher fällt mir besonders auf die Nerven, da er mir immer sämtliche Waren, die die Hammerbrotwerke erzeugen, anbietet. Dann kommen Kinder in endloser Zahl, und jedes von ihnen kauft um zehn Groschen Eis. Jurka quält mich die ganze Zeit, ich möge ihn auf die Straße hinauslassen; wenn ich es nicht zugebe, weint er und klagt über Kopfschmerzen. Dann tut er mir so leid, daß ich ihm die Erlaubnis dazu erteile; solange er aber abwesend ist, kann ich keine Ruhe finden. Dann wieder kommen die Frauen und die Kinder um Milch, Semmeln und Butter.

Nach der Jause wird es ein wenig stiller, und ich lese die Zeitung. Auch sie kann die Langeweile nicht verscheuchen.

Es wird Abend. Ich benütze eine kleine Pause, um das Kind schnell ins Bett zu stecken. Lange noch tönt sein Piepsen aus dem dunklen Zimmer zu mir, aber ich habe keine Zeit, zu ihm zu gehen und mich ihm zu widmen.

Nach sieben Uhr kehrt Otmar zurück, müde. Ich möchte so gern mit ihm sein und ihn über alles ausfragen, aber ich muß noch im Geschäft Ordnung machen.

Endlich ist das Tagewerk vollendet, ich bin müde und zerschlagen. Otmar liest in einem Buche; wie ich ins Zimmer trete, erhebt er sich und umarmt mich. Er ist zärtlich und lieb und auch ich möchte es sein; aber in meinem Kopfe gehen Milchflaschen herum, die man mir nicht zurückgebracht hat, Strümpfe und zerrissene Schuhe. Ich will schlafen. An nichts anderes kann ich denken. Es ist traurig, wenn ein Mensch in meinem Alter den Augenblick, in dem er einschläft, als den schönsten im Tage ansehen muß. Vielleicht, daß mir dann der Traum ein wenig von einem andern, freudigeren, sinnvolleren Leben gibt. Es ist wahr, der Mensch kann nicht von Brot allein leben!

15. JUNI 1926.

Fräulein Fischer ist glücklich.
»Ich war wieder im Prater mit Walter«, erzählte sie. »Er hat gesagt, die ganze Woche hat er Bierflaschen gefahren, dabei aber immer an mich gedacht. So große Augen macht er immer und wird immer rot. Nur recht erschrocken bin ich, wie er mich gefragt hat, wie es mir im Geschäft geht und ob er mich dort nicht abholen könnte. Ich habe gesagt, der Chef sei sehr streng und gestatte dies nicht, und mein Vater erlaube es übrigens auch nicht, daß ich Briefe von Herren bekomme. Wie wir auseinandergegangen sind, hat er gesagt: ›Wenn Sie nicht gewesen wären, hätte ich sicher zu trinken begonnen. Aber jetzt bin ich glücklich, daß mich meine Braut verlassen hat, denn Sie gefallen mir viel besser. Wenn sie den andern wegen des Geldes vorgezogen hat, ist sie so nichts wert. Und selbst will sie nichts arbeiten. Sie haben aber Arbeit und ich auch, und wenn wir zusammen ...‹ Da hat er aber nicht mehr weiterkönnen, ist ganz rot geworden und fortgegangen ...
Und wenn er erfährt, was ich bin, wird er da wieder davonlaufen? Was meinen Sie, Frau Wagner?«

16. JUNI 1926.

Ein Brief von den Eltern:
»Ganz unerwartet besuchte uns Lisa. Wir haben uns schon acht Jahre nicht gesehen, und das erste, was wir taten, war natürlich, daß wir uns beide tüchtig ausweinten. Wie wir beide uns doch verändert haben! Greisinnen sind wir geworden! Und sie war doch eine der gefeiertsten Schönheiten! Stellt Euch vor, sie wohnt jetzt im Hühnerstall. Buchstäblich im Hühnerstall. In ihrem Hause, aus dem man sie fortgejagt, ist eine Behörde untergebracht.
Du kannst dich erinnern, daß Lisa immer eine große Tierfreundin war,

und jetzt wird sie eines Tieres wegen vielleicht ihr Leben verlieren! Ihre Katze, die sie so liebte, die immer mit ihr im Bette schlief, der sie all ihre Zärtlichkeiten gab, hat sich einmal in der Nacht so in ihre Lippen verbissen, daß sie sich nicht befreien konnte. Sie lief auf die Straße hinaus, und ein Mann, der gerade vorüberging, konnte sie erst dadurch befreien, daß er die Katze erwürgte.

Zuerst machte sie dem ›Mörder‹ ihrer geliebten Katze die heftigsten Vorwürfe und bestattete das Tier unter vielen Tränen. Dann aber träumte sie einmal, die Katze wäre tollwütig gewesen. Es befiel sie eine derartige Furcht, daß sie noch in derselben Nacht die Katze ausgrub und zeitlich früh in die Stadt zur Untersuchung schickte. Bis aber der Kadaver in der Stadt angelangt und dort untersucht war, verging viel Zeit, und auch das Schreiben, in dem ihr das Resultat mitgeteilt wurde, kam sehr spät in ihre Hände, da es erst einige Tage im Hause liegenblieb, bevor es jemandem einfiel, es in ihrem Hühnerstall abzugeben. Die Katze war tatsächlich tollwütig gewesen. Nun hatte sie aber kein Geld, in die Stadt zu fahren; sie verkaufte ihre letzten Sachen, und als sie endlich doch so weit war, daß sie abreisen konnte, waren über drei Wochen vergangen. Dazu noch die Reise. Vater sagt, wenn sie von der Katze angesteckt wurde, dann sei es zu spät, die Impfung würde nicht mehr wirken.

Ihr könnt Euch gar nicht vorstellen, wie uns jetzt zumute ist. Sie hat entsetzliche Angst vor der Tollwut. Nach jeder Einspritzung, die man ihr doch auf alle Fälle macht, sitzt sie stundenlang in einem Winkel und spielt schweigend mit unserer Katze. Merkwürdig, wegen einer Katze muß sie vielleicht das Leben lassen, und doch kann sie keinen Tag ohne Katze sein!

Abends sitzen wir lange beim Samowar und rufen die alten Zeiten ins Gedächtnis zurück. Unsere Jugend... Eine sonderbare Gewohnheit doch, dieses Lebenwollen. Die arme Lisa hat doch nichts mehr auf der Welt als Hunger, Kälte und Bettelarmut, und doch, wie sie am Leben hängt!«

Dieser Brief brachte mich in helle Aufregung. Und wenn die Tante Lisa wirklich an Tollwut erkrankt, was wird dann mit den Eltern? Ist Tollwut ansteckend, schon bevor sie zum offenen Ausbruch gekommen? Ich werde gleich Otmar in die Bibliothek schicken, damit er dort in irgendeinem Buche nachlese, wie diese entsetzliche Krankheit verläuft. Und wie furchtbar muß es ein, vor sich einen Menschen zu sehen, der dem Tode geweiht ist! Die arme Tante Lisa!

Heute war meine russische Kundin wieder lange bei mir. Kundin ist eigentlich nicht der richtige Ausdruck, denn sie kommt nicht, um einzukaufen, sondern um zu plaudern.
Diesmal befand sie sich in großer Aufregung.
»Wissen Sie«, erzählte sie, »heute stieß ich auf der Treppe fast mit einem Herrn zusammen; als ich ihn näher anblickte, erschrak ich, so sehr glich er einem Manne, den ich in Rußland liebte. Menschen, aus zwei einander so fremden Ländern, und diese unglaubliche Ähnlichkeit!
Nun, ich muß Ihnen aber meinen Roman erzählen, den ich damals in Rußland hatte. Ach, ich habe im Leben kein Glück gehabt, und in der Liebe noch viel weniger...
Als ich mit meinem Nikolaj das erstemal zusammentraf, war ich gerade siebzehn Jahre alt. Unser Gymnasium war damals in eine Kaserne verwandelt worden und wir mußten im Knabengymnasium unterrichtet werden. Bis drei Uhr hatten die Gymnasiasten Schule, von drei Uhr an die Mädchen. Meine Mitschülerinnen unterhielten sich da begeistert damit, daß sie mit den Gymnasiasten, auf deren Platz sie saßen, in Korrespondenz traten, was natürlich auf das allerstrengste verboten war. Die Brieflein wurden unter dem Deckel des Tintenglases, unter der Bank, in Ritzen usw. versteckt, man schrieb auf das Pult einzelne unzusammenhängende Buchstaben, eine Art Rätselaufgabe sozusagen, überall sah man Aufschriften, wie: Wer sitzt hier? Wie alt? Welche Haarfarbe? usw. Bald aber kamen die Klassendamen dahinter, und bevor wir noch die Klasse betreten durften, liefen sie alle Bänke ab und entfernten sorgfältig alle Buchstaben. Da griff man zu den Satzzeichen. Ein Rufzeichen bedeutete: Ich liebe Sie; ein Strichpunkt: Ich verachte Sie; ein Beistrich bedeutete einen Kuß, ein Doppelpunkt ein Rendezvous, und ein Punkt: Ich will von Ihnen nichts mehr wissen. Die Klassendamen wunderten sich, daß die ganze Korrespondenz auf einmal wie abgerissen war; die Satzzeichen allerdings beachteten sie nicht, obwohl ihrer genug auf allen Plätzen zu sehen waren. Nur mein Platz zeichnete sich durch vollständige Abwesenheit aller dieser geheimnisvollen Zeichen aus, denn ich wollte bei diesem kindischen Getue nicht mit dabei sein, und auch der Mitbesitzer meines Platzes wollte allem Anschein nach mit den ›Mädels‹ nichts zu tun haben.
Eines Tages war ich zum Namenstag bei der Tochter des Vizegouverneurs geladen. Eine Menge junges Volk war dort versammelt, Gymnasiastinnen und Gymnasiasten. Unter den letzten fiel mir gleich ein großer, blasser Junge mit großen grauen Augen auf. Er behandelte seine Mitschüler

so von oben herab, daß ich gleich sah, er müßte eine ganz besondere Rolle spielen.
Als dann später das Gespräch auf Schulangelegenheiten kam, gab er auf die Frage der Vizegouverneurin, wie ihm die Einquartierung in seiner Schule gefalle, zur Antwort:
›Der Umstand, daß jetzt die Gymnasiastinnen in einem Klassenzimmer mit uns unterrichtet werden, hat mir alle Illusionen über das weibliche Geschlecht zerstört. Niemals habe ich geglaubt, daß es in den Köpfen der Gymnasiastinnen so viele Satzzeichen, besonders Beistriche, geben könne!‹ Nachdem er die Schar der anwesenden Gymnasiastinnen mit einem verächtlichen Blicke gestreift hatte, fuhr er fort:
›In unserer Klasse ist eine einzige Gymnasiastin, die diesen Rummel nicht mitmacht; es ist gerade die, die meinen Sitz mit mir teilt. Aber ich bin überzeugt, auch sie tut da nur deshalb nicht mit, weil sie eine ganz besondere, von Gott mit Häßlichkeit bestrafte Hexe ist. Bewahre mich der Himmel davor, daß ich sie jemals in meinem Leben erblicken müßte!‹
Da erhob sich im Saale ein homerisches Gelächter, und aller Blicke richteten sich auf mich; ich errötete über und über und wäre am liebsten in den Erdboden versunken. Nikolaj wandte sich nun zu mir und senkte dann die Augen betreten zu Boden.
›Also, hier haben Sie Ihre Hexe!‹ rief meine Nachbarin.
›Meine aufrichtigste Entschuldigung!‹ sagte Nikolaj, während er auf mich zuging. ›Ich gestehe, ich habe mich sehr geirrt und nehme meine unabsichtliche Beleidigung mit dem größten Bedauern zurück!‹
Dann reichte er mir die Hand und drückte sie fest.
Von diesem Moment an waren wir beide ineinander rettungslos verliebt, obwohl wir drei Jahre lang darüber mit keinem einzigen Worte sprachen. Wir beide hatten ganz ›prinzipiell‹ andere Interessen als die ›blödsinnige Liebe‹. Fast jeden Tag drückten wir einander unser Entzücken darüber aus, daß wir so gute Freunde wären und sonst weiter nichts. Mit allen Kräften bemühten wir uns, die Liebe als eine Beschäftigung zu verachten, die solch intelligenter und ernster junger Menschen, wie wir es zu sein vermeinten, nicht würdig wäre. Er studierte Medizin, ich Mathematik. Er war krank vor Schmerz über die Schicksale der ganzen Menschheit, und wenn er ein Buch gelesen hatte, das soziale Probleme berührte, konnte er die ganze Nacht nicht schlafen. Er fand nichts in Ordnung, entdeckte überall Fehler und nahm für sich das Recht in Anspruch, allen unangenehme Wahrheiten ins Gesicht zu sagen, wofür ihn wohl alle achteten, aber niemand liebte. Dieser Schmerz um die Menschheit und seine Einsamkeit brachten ihn mir aber nur noch näher.

Er war fast immer traurig, ein ausgesprochener Melancholiker. Alles, was um ihn her vorging, erregte ihn aufs höchste. Als die Roten kamen, wurde er in den Kerker geworfen und entkam nur durch ein Wunder dem Tode. Eine Kommunistin, die sich in ihn verliebt hatte, hat ihn gerettet. Als dann die Weißen kamen, ging er als Freiwilliger und mußte, als wiederum die Roten siegten, flüchten. Auch wir flohen damals nach Sibirien, und in Tomsk erhielt ich die Nachricht, daß Nikolaj gefallen sei. Ein Augenzeuge erzählte, ein Brustschuß habe seinem Leben ein Ende gemacht. Für mich war das ein entsetzlich harter Schlag, denn ich wußte schon lange, daß ich ihn über alles liebe. Ich legte Trauerkleider an, machte ein Gelübde, daß ich nie in meinem Leben heiraten wolle und in Hinkunft nur für meine leidenden Mitmenschen leben würde.
Ich trat in ein Lazarett als Pflegerin ein, und, stellen Sie sich vor, als ich einmal auf den Bahnhof kam, um Verwundete abzuholen, erkannte ich in einem schmutzigen, halb erfrorenen und halb verhungerten Soldaten meinen Nikolaj. Er war damals wohl verwundet worden, aber nicht tödlich. Nun befand er sich mit einem Haufen Weißer auf der Flucht nach dem Osten, war aber unterwegs erkrankt und mußte am Bahnhof zurückgelassen werden, wo ich ihn nun, hilflos und verlassen, auffand...«
Da traten auf einmal mehrere Kundinnen ins Geschäft, die Russin erhob sich und verließ mich, da ihr Mann aufs Essen wartete.
Wie sehr erinnert mich ihre Erzählung an alles das, was wir auf unserer Flucht vor den Roten erlebten! Wenn sie doch nur bald wieder käme, ich bin schon so neugierig zu erfahren, was sie und ihren Nikolaj wieder auseinandergebracht!

20. JUNI 1926.

Ich kaufe die Semmeln in zwei Bäckereien ein, denn die einen Käufer essen nur Bauer-Semmeln, die anderen nur Schmid-Semmeln. Die von Schmid werden immer sehr spät ausgetragen. Heute, als die Bäckerin Schmid zu mir kam, eröffnete ich ihr, daß ich bei ihr das Gebäck nicht mehr nehmen könne, da in der Frühe die Kunden, die sich auf ihre Semmeln versteiften, ausblieben und ich daher das Gebäck, das zu spät kommt, nicht mehr brauchen könne.
»Ja, ich kann Ihnen das Gebäck leider nicht früher schicken«, erklärte sie mir, »weil Ihr Geschäft von unserer Bäckerei zu weit entfernt ist. Aber das hat doch gar nichts zu sagen! Die Kunden, die glauben einem doch ohnehin alles! Früher hatten wir auch so ein Geschäft, und unsere

Kunden kaprizierten sich auch auf ein bestimmtes Gebäck. So führte ich Gebäck von vier Bäckern, aber geliefert hat es mir doch nur einer. Da geben Sie einfach in der Früh denen, die meine Semmeln wollen, die Bauer-Semmeln, und dann später denen, die Bauer-Semmeln verlangen, die Schmid-Semmeln, und alles ist in der schönsten Ordnung.«

21. JUNI 1926.

Mein Grundsatz ist, niemanden für meine eigenen Mißerfolge verantwortlich zu machen. Wenn das Geschäft schlecht geht, muß ich schuld daran sein. Den ganzen Tag denke ich darüber nach, was ich unternehmen könnte, um die Lage zu bessern. Zeitlich früh laufe ich die Märkte ab und suche herauszufinden, wo man billiger als sonst einkaufen könnte. Ich habe es schon begriffen, daß die Hauptsache für einen Geschäftsmann ist, billig einzukaufen. Ich habe bereits alle die Einkaufsquellen aufgegeben, die meinen Vorgänger belieferten, und billigere und bessere Quellen ausfindig gemacht. Überall laufe ich herum und vergleiche die Preise. Beinahe von allen Waren habe ich schon vorteilhafte Einkäufe gemacht; es sind zwar überall nur einige Groschen, aber es macht doch etwas aus. Gerade diese Groschen sind es, die uns die Möglichkeit geben zu leben.

Eier zum Beispiel habe ich beschlossen, nicht mehr in Engrosgeschäften zu kaufen. Ich verkaufe verhältnismäßig wenig Eier, und da wollen die Frauen gewöhnlich immer nur die größten aussuchen. Da ist nichts zu machen, denn beim Engrossisten bekommt man einige große und sehr viele kleine Eier. Nun machte ich am Markte die Erfahrung, daß die Bäuerinnen und Händlerinnen nichts gegen das Auswählen haben, wenn man nur ein oder zwei Eier kauft, daß sie aber sehr dagegen protestieren, wenn man mehrere nimmt.

So gehe ich denn jetzt am großen Lerchenfeldermarkt von einem Stand zum andern, kaufe überall ein oder zwei Eier und komme dann mit einem großen Korbe riesiger frischer Eier heim, die meine Käuferinnen in helles Entzücken versetzen. So verdiene ich jetzt an zwanzig Eiern mehr als früher an hundert. Und ein solcher Erfolg macht mir riesige Freude.

Mit derartigen Dingen ist jetzt mein Leben erfüllt. Aber ich bin bereit, mich noch mehr anzustrengen, wenn ich nur sehe, daß mein Eifer einen wenn auch nur kleinen Erfolg hat.

Jurka erwachte wie immer um sieben Uhr, und als ich in einer freien Minute in unsere Kammer lief, lag er mit weit geöffneten Augen da und starrte auf das vergitterte Fenster, durch das ein schwacher Lichtschein aus dem Korridor hereindrang.

»Warum sieht man durch unser Fenster nichts als die Wand?«

Diese Frage stellt er beinahe jeden Tag, und sie berührt mich besonders schmerzlich. Und bevor ich ihm noch Antwort geben konnte, fügte er altklug hinzu:

»In unserem Zimmer ist sehr wenig Schönheit!«

Auf diese Worte fand ich keine Entgegnung. Was sollte man auch von diesem Raume sagen, für den die Bezeichnung Zimmer sicherlich zu hochtrabend ist? Ein enges eisernes Bett, ohne Matratze. Wir schlafen auf Otmars und Jurkas Mänteln, ein Holzgestell mit einer Gaskochplatte, drei hölzerne Kisten an Stelle der Stühle, ein kleiner Tisch und in einer Ecke zwei Koffer: das ist die ganze Einrichtung.

Eine Weile lag Jurka ganz still, dann sagte er mit weinerlicher Stimme: »So, jetzt bin ich beleidigt. Warum ich beleidigt bin, weiß ich selbst nicht.«

Ist das die Kindheit, die ich mir für dich wünschte, mein Büblein? dachte ich bitter, als ich ihm die Milch wärmte.

»Mama, warum haben die anderen Kinder das gern, was nicht schön ist, und ich hab' nur gern, was schön ist? Wer hat den Leuten eigentlich gesagt, daß sie das Schöne gern haben sollen?«

So plauderte Jurka, während er seine nackten Beinchen in der Luft hin und her pendeln ließ. Da ertönte die Glocke, und ich mußte ins Geschäft zurück.

Als ich zu ihm zurückkehrte, saß er im Bette aufrecht und hatte seine mageren Kniechen mit seinen Ärmchen umfangen, wobei er, nachdenklich dreinblickend, seine philosophischen Gespräche fortsetzte.

»Warum träumen die Leute eigentlich? Ich habe heute im Traume nur einen Apfel gesehen, sonst nichts. Du hast sicher wieder Rußland gesehen, nicht wahr?«

Und plötzlich ganz traurig werdend, fügte er langsam hinzu:

»Werden wir denn jetzt immer in Österreich bleiben? Werden wir Großvater, Großmutter und Tomka nie mehr wiedersehen? Und Irina auch nicht? Weißt du, Mamotschka, was ich mir ausgedacht habe? Wir fahren mit dem Aeroplan nach Rußland; wenn man in der Luft fliegt, braucht man denn da auch ein Visum?«

»Natürlich braucht man da auch ein Visum!« antwortete ich.
»Nun, da fahren wir eben mit einem Boot oder mit einem Dampfschiff!«
»Du weißt doch, daß wir nicht nach Rußland fahren können!« gab ich zur Antwort, während ich ihm die Milch reichte. »Zieh dich an und sprich keine Dummheiten!«
»Weißt du, Mama, wenn sie uns schon aus Rußland verjagt haben, so werde ich absichtlich gleich ganz groß werden und die russische Sprache gleich auf einmal vergessen!«
»Du kannst die russische Sprache nicht vergessen, weil deine Mutter eine Russin ist!« flüsterte ich ihm zu, während ich ihm beim Ankleiden behilflich war.
»Nein, ich will nicht mehr Russe sein! Ich will ein Deutscher sein!« sagte Jurka mit weinerlicher Stimme. »Bei mir ist nur mehr die große Zehe russisch, alles andere ist schon deutsch!«
Wieder betritt jemand den Laden, und ich muß lange anhören, welche Methode irgendeine Frau Wiskotschyl beim Waschen anwendet, welch wundervolle Weiße sie bei ihrer Wäsche erreicht und wie die Hausmeisterin schon des öfteren versucht hat, ihr die Freude am Leben zu vergällen, was sie sich aber nicht gefallen ließ. Wie ich wieder zum Bübchen zurückkehre, sitzt er noch immer aufrecht im Bette; die Milch ist längst kalt geworden. Mit großer Mühe schlüpft er in sein Jäckchen und brummt dabei: »Aber dieses Röckchen ist mir ja um ein halbes Jahr zu klein! Bekomme ich etwas Süßes?« sagt er nach einer Weile. »Ach ich habe solche Lust nach etwas Süßem, daß sich mir die Zunge im Munde herumdreht! Was für ein grausiges Wort ist das: nichts Süßes... Ach, wenn ich ein Biskuit in der Hand hätte, da würde ich sicher vor Glück weinen. Erinnerst du dich, Mama, wie mir die Frau Doktor Walter eine Schachtel Katzenzungen geschenkt hat? Ich habe ganz genau gesehen, daß ich sie gegessen habe!... Jetzt haben uns die Bolschewiken verjagt und wir haben die süßen Sachen im Geschäft nur dazu, daß wir sie anschauen können. Ich werde mir ausdenken, wie wir Geld bekommen können. Uns geht es nur deshalb so schlecht, weil wir viel zu wenig Geld haben!«
Nach dem Frühstück steckt er den Kopf bei der Tür heraus, die zum Laden führt, und nachdem er sich vergewissert, daß niemand da ist, flüstert er mir erregt zu:
»Ich habe mir schon ausgedacht, wie wir viel Geld verdienen können. Der Vater soll den ganzen Tag auf der Tramway fahren; er gibt da immer für die Fahrkarte bloß eine Münze, und sie geben ihm dafür eine ganze Menge. Da braucht er nur einige Tage herumzufahren und wir haben genug Geld.«

Wieder betritt jemand den Laden, und wie der Wind läuft er ins Zimmer zurück, denn es ist ihm streng verboten, im Geschäft zu sein, wenn ein Kunde da ist. Kaum bin ich aber wieder allein, ist er schon da und spricht, mit demselben erregten Ton wie vorher:

»Ich habe mir noch eine neue Art ausgedacht. Wir brauchen nur abends auf die Straße zu gehen und suchen, was die Leute verloren haben. Ich leihe mir vom Karli die elektrische Taschenlampe aus und...«

Da ertönt von der Straße her das Quaken eines Frosches.

»Laß mich auf die Straße hinaus!« schreit da Jurka. »Hörst du, was für schöne Quakfrösche die Kinder haben? Sie drehen mir mit ihrem Quaken die ganze Seele um. Ich will so stark auf die Straße, daß mir der ganze Kopf zerspringt! In unserem Zimmer riecht es ohnehin so nach Verbranntem!«

»Auf der Gasse treiben sich immer so ungezogene Kinder herum, und vor den Automobilen habe ich auch Angst. Spiel lieber ein wenig mit dem Baukasten!« schlage ich ihm vor.

»Ach, du quälst mich immer so mit deinem Nicht-auf-die-Straße-Laufen! Ich habe doch hier viel zu wenig Luft, und Sonne brauch' ich auch! Laß mich auf die Gasse oder ich lasse mich von dir scheiden!«

Jurka hüpft wie ein Gummiball, er wirft seine Arme herum wie eine Windmühle ihre Flügel, und dicke Tränen rollen ihm über die Wangen, während er spricht:

»Warum hast du zuerst den Papa genommen und dann erst mich? Hättest du zuerst mich gefunden und dann erst den Vater, dann wäre ich jetzt auch groß, und ich könnte mit ihm gehen, wenn er fortgeht!«

Da wirft er sich mir in die Arme und sagt:

»Ach, Mamotschka, wenn du wüßtest, wie schlecht es mir geht! Laß mich doch auf die Straße!«

Nun ertönt von draußen her ein lautes Heulen, von irgendeinem Jungen. Jurka stürzt zur Tür hinaus, ohne meine Erlaubnis abzuwarten, und er ruft mir von der Schwelle zu:

»Sofort bin ich wieder hier. Ich muß nur nachsehen, welchen Buben sie dort erschlagen!«

Im Zimmer ist es still. Die Türglocke ertönt. Ich habe keine Zeit mehr, niederzuschreiben, wie traurig es mir zumute ist, wenn ich so die altklugen Redereien meines Bübleins anhören muß.

Es vergeht eine Stunde, eine zweite. Wo ist das Bübchen, was ist mit ihm los? Auf der Straße fährt ein Lastauto vorbei. Wieder eines. Meine Angst wächst...

Jurka ist zurückgekehrt. Seine bleichen Wangen sind vom Laufen rot geworden, er setzt sich auf eine Kiste und beginnt aus seiner Tasche die Schätze hervorzuziehen, die er inzwischen erworben.

»Mama, wenn dem Vater die Hosenträger zerreißen, kannst du sie mit diesem Gummistück flicken. Da ersparst du Geld... Und da habe ich einen Zentimeter, das heißt, eigentlich nur ein Stück. Ich bin sehr beleidigt auf den Menschen, der ihn verloren hat, er hätte schon den ganzen Zentimeter verlieren können und nicht bloß ein Stück! Übrigens, brauchst du beim Nähen unbedingt einen ganzen Zentimeter?«

Bevor ich noch antworten kann, zieht er schon etwas anderes aus der Tasche und erklärt mit wichtiger Miene:

»Siehst du, das ist eine Schraube. Ich mache aus ihr einen Radioapparat. Alle Leute haben einen Radioapparat, nur wir nicht. Ich mache ihn mir selbst; wenn es der Herr Meier zusammengebracht hat, warum soll ich es nicht fertigbringen?... Und weißt du, was ich da habe? Nein, da wirst du auf keinen Fall draufkommen, was da in dieser Zündholzschachtel ist! Da ist eine Fliege drin, eine echte, eine lebendige. Willi hat sie mir eingetauscht gegen meine Lokomotive. Nicht wahr, das ist ein sehr guter Tausch?«

»Ach, Jurka, du bist ja ganz verrückt! Kann man denn eine so schöne Lokomotive, die dir Familie Dr. Walter geschenkt hat, gegen eine Fliege eintauschen?«

»O weh, o weh, die Fliege ist ja tot! Mir scheint, da hat mich Willi betrogen. Er hat mir eine kranke Fliege angehängt, und jetzt ist sie gestorben!«

»Jurka, ich habe dir schon so oft gesagt, daß du mit Willi nicht spielen sollst, er ist ein recht schlechter Knabe! Du sollst nur mit den Kindern spielen, mit denen ich es dir gestatte!«

»Ach, Mamotschka, du kannst mir Kinder aussuchen, welche du willst, nur eines bitte ich dich, den Willi mußt du mir lassen, weil er so viele verschiedene Gesichter schneiden kann, und dann auch den Fritzi, der mich gestern so geschlagen hat! Die anderen kannst du dir von mir aus behalten!«

Da kommt eine neue Kundschaft und Jurka stürzt wie der Blitz ins Zimmer. Von Zeit zu Zeit steckt er den Kopf heraus, und nachdem der Käufer, ein kleiner Junge, fortgegangen war, erklärte er:

»Ich habe die ganze Zeit aufgepaßt, aber der Rudi hat doch etwas gestohlen, wie du nicht hingeschaut hast, ich glaube, eine Zündholzschachtel!«

»Jurka, was ist denn mit dir?« frage ich ihn, da er mit einer Leichenbittermiene von der Gasse ins Geschäft kommt und sich auf seine Lieblingskiste setzt, ohne ein Wort zu sprechen, was ganz gegen seine Gewohnheit ist.

»Ach, eigentlich nichts. Weißt du, mich haben der Willi und der Fritz eingeladen, den Korb mit den Orangen umzuwerfen, der vor dem Geschäft des Herrn Zirner steht. Sie haben gesagt, wenn die Orangen herausfallen, werden sie sie sammeln und mir auch etwas davon geben. Ich habe gesagt, ich muß erst dich fragen, aber sie haben gesagt, wenn ich dich frage, so bekomme ich von jedem von ihnen eine Watsche, und von dir, haben sie gesagt, bekomme ich ohnehin auch eine. Ist es wahr, daß du mir deshalb eine Watsche geben wirst? Ich sagte ihnen, du tust mich nie schlagen!«
»Du bleibst zu Hause und wirst überhaupt nicht mehr auf die Gasse gehen!« antworte ich streng.
»Ach, Mamotschka, wenn du wüßtest, wie unglücklich ich bin! Alle anderen Buben dürfen raufen und schlimm sein und nur ich soll brav sein. Warum dürfen alle anderen schimpfen und den ganzen Tag auf der Gasse herumlaufen? Ach, warum bin ich kein Gassenbub, warum muß ich immer an dich denken, wenn ich auf der Gasse bin? Mama, kommen die Gassenbuben schon so auf die Welt oder werden sie es erst später?«
Wieder tritt ein Kunde ein, und bevor ich noch etwas sagen kann, ist Jurka schon wieder auf der Gasse, die gute Gelegenheit benützend. Nach einiger Zeit kehrt er zurück, setzt sich wieder auf seine Kiste und schweigt. Die Wangen glühen, die Augen sind voll Tränen und er stöhnt vor Schmerz. Aber er sagt kein Wort. Ich sehe sofort, daß ihn jemand ordentlich durchgeprügelt hat, aber ich habe so viel zu tun, daß ich mich nicht um ihn kümmern kann. In wenigen Minuten müssen schon die Arbeiterinnen aus der Radiofabrik da sein.
Da beginnt endlich Jurka zu sprechen:
»Die Mitzi, die mit dem langen Hals, die hat mich gleichzeitig auf alle Wangen geschlagen, und ein ganz unbekannter Bub, der hat mir noch gleichzeitig ins Gesicht gespuckt. Ich werde die Mitzi auf Ehrenbeleidigung klagen, und da werden sie ihr ihren Luftballon und ihr Automobil pfänden!«
»Du hast ihr wahrscheinlich etwas getan?«
»Warum schreien die Mädel auch, wenn man ihnen ein Haar ausreißt, noch dazu bloß ein einziges? Und die Mitzi ist ein Mädchen; die Mädchen kann ich überhaupt nicht ausstehen. Willi sagt immer, daß man alle Mädchen prügeln muß.«
Da öffnet sich die Tür und herein tritt die weinende Mitzi.
»Der Jurka gibt mir keine Ruh'!« klagt sie.
Ich gebe ihr ein Bonbon und sie geht beruhigt wieder hinaus.

»Nicht eine Ruh' hab' ich ihr gegeben, sondern hundert Ruhen! Die Mitzi hat übrigens gar kein Gesicht, sondern bloß eine Schnauze. Wenn sie groß sein wird und ich auch erwachsen sein werde, dann werde ich ihr schon sagen, daß sie eine dumme Gans ist!«

»Jurka, Jurka, wenn du nur wüßtest, wie weh du mir tust mit deinen gemeinen Reden!« sage ich bekümmert.

»Ach, Mamotschka«, beruhigt mich Jurka, »ich gehe jetzt ins Zimmer und werde dort ganz ruhig sitzen. Es ist mir sowieso schon zuwider, Gassenbub zu sein. Ich werde wieder anständig werden.«

Er geht ins Zimmer. – Mittagspause, die schwerste Zeit für mich, in der das ganze Geschäft voll ist von Leuten, die alle etwas zum Essen verlangen und alle in höchster Eile bedient werden wollen. Als ich nachher wieder ins Zimmer trete, sitzt Jurka beim Fenster, wo es noch halbwegs licht ist, und schreibt. Eine lange Reihe von Worten, von rechts nach links geschrieben. Er schreibt mit der linken Hand und hat, noch in Rußland, eigentlich ganz selbständig, die Kunst des Schreibens erlernt.

»Ich verfasse ein russisch-deutsches Wörterbuch«, sagte er mit wichtiger Miene. »Ich werde die Kinder dann unterrichten, damit sie auch Russisch sprechen können.«

Beim Anblick der langen Reihe russischer und deutscher Wörter, die er bereits zusammengestellt, muß ich unwillkürlich lächeln. Recht rührende Fehler sind natürlich drinnen, aber für einen viereinhalbjährigen Buben ist das wohl schon eine Leistung. Werden diese schweren Zeiten nicht das verschütten, was in ihm an Gutem und Höherem ruht? Wird nicht die Gasse den Sieg davontragen, mit all den niedrigen Einflüssen, gegen die ich ihn jetzt nicht zu schützen vermag?

Ich kehre wieder in das Geschäft zurück und kümmere mich weiter nicht um Jurka. Nach einer halben Stunde kommt er wieder herein, aber von der Gasse her, und noch an der Schwelle stehend, brüllt er einem Knaben zu:

»Wann i mein Vater sag, reißt er dich dein Schädel ab!« Er ist feuerrot vor Zorn, seine Wange ist voll Blut, von seinen Fingern tropft Blut.

»Wo hast du dich denn verletzt?« frage ich erschrocken.

»Ach, damit bin ich wahrscheinlich schon auf die Welt gekommen! Das sieht nur so aus wie Blut, aber das ist vergangenes Blut... Mama, haben denn die Hunde ein Recht, Kindern in die Hände zu beißen? Und hat der Willi ein Recht, mir einen Stein ins Gesicht zu werfen?«

Der Finger wird verbunden, Jurka beginnt wieder an seinem Wörterbuch zu arbeiten. Von Zeit zu Zeit hebt er sein zerkratztes Gesicht zu mir empor und stellt mir Fragen. Seine Fragen sind immer endlos.

»Wenn man einem Pferd die Hufe ausreißt, wachsen die dann nach oder nicht? Essen die Krokodile Pferde oder nicht? Und welches ist die rassigste Farbe bei einem Pferd?...«

So würde es weitergehen, aber da hebt sich vor dem Geschäft ein Geschrei, Kinder und Erwachsene laufen zusammen. Jurka gerät in unbeschreibliche Erregung:

»Ach, Mamotschka, dort ist etwas los! Da ist wahrscheinlich wieder dieselbe Frau gestorben, die sie neulich begraben haben! Ach, komm doch, da müssen wir zuschauen! Es ist so unanständig, zu Hause zu sitzen, wenn irgendwo etwas los ist!«

Bevor ich es ihm noch verbieten kann, ist er schon bei der Türe draußen.

»Ach, Mamotschka«, teilt er mir mit, nachdem er einige Minuten nachher voller Aufregung zurückgekehrt, »bei dem Herrn, der beim Hausmeister wohnt, sind aus der Hose zwei weiße Linien herausgehängt, und da ist der Willi draufgetreten und der Herr ist hingefallen, aber nicht ganz, nur beinahe. Er hat gerade die Tür mit einer Bürste gewaschen, und da hat er sich auf den Willi plötzlich so beleidigt, daß er ihn gepackt und ihm das ganze Gesicht mit der Bürste eingerieben hat. Da war Willi so beleidigt, daß er zu seiner eigenen Mutter gelaufen ist. Aber die eigene Mutter vom Willi hat ihm so viele Watschen gegeben, daß mir schwindlig geworden ist.«

Ich habe keine Zeit, sein Geplapper weiter anzuhören, ich muß Torten aus der Konditorei holen. Wie ich zurückkehre, sitzt Jurka auf dem Bett und hat einen langen Regenwurm in der Hand, den er gerade küßt.

»Ach, Mamotschka«, sagte er, »ich will diesen Regenwurm zu mir nehmen. Er ist so rührend, ich will ihn aufziehen! Ich habe ja kein einziges Tierchen. Ich werde ihn schon gut füttern; aber wo ist denn sein Mund? Er hat gar keinen Mund! Ach, das ist wahrscheinlich überhaupt kein Regenwurm, sondern eine Regenschlange!«

»Trage ihn sofort auf die Gasse! Das würde gerade noch fehlen, Regenwürmer im Zimmer!«

Traurig trägt er seinen Schatz hinaus und kehrt mit einem langen, schmutzigen Faden zurück, den er mir auf den Ladentisch legt.

»Schau, Mama, wie dir dein Kind hilft, Geld zu ersparen! Ich werde dir alle Fäden bringen, die ich finde, dann brauchst du dir keinen Zwirn zu kaufen!«

Die Zeit vergeht. Ein Käufer kommt nach dem andern; besonders ermüden mich die Kinder, die um zwei, drei Groschen Zuckerln kaufen und dabei eine halbe Stunde im Geschäft verweilen. Aber wo ist Jurka? Ich gehe ins Zimmer, leer. Einige Minuten warte ich noch, dann halte ich

es nicht mehr aus; ich hänge einen Zettel an die Tür mit der Aufschrift: »Komme gleich!« und begebe mich auf die Suche.
Die breite Straße ist voll von Kindern und Weibern. Besonders charakteristisch für diese Straßen in den Wiener Arbeitervierteln sind die verschiedenfarbigen Federbetten, die beinahe aus jedem Fenster hängen, und die Frauen, die an den Fensterbrettern lehnen und sich gegenseitig lange Gespräche über die Gasse zuschreien. Überall schlendern Arbeitslose herum, eifrig debattierend.
Jurka ist nirgends zu sehen. Ich biege in die nächste Quergasse ein; auch dort ist er nicht. Ich kehre zurück, befrage die Kinder nach ihm, niemand weiß etwas. Was ist mit ihm geschehen?
Ich biege in die Hauptstraße ein, durch die die Straßenbahnlinie fährt. Dort wird ein großer Bau aufgeführt, der Jurka ganz besonders interessiert; auch Willis Vater arbeitet dort. Da erblicke ich auch schon Jurka neben einem Maurer, die Hände in den Hosentaschen, in angeregter Unterhaltung mit ihm begriffen. Wie er mich erblickt, bemüht er sich, ein möglichst gleichgültiges Gesicht zu machen, und sagt in überlegenem Tone:
»Glaubst du denn wirklich, ich bin so gutmütig, daß ich dir folgen werde? Ich habe schon von Willi gelernt, nicht zu folgen! Ich werde jetzt schon mein ganzes Leben ein Gassenbub bleiben!«
Schweigend nehme ich ihn bei der Hand und führe ihn heim. Daß ich nicht spreche, verwirrt ihn; er murmelt etwas und bemüht sich dann, seine Hand aus meiner zu befreien.
»Überhaupt«, sagt er, »Ich werde jetzt nicht mehr ›Bitte‹ und ›Danke‹ und ›Küß die Hand‹ sagen; so sagen nur die wohlerzogenen Kinder, und ich bin ein Gassenbub, bei mir ist höchstens das linke Ohr wohlerzogen, nicht mehr. Zum Teufel mit den wohlerzogenen Worten!«
»Mach die Tür zu und bleib im Zimmer!« sage ich streng.
»Mama, in diesem Tone darfst du mit mir nicht sprechen! Wenn du willst, daß etwas geschieht, dann tu es selber!«
Er ahmt Willi nach, aber seine Stimme klingt dabei unsicher. Ich sitze ruhig da und entgegne kein Wort. Ich bin so müde heute; es gab so viel zu tun, und dann diese ewige Aufregung mit Jurka!
»Ich kann es nicht leiden, wenn jemand auf mich zornig ist.« In seiner Stimme zittern bereits Tränen. »Mamotschka, ich folge dir ja nur in kleinen Sachen nicht: da solltest du nicht zornig sein auf mich!«
Ich schweige wieder; da wirft er sich mir in die Arme und weint:
»Ach, Mamotschka, warum hast du dir so einen Schmarrn wie mich gekauft? Hast du denn nicht gleich gesehen beim Einkaufen, was für

ein Schmarrn ich bin? Waren denn wirklich keine besseren Kinder da?... Ach, Mamotschka, sei nicht bös auf mich, sonst zerfalle ich in lauter kleine Stückchen vor Kummer. Mamotschka, geht das nicht, daß man es irgendwie macht, daß die Worte, die ich da zuerst gesagt habe, nicht gelten? Sei ruhig, ich werde heute nicht mehr auf die Gasse gehen.«
Und wirklich, er sitzt im halbdunklen Zimmer und veranstaltet dort ein Kino für die tote Fliege und verfertigt dann, wie er sich ausdrückt, eine möglichst unverständliche elektrische Maschine.
»Mama, kann man nicht einen Hund aus dem Kehricht machen, ich möchte so gern ein Hündchen haben.«
Ich gebe keine Antwort und beginne ein russisches Lied vor mich hinzusummen. Da sagt Jurka:
»Mama, bitte, sing nicht! Du singst immer so ein Drama und da muß ich weinen! Schau lieber, wie schön ich dir den Fußboden im Zimmer wasche!«
Dabei spuckt er auf ein Stück Löschpapier, mit dem er eifrig den Fußboden reibt.
Abend. Ich bringe Jurka ein Stück Butterbrot und ein Glas Milch zum Tisch. Er sitzt und schreibt: ›Mir, Jurka, ist es notwendig, daß ich eilig nach Rußland fahre. Das habe ich geschrieben, Jurka.‹
»Diesen Brief mußt du morgen nach Rußland schicken«, sagt er. »Mamotschka, wenn ich jetzt recht laut schreie, wird man das in Rußland hören oder nicht?«
Dann legt sich Jurka schlafen. Er macht sich selbst sein Bett zurecht. In die Mitte des engen, eisernen Bettes, wo wir alle drei schlafen, legt er seinen Mantel und sein kleines Kissen, das ihm noch in Rußland seine Großmutter geschenkt hatte, küßt es zärtlich und deckt sich mit einer kleinen Decke zu, die ihm auch seine Großmutter schenkte, wobei er mich ununterbrochen mit Fragen überschüttet, in der Art dieser zum Beispiel:
»Mama, und wann wird der Mensch wieder zurückbestattet, den sie heute begraben haben?«
So gern möchte ich jetzt bei meinem Büblein bleiben, es liebkosen und seine endlosen Fragen beantworten, aber gerade abends gibt es im Geschäft so viel zu tun. Nur hin und wieder kann ich ihm ein paar Sekunden widmen, und jedesmal, wenn ich ihm so einen kurzen Besuch abstatte, stellt er mir ein neues Problem zur Lösung:
»Sind die Kränze dazu da, damit die Gestorbenen auch etwas Schönes sehen? Warum gibt es keine Begräbnisse ohne Blumen? Fürchten sich die Pferde, wenn sie auf den Friedhof kommen? Und sind die Leichenwa-

genpferde schon so mit dem Pinsel auf dem Kopf auf die Welt gekommen oder hat man ihn ihnen erst später hineingesteckt? Mama, mir gefallen Begräbnisse so gut, sie sind so schön! Mama, braten die Krampusse die Kinder deshalb, weil es ihnen schädlich ist, rohe Kinder zu essen? Nicht wahr, die Krampusse, das sind so Gassenengel? Mama, wenn es einen Teufel auf der Welt gäbe, könnte er da einen Aeroplan zerbrechen oder nicht? Warum ist es bei den Teufeln in der Hölle finster? Können sie sich kein elektrisches Licht leisten? Warum haben Adam und Eva keinen Familiennamen? Kauf mir doch ein Fernrohr, ich möchte auf den Himmel schauen, damit ich Gott sehe! Hast du Gott schon gesehen? Wieso denn nicht? Wie er dich gemacht hat, mußt du ihn doch gesehen haben!? Haben die Engel Betten? Nein? Gott auch nicht? Und wie ist Gott in den Himmel geflogen, auf einem Aeroplan oder auf einem Zeppelin? Und wo kauft Gott das Essen ein? Ist im Himmel ein Markt? Und wie alt war ich, wie ich auf die Welt gekommen bin?«...

Seine Fragen werden immer leiser und leiser.

»Mamotschka!« ruft er mich dann noch einmal zu sich. »Du bist meine liebe, schöne, feine Mama, gib mir noch einen Kuß, ungeküßt kann ich nicht einschlafen!«

»Sofort, sofort komme ich zu dir, ich kann jetzt nicht fort, ich muß noch die saure Milch herrichten!« rufe ich ihm zurück.

Ich beeile mich; was hätte ich dafür gegeben, in dieser Minute bei meinem Jurka sein zu können! Als ich mich endlich freimachen kann, ist er schon eingeschlafen. Ungeküßt. Auf seinen Lippen schwebt ein Lächeln. Was mag es wohl im Traume sehen, das arme Kind? Ich küsse seine weißen, dünnen Ärmchen, sein blasses, zerkratztes Gesichtchen, und mein Herz zerspringt mir vor Weh bei dem Gedanken daran, daß es in unserer Welt immer solche armen Kinder geben wird, die ungeküßt einschlafen müssen, weil ihre Mutter keine Zeit für sie hat.

Habe ich von einer solchen Kindheit für dich geträumt, mein Jurka?

24. JUNI 1926.

Heute schrieb die Mutter, daß Tante Lisa unter entsetzlichen Qualen gestorben ist. Aber auch unsere Katze, mit der Tante Lisa in ihren letzten Tagen gespielt, ist von dieser furchtbaren Krankheit befallen worden. Nun müssen sich meine Eltern und alle Bewohner des Hauses Einspritzungen machen lassen, und das ist eine sehr langwierige und schmerzhafte Prozedur. Wie traurig muß es jetzt bei uns zu Hause aussehen!

6. JULI 1926.

»Ich meine, noch nie sind mir alle Männer so zuwider gewesen wie jetzt!« klagte mir heute Fräulein Fischer. »Nicht einmal anschauen mag ich sie, immer muß ich nur an meinen Walter denken. Und wenn ich mich von irgend jemandem anstecke, was wird dann? Gestern hat er mich küssen wollen, aber ich habe es ihm nicht erlaubt. Wenn wir uns verloben, habe ich ihm gesagt, dann erst. ›Nun, dann verloben wir uns halt‹, hat er gesagt. ›Ich sehe ja gleich, daß du ein anständiges Mädchen bist. Eine andere hätte sich gleich küssen lassen.‹ Sie können sich denken, Frau Wagner, wie mir da zumute war. Wie soll ich ihm alles erzählen? Was soll ich machen? Ich darf einfach am nächsten Sonntag nicht hingehen. Um jeden Preis will er zu mir kommen und mit meinem Vater sprechen.«

15. JULI 1926.

Ganz unerwartet sind Willi und Fred wieder am Horizonte aufgetaucht. Beide waren sie so von Wichtigkeit erfüllt, daß sie kaum sprachen. Mit ehrlicher Verwunderung blickte ich auf ihre dicken wohlgenährten Gesichter, die einen ganz anderen Ausdruck hatten als früher. Wie schnell doch der Mensch sein Aussehen zu seinen Gunsten ändern kann, wenn es ihm im Leben gut zu gehen beginnt!
»Haben Sie Bier?« fragte Willi.
»Nur in Flaschen«, antworte ich.
»Dann geben Sie, bitte, zwei Flaschen und zweimal ein Viertelkilo Schinken!«
Beide setzten sich hin und begannen zu trinken. An ihren Gesichtern sah man, daß sie bis zum Hals hinauf satt waren und daß es ihnen gerade zuwider war, den Schinken auch nur anzusehen.
»Geben Sie noch zwei Flaschen!« sagte Willi nach einer Weile. »Wissen Sie, in unserem Geschäft, da geht's nicht ohne Bier!«
»Nun, wie geht es Ihnen mit Ihrem Unternehmen?« erkundige ich mich teilnehmend.
»Großartig! Wir haben das Geschäft erweitert, haben die Preise erniedrigt und haben jetzt den dreifachen Umsatz wie früher. Trudi ist meine Braut und Fred mein Kompagnon. Das einzige Unangenehme ist nur, daß wir fürchterlich viel essen müssen, denn alles, was übrigbleibt, müssen wir

vertilgen. Wir verkaufen die besseren Stücke, und was übrigbleibt, das müssen eben wir aufessen. Die Hauptsache in einem Geschäft ist, es allen Kunden recht zu machen. Die Leute sind von mir und Fred direkt entzückt!«

»Ja«, warf ich zweifelnd ein, »aber wenn Sie immer nur an den Vorteil Ihrer Kunden denken, werden Sie da nicht ›hinunterschwimmen‹, wie man hier in Wien sagt? Haben Sie schon eine richtige Bilanz aufgestellt?«

»Vorläufig eigentlich noch nicht. Ich habe darauf bestanden, daß Trudi ihr ganzes Kapital hineinsteckt. Wer nicht wagt, gewinnt nichts. Wir haben jetzt soviel investiert, daß man eigentlich noch gar nicht recht sagen kann, wie sich das auswirkt. Aber das sieht jeder sofort, daß das Geschäft geradezu glänzend geht.«

»Aber«, sagte ich erschrocken, »da verkaufen Sie einfach mit Verlust!«

»Ach«, tröstete mich Willi, »selbst wenn wir in der ersten Zeit ohne Gewinn verkaufen, so hat das nichts zu sagen. Wir ziehen die ganze Kundschaft an uns und dann können wir ja die Preise erhöhen!«

»Und dann werden die Käufer von Ihnen wieder weggehen, zu den anderen«, warf ich ein.

»Ach, sie werden nicht davonlaufen. Warum sollten sie auch davonlaufen?« sagte Willi, und man hörte in seiner Stimme eine gewisse Bangigkeit durchklingen.

Fred war die ganze Zeit über still dagesessen und hatte sein Bier getrunken. Sein Gesicht war dick geworden wie das einer Bulldogge, und er machte den Eindruck, als ob sich sein Gehirn so mit Fett belegt habe, daß er überhaupt nicht mehr denken konnte.

14. AUGUST 1926.

Otmar kam heute ganz still und traurig aus der Stadt zurück. Während ich im Geschäft stand, hörte ich ihn mit kurzen Schritten im Zimmer auf und ab gehen, endlos. Wie ein Gefangener im Kerker, dachte ich. Es bedrückte ihn etwas, das fühlte ich, aber ich konnte nicht zu ihm, denn ein Kunde kam nach dem andern.

Es ist merkwürdig, wie ich alles spüre, das ihn bewegt. Er braucht kein Wort zu sagen, sein Gesicht kann so frei von jedem Anzeichen eines Kummers sein, daß kein Mensch etwas davon bemerken würde, aber ich fühle es sofort, mein Herz ist gleich voll von seinem Erleben und, das ist das merkwürdigste, sofort schießt mir der Gedanke durch das Gehirn, ich müsse irgendwie schuld daran sein. Wenn nicht ich in sein

Leben getreten wäre, es würde anders gekommen sein, das sind die Worte, die mir da immer auf der Zunge schweben.

Die Schritte hatten aufgehört. Endlich konnte ich mich freimachen. Ich trat ins Zimmer und sah dort Otmar am Bette sitzen, ein aufgeschlagenes Buch auf den Knien. Sofort wußte ich, daß es sich um dieses Buch handle.

»Was ist das für ein Buch?« frage ich.

»Du weißt, ich habe schon seit langem eine Idee in mir reifen lassen. Wenn nicht unser Unglück gekommen wäre, mein Artikel wäre schon lange erschienen. Siehst du, hier dieselbe Idee, ausgearbeitet, von einem Universitätsprofessor. Er ist mir zuvorgekommen, denn er hat Ruhe und Zeit zum Arbeiten; das, was ich nicht habe und wohl auch nie mehr haben werde...!«

Dabei zeigte er mit dem Finger auf die Einleitung und ich war sofort orientiert. Ja, es genügt nicht, eine Idee zu haben; man muß auch die Möglichkeit besitzen, fleißig und systematisch zu arbeiten...

Nachts konnte Otmar lange nicht einschlafen, er wälzte sich unruhig im Bette hin und her.

»Otmar!« suchte ich ihn zu trösten. »Es wird die Zeit kommen, wo auch du wirst arbeiten können, wie du willst!«

»Die Zeit geht weiter!« antwortete Otmar. »Ich kann mich nicht auf dem laufenden halten, kann nicht die nötigen Bücher lesen, kann nicht die notwendigen Anregungen bekommen. Und so muß ich allmählich zurückbleiben, während die anderen vorwärtsschreiten...«

Endlich schlief Otmar ein. Ich aber schloß die ganze Nacht kein Auge. Mein Gott! Sollte es wirklich so sein, daß ich ihm mit meiner Liebe sein Leben verdorben habe?

27. SEPTEMBER 1926.

Es gelang mir heute auf dem Markt, sehr günstig Pflaumen einzukaufen. Ich hatte beobachtet, wie sie meine Konkurrenten verkauften, der eine zu zweiundzwanzig Groschen, der andere zu zwanzig Groschen das Viertelkilo. Ich beschloß, durch niedrigeren Preis einen besonders großen Umsatz herbeizuführen, und schrieb vierzehn Groschen an. Ich war überzeugt, ich würde die Pflaumen in einem Nu losgebracht haben, aber zu meiner größten Verwunderung blieben die Passanten zwar vor der Auslage stehen, blickten lange unentschieden von den Pflaumen zur Preistafel und von der Preistafel zu den Pflaumen, um dann endlich doch bei den Konkurrenten einzukaufen. Woran mochte das liegen? dachte ich verwundert.

Da trat ein Mann mit seiner Aktentasche ins Geschäft, besah sich meine Pflaumen lange von der Nähe und sagte endlich:
»Sie schauen ja recht gut aus, aber um den Preis können sie nichts wert sein.«
Er drehte sich um und ging hinaus.
Anfangs war ich sprachlos und wußte nicht, was ich tun sollte. Dann erhöhte ich den Preis von vierzehn auf neunzehn Groschen und in kurzer Zeit war beinahe mein ganzer Vorrat verkauft. Gegen Abend kam der Herr mit der Aktentasche wieder herein, um Brot zu kaufen, und als sein Blick wieder auf die Pflaumen fiel, sagte er:
»Nu, jetzt haben Sie ja bessere Pflaumen, geben Sie mir ein Kilo! Recht fein sehen sie aus, auch nicht schlechter als drüben beim Wotruba, und immerhin um einen Groschen billiger.«
Ich dachte lange über dieses Vorkommnis nach und kam zum Entschlusse, daß es sicher nicht leichter sei, ein guter Kaufmann zu sein, als ein gutes Buch zu schreiben.

29. SEPTEMBER 1926.

Irgendwo bei Dostojewskij sagt ein Held, daß jeder Mensch eine gewisse Atmosphäre braucht. Und gerade das ist's, es fehlt mir an Luft. Im Leben eines jeden Menschen gibt es schwere Minuten, und jetzt durchlebe ich solch schwere Minuten. Wie viele solcher stehen mir noch bevor? Ich weiß es nicht, aber das eine ist sicher, daß es ihrer noch viele, sehr viele sein werden. Das Traurigste ist, daß ich meinen Kummer niemandem zeigen darf, nicht nur meinen Kunden nicht, sondern auch nicht Otmar. Er kam gerade heute ganz mutlos heim und sagte, es wäre alles umsonst, es wäre unmöglich, bei der jetzigen Arbeitslosigkeit etwas zu finden, so daß es wohl unser Schicksal sei, unser ganzes Leben in diesem Geschäfte zuzubringen. Und wie könnte er ein solches Leben ertragen?
»Otmar«, sagte ich, ihn umarmend, »unser ganzes Leben steht noch vor uns, und es wird noch alles sehr, sehr gut werden. Du weißt, ich bin fest davon überzeugt, daß auch in unser Leben das Wunder kommen muß!«
Otmar blickte mich zornig an und sagte:
»Du ärgerst mich mit deinem Glauben an das Wunder. Nie wird ein Wunder kommen. Unser Leben ist verdorben und du hast bloß nicht die Kraft, dir dies einzugestehen.«

»Mein Leben ist so lange nicht zerbrochen, als ich es nicht selbst zerbreche«, gab ich mit fester Stimme zur Antwort. »So lange ich Kräfte habe und gesund bin, brauche ich nicht zu verzweifeln!«

»Du bist wie aus Stahl. Ich aber bin bloß ein Mensch...«, sprach Otmar mit Bitterkeit, wandte sich von mir und legte sich aufs Bett. Da kam gerade eine Kundin, so daß ich nicht zu ihm gehen konnte.

Es war die alte Frau Hofer, die mir nun lang und breit erklärte, niemand im ganzen Hause könne die Wäsche so rein und weiß waschen wie sie. Bevor sie noch zu Ende war, kamen wieder andere Frauen, jede sprach mit mir und – ein merkwürdiger Zufall – fast alle lobten ihre Waschkunst.

Ja, es ist ein schwerer Tag heute. Grau und dunstig, keine Sonne, weshalb auch niemand Gefrorenes kauft, das ganz zerrann. Der Salat verwelkte, die saure Milch blieb übrig, dafür ging mir der Käse aus und ich mußte ins Engrosgeschäft gehen. Otmar blieb einstweilen im Geschäft, Jurka nahm ich mit mir. Unterwegs bat er mich, mit ihm auf einige Minuten in den Park zu gehen. Was für ein Leben hat doch das arme Kind! Den ganzen Tag sitzt es im halbdunklen Zimmer, es auf die Straße zu lassen, fürchte ich mich. Wie Jurka im Park lebendig wurde, wie er herumlief und mit welcher Begeisterung er am Sandplatz spielte! Ich erinnerte mich daran, wie er heute, nachdem ich ihm verboten, auf die Gasse zu gehen, sagte:

»Warum bist du so hart zu mir? Verstehst du denn nicht, daß ich Luft brauche?«

Ich wandte mich ab und wollte weinen. Aber merkwürdig, ich kann nicht weinen, und je schwerer es mir ist, desto unbeweglicher wird es in meinem Innern. Dabei habe ich manchmal das Gefühl, es würde mich sehr interessieren, was das Leben mit mir noch vorhat. Ich stehe dabei sozusagen daneben und beobachte mich, wie ich auf die Schläge des Schicksals reagiere.

Mag Otmar nicht an das Wunder glauben; ich glaube daran, und ich werde weiterarbeiten, so, als ob alles auf der geraden Bahn ginge, als ob niemals etwas geschehen wäre, als ob ich genug von der Luft hätte, an der es Otmar und dem Kinde fehlt. Es ist wohl wahr, der Druck des grausamen Alltags will meine Flügel zerknittern, aber ich will alle meine Kräfte zusammennehmen, um ihnen ihre alte Schwungkraft zu erhalten, so, als ob ich genug Luft um mich hätte, so viel Luft, wie sie der blaue Himmel faßt.

Ich schreibe mein Tagebuch auf kleine, lose Fetzen Papier, auf solche Fragmente, wie die es sind, aus denen sich mein Leben zusammensetzt.

Hat es eigentlich einen Sinn, dieses ewige Niederschreiben? Ich weiß es nicht, aber es ist mir, als ob dies die Quelle wäre, aus der ich immer neue Kraft zu meinem Kampfe schöpfe.

30. SEPTEMBER 1926.

Ein Brief vom Vater.
»Wir haben von Dir, Alja, die Photographie erhalten. Lange haben wir sie angesehen und studiert. Nein, sie gefällt uns nicht. Du siehst auf ihr aus wie irgendeine ägyptische Königin und hast einen so merkwürdigen Gesichtsausdruck wie eine Sphinx; niemand kann es verstehen, was bei Dir in der Seele vorgeht. Es ist das Gesicht eines Menschen, der keinen Feiertag in seinem Leben hat. Ein Mensch ohne Feiertag im Leben! Das darf nicht sein! Ihr müßt Euch einen Feiertag machen, erfüllt mir diese Bitte. Wir schicken Euch ein wenig Geld. Ihr geht dann ins Kaffeehaus und frühstückt gut, dann besucht Ihr ein gutes Restaurant, bestellt Euch ein feines Mittagessen und trinkt dabei ein Gläschen Wein auf unsere Gesundheit; abends geht Ihr ins Theater. Mit einem Wort, bringt einmal ein wenig Abwechslung in Euer Leben! Macht das mir und der Mutter zuliebe und beschreibt uns dann ganz genau, wie Ihr das angestellt habt. Im menschlichen Leben muß es Feiertage geben, ohne sie muß der Mensch zugrunde gehen.
Macht alles, wie ich Euch gebeten, und vergeßt ja nicht, uns alles bis ins kleinste Detail zu schildern!«

1. OKTOBER 1926.

Ich habe immer Blumen im Geschäfte stehen. Ich kann nicht leben ohne Blumen, denn sie sind die Hoffnung. Ich weiß nicht, wo ich das gelesen habe, aber es ist wirklich so; sie sind für mich die Verkörperung des Lebens und der Hoffnung.
Heute habe ich aber mit meinen Blumen, wie man hier sagt, Pech gehabt. Am Markte sind heute unglaublich viele Chrysanthemen feilgeboten worden, weiße, rosa, gelbe. Ich kaufte mir einen Topf mit weißen Chrysanthemen, die ich schon zu Hause sehr geliebt habe. Ich trug meinen Schatz heim und stellte ihn auf ein Tischchen neben den Semmeln. Aber die Blumen machten auf meine Käufer einen ganz anderen Eindruck, als ich erwartet hatte.

»Ach, Chrysanthmen!« sagten die Käuferinnen, anscheinend unangenehm überrascht, beeilten sich mit ihren Einkäufen mehr als sonst und verließen das Geschäft, ohne auch nur ein Wort mit mir zu plaudern. Ich wußte nicht, was das bedeuten sollte, und wandte mich an die gutmütige Frau Bacher um Auskunft.

»Frau Wagner!« klärte sie mich auf, »Chrysanthemen sind Totenblumen. Die gehören in kein Geschäft!«

Natürlich trug ich sie sofort ins Zimmer, obwohl ich wußte, daß sie dort nicht lange existieren könnten, da sie dort zu wenig Licht haben würden.

Merkwürdig, wie verschieden sich die Leute den Blumen gegenüber verhalten! Bei uns sah man die Chrysantheme als eine der edelsten Blumen an, und wenn man jemandem zum Geburtstag oder zum Namenstag eine besondere Freude machen wollte, überreichte man ihm einen Strauß dieser wundervollen Blumen. Unseren Lehrerinnen im Gymnasium schenkten wir Chrysanthemen, wenn wir Gewicht darauf legten, ihre Gunst zu erkaufen. Und hier laufen die Leute davon, wenn sie Chrysanthemen sehen, weil sie ihnen das Symbol des Todes sind...

3. OKTOBER 1926.

Das Leben, das wir jetzt in Wien führen, erscheint mir auch deshalb so schwer zu ertragen, weil es mich ganz von der Natur losgerissen hat. Die Natur hat in meinem Leben immer eine ganz besonders große Rolle gespielt. Ich war es seit jeher gewohnt, in und mit der Natur zu leben, mit den Vorgängen in ihr. Wenn sie im Winter zum Schlaf erstarrte, wenn sie im Frühling zu neuem Leben erwachte, im Sommer die ganze Welt mit ihrer Überfülle erstickte und dann im Herbst sich wehmütig zum Sterben bereitete, immer habe ich mit ihr gefühlt, mich mit ihr gefreut, die Stimmung eines jeden Tages in mich aufzunehmen, ich war es gewohnt, den weiten Himmel über mir und den breiten Strom vor meinen Augen zu haben. Und ich bildete mir ein, die Stimme der Eiche von der der Birke unterscheiden zu können, ja, es schien mir, als ob jede Blume ihre eigene, mir ganz vertraute Melodie besäße... Und nun muß ich auf all das, das einen so wesentlichen Teil meines Ich ausgemacht, verzichten. Mir ist, als wäre ich in einen Kerker geworfen worden. Mein Weg auf den Markt, den ich täglich zurücklege, rechts und links die Häuser, die alle gleich aussehen, und über mir ein Streifen Himmel, der ebenso grau und sachlich scheint wie alle die engen, düsteren

Läden, das ist alles, was ich jetzt von der schönen, weiten Welt zu sehen bekomme. Und auch das nur in der Frühe, wenn noch die Morgendämmerung über den Häusermassen hängt. Den ganzen Tag aber muß ich im Geschäft zubringen. Ich habe es versucht, wenigstens ein bißchen von der Sonne zu erhaschen, indem ich mich, wenn gerade keine Kunden da waren, vor die Tür stellte. Aber die gute Frau Bacher schlug die Hände über dem Kopf zusammen, als sie mich so erblickte, und sagte: »Aber was tun Sie denn da, Frau Wagner! Wenn Sie so vor der Türe stehen, denken die Leute, Sie hätten nichts zu tun, weil das Geschäft schlecht geht!«

Und so bleibt mir nur das Stückchen Himmel, das mir durch den obersten Teil des Auslagefensters hereinleuchtet, durch die Milchflaschen hindurch. Ach, niemals habe ich gedacht, daß ich eine so unstillbare Sehnsucht nach der Natur hätte! Manchmal, wenn ich so irgendeinen der tausend Handgriffe mache, die jeden Tag getan werden müssen, dann ist es mir, als hörte ich irgendwo den Fluß rauschen, als vernähme ich den Duft des Waldes. Ich stelle mir eine Fichte oder eine Kiefer vor, ganz genau, in allen Kleinigkeiten, und höre das Rauschen ihrer Zweige. Oder die hohen, blauen Berge des Kaukasus, die weite Fläche des Meeres, an dem ich in meiner Jugend jedes Jahr einige Monate verbracht. Und da sehe ich dann vor meinen Augen den Untergang der Sonne, dieses dunkelviolette Glühen, das sich langsam, unmerklich in der Höhe des tiefblauen Firmamentes verliert. Oder ich denke an die Weide, unter der ich einst zu sitzen pflegte, während ich traumverloren in das stille, grüne Wasser des Teiches blickte. Ich weiß nicht, ob sie noch steht, diese Eibe; aber in meinem Herzen lebt sie, so klar, daß ich jeden Zweig, jede einzelne ihrer knorrigen Wurzeln zeichnen könnte.

Aber auch diese Bilder, die mir da vor die Augen treten, genügen nicht, um mich zu retten. Erst nachts wird meine Sehnsucht gestillt, wenn ich meinen Kopf an die Brust Otmars lege und langsam einschlummere. Dann scheint es mir, als ob ich erst jetzt erwachte, mit leisem Schritt, auf schwellendem Moose in das tiefe Grün des Waldes wandelnd... Ich weiß es, es ist dies nicht natürlich, ein Traum bleibt eben nur ein Traum. Aber ist es schließlich nicht ganz gleich, ob Traum oder Wirklichkeit? Wenn ich nur zu Hause sein kann, die reine, klare Luft einatmen und mich an dem Glanz der Sonne und am Rauschen der Blätter erfreuen darf!

Ich weiß nicht, ob es gut oder schlecht ist, aber ich lebe jetzt nur durch diese Träume. Wie gut, daß es wenigstens nicht in der Macht der Bolschewiken gelegen war, mir an der Grenze mit allem anderen auch die Fähigkeit zu konfiszieren, im Traume in Rußland zu sein! Nein, dies wenigstens mußte mir die GPU lassen! Das einzige, das mir von Rußland geblieben und das ich hüten will wie einen kostbaren Schatz!...

9. OKTOBER 1926.

Zu den pünktlichsten meiner Kunden, was das Zahlen anbelangt, gehört die Familie Menzl. Er ist arbeitslos und schwer tuberkulös, sie arbeitet in der Fabrik und erhält hundertzwanzig Schilling im Monat. Damit und mit der kleinen Arbeitslosenunterstützung, die er bezieht, muß die fünfköpfige Familie leben.

Die Menzl kaufen bei mir »aufs Büchel« ein, aber sie zahlen genau jeden Samstag. Der Vater selbst sorgt dafür; Punkt drei Uhr kommt er jeden Samstag mit dem Geld, obwohl er schon so schwach ist, daß er sich kaum auf den Beinen halten kann. Sein Gesicht hat eine grüngelbe Farbe und er ist so entsetzlich mager, daß ich immer das Gefühl habe, jetzt, jetzt muß ihm ein Arm oder ein Bein zerbrechen. Heute blieb er länger als gewöhnlich bei mir.

»Wenn Sie wüßten, welche Sorge ich habe wegen meiner Familie! Was soll aus ihnen werden, wenn ich sterbe?« sagte er. »Wenn ich von irgendwoher so vierzig oder fünfzig Millionen[1] bekommen könnte, um eine kleine Konditorei oder einen Milchladen aufzumachen, da würde die Familie wenigstens halbwegs versorgt sein. Aber woher so viel Geld nehmen?«

Kurze Zeit, nachdem er fort war, kam die Mutter Menzl, eine lebhafte, sympathische, verhältnismäßig noch recht hübsche Frau.

»Meinem Mann ist wieder Blut aus der Brust gekommen«, klagte sie. »Der Doktor sagt, er habe höchstens noch einige Wochen zu leben. Was soll dann aus uns werden? Wenn wir doch fünfzig Millionen hätten, wir könnten dann wenigstens ein Geschäft aufmachen und wären versorgt!«

Ihre Augen leuchteten wie im Fieber, und zu mir über den Ladentisch gebeugt, fuhr sie mit leiser Stimme fort:

»Gestern habe ich in der Zeitung gelesen, daß in einer Fabrik einem Arbeiter die linke Hand weggerissen wurde und daß er dafür fünftausend Schilling Entschädigung erhalten hat. Ach, mit Freuden würde ich meine beiden Hände hergeben, wenn ich fünftausend Schilling dafür bekäme!

[1] 1 Million = 100 Schilling.

Meine beiden Älteren könnten verkaufen und ich würde mich um alles im Geschäfte kümmern.«

Noch lange unterhielt sich Frau Menzl mit mir und fragte mich bis in kleinste über alles aus, was das Geschäft betrifft. Ich fühlte, daß der Gedanke, ihre Hand gegen fünftausend Schilling zu opfern, von ihr bereits ganz Besitz erfaßt hatte.

»Wie ist es übrigens«, fragte ich, »wenn jemand zum Beispiel die Hand verliert und es stellt sich heraus, daß eigene Unvorsichtigkeit oder gar Absicht daran schuld war?«

»Dann«, sagte sie, »dann..., ja dann bekommt man freilich nichts!«

15. OKTOBER 1926.

Heute war wieder Sserafima Andrejewna (so heißt meine Russin) bei mir. Sie kam zwar gerade vom Zahnarzt und hatte heftige Zahnschmerzen, ließ sich aber doch bewegen, mir die Geschichte von ihrem Nikolaj zu Ende zu erzählen.

»Erinnern Sie sich vielleicht an eine Stelle bei Tschechow?« begann sie. »Es heißt da ungefähr so: Jedem Mädchen wird ein Unglücklicher lieber sein als ein Glücklicher, weil jede ihre Liebe in Tat umsetzen will. Die Männer sind vor allem mit ihren Angelegenheiten beschäftigt, weshalb bei ihnen die Liebe erst an dritter Stelle kommt. Ein bißchen mit der Frau sprechen, mit ihr ein wenig spazierengehen, auf ihrem Grabe ein bißchen weinen, das ist alles. Bei uns aber ist die Liebe das ganze Leben. Ich liebe dich, das heißt bei uns, ich träume davon, wie ich dich von allem Weh und von allen Sorgen heile, daß ich mit dir bis ans Ende der Welt gehe... Du auf den Berg, ich auf den Berg; du in die Tiefe hinab, ich in die Tiefe... Und je beschwerlicher der Weg, desto besser, denn da ist die Liebe besser, sie wird noch mehr gefühlt...

Ja, ich habe Ihnen erzählt, wie ich meinen Nikolaj am Bahnhof in Tomsk aufgefunden habe. Sie können sich denken, wie ich da wieder auflebte! Ich brachte ihn in unsere Wohnung, daß heißt in das kleine Zimmer, in dem ich mit meinen Eltern wohnte. Ich gab ihm mein Bett, ich teilte mit ihm mein Essen, ich wandte kein Auge von ihm. Und gleich am ersten Abend sagte er mir, er habe mich all diese drei Jahre geliebt, über alles, er könne nicht leben ohne mich, wir müßten heiraten. Ich sprach mit den Eltern daüber. Sie verhielten sich ziemlich skeptisch, denn der Gedanke an eine Heirat, mitten in der Flucht, im Hunger, in der Angst vor den Roten, das erschien ihnen wie eine phantastische Narrheit.

Wir aber waren glücklich. Wir sprachen wenig, doch wir blickten uns stundenlang in die Augen. Ich tat alles für ihn, was ich nur konnte. Als mein Vater sah, daß ich für Nikolaj die Wäsche wusch, geriet er in helle Wut darüber, daß ich mich für einen Studenten so erniedrigte. Aber mein Glück dauerte nicht lange. Nikolaj fiel auf einmal in eine abnorme Schwäche, dann bekam er Fieber, das bald über vierzig Grad stieg, und binnen kurzem stand es fest, daß er an Flecktyphus erkrankt sei. Die meisten Flüchtlinge hatten damals mit dieser fürchterlichen Krankheit schon zu tun gehabt, aber gerade unsere Familie war bisher gänzlich verschont geblieben. Meine Eltern waren daher ganz außer sich und machten mir die bittersten Vorwürfe, daß ich sie dieser Gefahr ausgesetzt. Der Vater veranlaßte sofort, daß Nikolaj in ein Spital übergeführt wurde.
Ich kannte aber nichts als den einen Gedanken: Du mußt Nikolaj retten! Ich begab mich in den Typhuspavillon und bat um die Erlaubnis, Nikolaj pflegen zu dürfen. Natürlich gestattete man mir dies nicht, da ich ja selbst noch nicht immun war. Da wandte ich mich an den Chefarzt, einen guten Bekannten unserer Familie. Ich werde diesen Besuch bei ihm nie vergessen. Er amtierte in einem riesigen, fast vollständig leeren Zimmer, in dessen Mitte ein eisernes, mit einer schmutzigen grauen Decke bedecktes Bett stand. Neben dem Bette, auf dem der Doktor saß, befand sich ein dreibeiniger Stuhl, auf dem ein Haufen unglaublich schmutziger Wäsche herumlag, und in einer Ecke schwammen in einer großen Tasse unzählige Zigarettenstummel im Wasser. Der Doktor selbst machte einen verwahrlosten Eindruck, alles an ihm war verschmiert, zerfetzt, zerzaust. Nachdem er meine Bitte angehört und mich lange vom Kopf bis zu den Füßen gemustert, sagte er:
›Mein liebes Fräulein! Ihr Studentlein wird wahrscheinlich sterben, denn er hat den Typhus in schwerster Form. Außerdem ist er von einer Verwundung her noch sehr geschwächt. Das heißt also, Sie werden ihn ohnehin verlieren müssen. Aber selbst angenommen, er würde davonkommen, glauben Sie, er würde Ihren Opfermut richtig einschätzen? Ach, Sie kennen die Männer noch nicht, besonders aber solche, wie er einer ist! Ein Waschlappen, ein kapriziöser Tränenheld ist er! Für die ganze Menscheit leidet er und seine Umgebung bringt er zur Verzweiflung! In den zwei Tagen, die er hier ist, hat er uns schon mehr Unannehmlichkeiten bereitet als alle anderen zusammengenommen. Nichts ist ihm recht, über alles beklagt er sich. Freilich, die meisten Patienten haben sehr schlechte Aussichten. Aber die anderen sterben schweigend, während er über alle und über alles dabei schimpft! Und wissen Sie, was mich bei ihm am meisten

empört? Mit aller Gewalt will er haben, ich solle Ihnen gestatten, ihn zu pflegen. Ich habe ihm klargemacht, daß das für Sie den sicheren Tod bedeute. Aber glauben Sie, das hätte ihn umgestimmt? Er will Sie jetzt haben und alles andere ist ihm vollständig gleichgültig...

Eines möchte ich von Ihnen wissen, mein Fräulein: Was ist denn das für eine Mode: solange einer gesund, kräftig und guter Dinge ist, da beachtet ihr Frauen ihn nicht; wie er aber nur die schiefe Ebene betritt, wie er den armen Lazarus zu spielen beginnt, da hängt ihr ihm euch alle an den Hals! Ist es denn schlechter, die Frau eines gesunden, tapferen Menschen zu sein, als irgendeiner Tränenkiste anzugehören! Sagen Sie mir, bitte, warum sich in mich niemand verliebt? Ich klage und jammere nicht, ich erfülle ehrlich meine Pflicht, ich singe den Frauen nicht allerhand Lieder über Weltprobleme vor, und das Resultat ist, daß sich niemand für mich interessiert... Pfeifen Sie auf Ihren Studenten, gehen Sie heim und schlafen Sie sich ruhig aus.‹

Ich befolgte aber seinen Rat nicht. Ich begab mich wieder ins Spital und bettelte die Schwester so lange an, bis sie mir den Eintritt in das Zimmer gestattete, in dem er auf einem Strohsack lag. Noch einmal bat er mich, bei ihm zu bleiben, und sprach mir von seiner Liebe... Aber das Schicksal war gegen mich. Man wies mich bald aus dem Spital hinaus und ich mußte heimkehren. Zu Hause begegneten mir alle mit eisigem Schweigen, und als ich Miene machte, mich zum Tisch zu setzen, fragte mich die Mutter:

›Du warst bei ihm im Krankenhaus?‹

Als ich ihre Frage bejahte, sagte sie, ich würde alle anstecken, und bedeutete mir, ich solle mich fortscheren, dorthin, von woher ich gekommen sei.

Das traf mich unerwartet. Langsam ging ich hinaus und nahm den Weg zum Bahnhof. Ich wußte nicht, wohin ich sollte, in der ganzen Stadt hatte ich ja niemanden. Die Angst um Nikolaj und meine Verlassenheit hatten meine Seele zu Stein gemacht. Ich setzte mich im Bahnhof auf den Boden, mitten unter die Hunderte von Menschen, die da fuhren, ohne zu wissen wohin, und die niemanden in der Welt hatten. So saß ich dort drei Tage und drei Nächte, ohne Nahrung, in dumpfem Hinbrüten. Nur ins Lazarett ging ich von Zeit zu Zeit, um mich zu erkundigen, wie es mit Nikolaj stehe. Die Nachrichten waren schlecht; er war fortwährend ohne Bewußtsein.

Am dritten Tage, als ich selbst schon fast ohne Besinnung auf den Fliesen des Bahnhofes hockte, fand mich dort mein Vater. Er hatte mich die ganze Zeit über gesucht, denn meine Eltern dachten natürlich nicht, daß ich sie wirklich verlassen würde. Der Vater gab mir sofort zu essen, und ohne ein Wort zu sprechen, führte er mich nach Hause. Man wusch mich, kleidete mich um und legte mich dann ins Bett. Ich schlief einen ganzen Tag und eine ganze Nacht, und als ich aufwachte, fühlte ich mich körperlich vollständig gesund, doch meine Seele war leer. Ich erwartete die Nachricht vom Tode Nikolajs. Aber er starb nicht. Durch irgendein Wunder wurde er gerettet und nach seiner Entlassung aus dem Spital nahmen ihn meine Eltern als ihren zukünftigen Schwiegersohn zu sich. Als er aber, noch ganz schwach, zu uns in die Stube trat und mich das erstemal sah, da mußte ich sofort erkennen, daß ich einen ganz andern Menschen vor mir hatte. Er grüßte mich wie eine gänzlich Unbekannte, hielt sich ein wenig ironisch, so wie er es sonst immer mit Frauen tat, kurz und gut, er hatte vollständig vergessen, daß er mich einmal geliebt.

Meine Eltern taten mir sofort ihre Verachtung kund, weil ich einen Menschen liebte, der offen seine Gleichgültigkeit zur Schau trägt. Ich begab mich zu dem Doktor, der damals Tschechow zitiert und mir vorausgesagt, ich würde kein Glück mit meinem Studenten erleben.

›Mein Eindruck ist‹, sagte er, ›daß er nach dem Flecktyphus sein Gedächtnis verloren hat. Nach so schweren Fällen werden viele wahnsinnig, viele verlieren aber auch das Gedächtnis.‹

›Und wird er sein Gedächtnis wiederbekommen?‹ fragte ich still, ohne Hoffnung.

›Das kann man nicht voraussagen. Vielleicht ja, vielleicht nein. Auf jeden Fall kann ich Ihnen nur raten, pfeifen Sie auf Ihren Nikolaj und suchen Sie sich einen starken, gesunden Menschen!‹«

18. OKTOBER 1926.

Heute hat sich in unserer Straße ein Ereignis zugetragen. Ich sah, wie die Leute rannten, aufgeregt die Köpfe bei den Fenstern herausstreckten, und glaubte, irgendein großes Unglück müsse geschehen sein. Ich fragte die »Unzufriedene«, die auch gerade vorbeilief, was denn los wäre. »Ach, welches Unglück!« antwortete sie, mit Tränen in den Augen. »Ein Spatz hat sich in der Dachrinne verfangen und das arme Tier kann nicht heraus. Jetzt haben sie die Feuerwehr verständigt; hoffentlich kommt sie nicht zu spät!«

Da öffnete sich die Tür, herein stürzte die Hausbesorgerin. Auf ihrem Gesichte malte sich Aufregung und Sorge. Mit ein paar hastig hervorgesto-

ßenen Worten machte sie mir dieselbe Mitteilung wie die »Unzufriedene«, und ohne eine Antwort abzuwarten, lief sie wieder hinaus, dem Schauplatze des Auflaufes zu.
Wenn das bei uns in Rußland geschehen wäre, würde es kaum jemandem eingefallen sein, sich um das Tierchen zu bekümmern. Wenn sich schon jemand gefunden hätte, hätte man ihn sicher ausgelacht. Und hier in Wien? Ein Automobil mit einer langen Leiter, mit einem Dutzend Feuerwehrleuten saust heran, mit ernsten, wichtigen Gesichtern macht sich alles an die Arbeit, teilnehmend folgte die Menge den Feuerwehrleuten mit den Blicken, und lange noch, nachdem der Vogel befreit, stehen die Leute in Gruppen beisammen und sprechen darüber, was geschehen wäre, wenn es nicht gelungen wäre, den Sperling zu retten.
Auch ich war ganz gerührt und es kam mir vor, als ob mir heute die österreichischen Menschen mit ihrer grenzenlosen Liebe zu den Tieren um ein gutes Stück nähergekommen wären, denn schon in meiner Kindheit war das mein großer Schmerz, daß unser Volk den Tieren gegenüber oft so gleichgültig, ja sogar grausam ist.

22. OKTOBER 1926.

Die Tage sind kalt. Wir frieren in unserem Geschäft, denn es ist kein Ofen aufgestellt, und wir haben auch gar kein Geld, uns einen zu kaufen. Wenn ich zeitlich früh auf den Markt gehe, so fühle ich es noch mehr, daß die kalte Jahreszeit begonnen hat. Die nackten Bäume und die gelben Blätter, die den Boden bedecken, machen mich traurig.
Der Sommer ist vergangen und wir haben ihn gar nicht gesehen; wir sind blaß geworden und abgemagert. Und vor uns steht der Winter mit seiner Kälte, seinem Regen, seinen dunklen Abenden und seinen rauhen, erbarmungslosen Winden.
»Unser Leben ist zerbrochen!« sagte Otmar, und ich antworte hartnäckig: »Nein!«
Ich kann mich nicht an den Gedanken gewöhnen, daß es für uns kein anderes Leben mehr geben sollte als dieses. Es gibt keine Lage, aus der sich nicht ein Ausweg fände. Und obwohl mir mein Verstand sagt, daß uns nur ein Wunder retten könnte, so will ich eben an dieses Wunder glauben. Unser Leben jetzt ist wirklich entsetzlich. Das Geschäft gibt uns so wenig, daß wir kaum existieren können, denn wir haben nicht das Recht, alle Waren zu verkaufen, da wir nicht »gelernte« Kaufleute sind. Wie dumm! Milch, Butter, Delikatessen können wir verkaufen,

soviel wir wollen; aber Zucker oder Kaffee nicht, dazu muß man »gelernt« haben. Welche Logik! Ich habe immer geglaubt, nur wir Russen haben das Recht, ohne Logik zu leben; aber ich sehe, auch bei den Deutschen ist nicht immer alles so logisch.

Mit dem Schriftstellern geht es auch sehr schlecht. Ich weiß nicht, an wie viele Stellen wir schon Artikel eingeschickt haben, aber von nirgends kam Antwort. »Die Bienen stechen gern das Gesicht, das von Tränen feucht ist«, sagt ein orientalisches Sprichwort, das ich vor langer Zeit einmal irgendwo hörte, das mir aber jetzt besonders häufig in den Sinn kommt.

Oft gehe ich zu dem Koffer, in dem meine Tagebücher liegen.

»Otmar«, sage ich, »wenn wir etwas aus diesen Tagebüchern veröffentlichen würden, meinst du, es würde jemanden interessieren?«

»Du hast ja schon eine Erzählung aus dem russischen Leben eingeschickt und keine Antwort erhalten. Die Zeitungen haben auch ohne dich genügend Material!« antwortet Otmar.

Ich schweige, aber ich fahre fort, an mein Buch zu denken. Ich möchte ein Buch schreiben, das »ein Wagnis« ist. Ich weiß nicht, wo ich diesen Ausdruck gelesen habe. Es gibt Bücher, die niemand aus der Hand legen kann, ohne aufs tiefste erschüttert zu sein; es gibt Kompositionen, die niemand hören kann, ohne bis ins Innerste aufgewühlt zu werden. Sie sind genial, weil sie nicht von einem »Verfasser« angefertigt worden sind, sondern weil sie aus den geheimsten Tiefen des Lebens selbst entsprungen sind. Mein Tagebuch habe ich für mich selbst geschrieben, nur für mich selbst, mit dem Blute meines Herzens; könnte es nicht auch ein solches »Wagnis« werden?

»Otmar«, sagte ich eines Abends, als wir nach Geschäftsschluß in unserem Zimmerchen beisammensaßen. »Was dann, wenn ich den Nobelpreis bekäme? Was würdest du dann sagen?«

Otmar trat zu mir und fühlte mir den Puls.

»Den Nobelpreis?« fragte er. »Entweder hast du Fieber, oder du hast den Verstand verloren.«

»Otmar, Nobel wollte doch seinen Preis an Menschen gegeben wissen, die Talent haben, aber nicht die Möglichkeit, zu arbeiten. Er wollte den Begabten, die vom Schicksal niedergedrückt werden, einen Ansporn geben. Laß mich doch träumen!... Ich weiß ja selbst, daß das alles Unsinn ist, aber ich will doch so tun, als ob es möglich wäre, ich will arbeiten, ich will fühlen, daß ich imstande bin, ein Buch zu schreiben, das die Herzen derer erschüttert, die es lesen... Ich habe so viel mitgemacht, so viel gesehen... Otmar, und dann wären wir versorgt, du brauchtest nicht mehr eine Stunde zu Fuß zu gehen, wenn du in die Universität willst, wir hätten ein warmes Zimmer, und das Kind brauchte nicht in der Dämmerung aufzuwachsen ...«

Otmar stand auf und ging ins Geschäft, laut die Tür hinter sich zuschlagend. Er ärgerte sich. Und er hatte recht. Ich muß mich in die Hand nehmen; nicht träumen soll ich, in der Wirklichkeit muß ich leben. Ich muß die Wirklichkeit nehmen, wie sie ist.

Und unwillkürlich kommen mir die Worte in den Sinn, die mir heute eine Kundin sagte:

»Sie sind viel zu mager und zu blaß für eine Milchfrau. Da sieht man gleich, daß es Ihnen schlecht geht. Eine Milchfrau, deren Geschäft gut geht, ist immer dick!«

Und so besteht meine nächste Aufgabe nicht darin, vom Nobelpreis zu träumen, sondern dick zu werden, um meinen Kunden zu beweisen, daß unser Geschäft gut geht. Zu dem, der fröhlich und gesund ist, gehen die Leute lieber. Bei einer mageren Milchfrau kaufen sie nicht ein.

24. OKTOBER 1926.

Heute kam ein Herr ins Geschäft, dem man es sofort ansah, daß er nicht aus unserer Gegend war. Ein dickes, sehr gut gekleidetes Herrchen, mit einer zum Bersten gefüllten Aktentasche unter dem Arm und einem goldenen Zwicker auf der Nase. Die sorgfältig gekämmten Haare waren nicht imstande, die ausgedehnte Glatze zu verbergen. Er bat um ein Glas Milch und setzte sich an das kleine Tischchen. Er trank entsetzlich lange und wandte dabei die ganze Zeit kein Auge von mir. Er mißfiel mir ganz außerordentlich von der ersten Minute an, und ich konnte es gar nicht erwarten, bis er wegging. Aber wie zum Trotz bestellte er nach dem ersten Glas Milch ein zweites und dann zuerst ein Nußkipfel, darauf noch ein Mohnkipfel. Als ich ihm nun auf seine Bitte noch eine Cremetorte gab, nahm er mich plötzlich beim Kinn, wobei er über und über, sogar über seine ganze Glatze hin, errötete und, ekelhaft mit seinen dicken Lippen schmatzend, murmelte:

»Jung, schön und allein!«

Als er mich nun noch umarmen wollte, gab ich ihm einen Stoß an die Brust, daß er bis zur Tür zurücktaumelte, und schrie ihn an:

»Sofort hinaus!«

Mit offenem Munde stand er da; anscheinend hatte er noch immer nicht begriffen. Ich öffnete die Tür und wiederholte meine Aufforderung. Da

zuckte er mit den Schultern, fauchte wie eine Katze, nahm seinen Hut und seine Aktentasche und entfernte sich, ohne sich umzusehen.
Noch lange konnte ich nicht zu mir kommen. Sehe ich denn so aus, daß ein Mann, der mich zum ersten Male sieht, es gleich wagen kann, mich zu umarmen, oder ist es in Wien Sitte, daß man sich mit Verkäuferinnen so benehmen kann?
Ich war aufs tiefste empört, und erst am Abend fiel es mir ein, daß der dicke Herr zu alledem noch auf meine Rechnung gegessen und getrunken hat, denn er hatte nicht bezahlt.

25. OKTOBER 1926.

Wir haben uns überzeugt, daß es ein großer Mangel unseres Geschäftes ist, daß wir Waren wie Zucker, Kaffee, Tee, Rum usw. nicht führen dürfen. Die Leute müssen diese Dinge in anderen Geschäften kaufen und nehmen dann auch gleich das mit, was sie bei mir bekommen könnten. Wir haben nun ein Gesuch ans Gremium gerichtet um die Erlaubnis, alle Waren führen zu dürfen.

26. OKTOBER 1926.

Otmar hat eine glänzende Idee gehabt. Er will in der Lehrerbildungsanstalt die Schlußprüfung ablegen und hofft, daß er so am leichtesten und, was die Hauptsache ist, am schnellsten zu einer gesicherten Stellung kommen könnte. Es gibt zwar jetzt viel Arbeit für ihn, aber wir haben dafür die Hoffnung, daß wir bald wieder ein Leben werden führen können, wie es unserer Einstellung entspricht.

27. OKTOBER 1926.

Fräulein Fischer war schon einige Tage nicht bei mir. Ist sie krank? Ich habe ihre Nachbarinnen gefragt, konnte aber nichts erfahren. Sie sagten, sie sitze den ganzen Tag eingesperrt in ihrem Zimmer und empfange niemanden.
Es muß etwas mit ihr geschehen sein.

29. OKTOBER 1926.

Otmar geht jetzt jeden Tag in die Universität und zweimal in der Woche in die Lehrerbildungsanstalt. Manchmal wird er sehr müde, aber so wie früher in Rußland arbeitet er auch jetzt, ohne eine Minute zu verlieren, um uns eine sichere Existenz zu verschaffen.
Jetzt haben wir wenigstens die Hoffnung, daß die schwere Zeit bald wieder vorüber sein wird.

2. NOVEMBER 1926.

Wenn ich öfter solche Träume hätte wie heute, ich würde mich sehr bald mit meinem Geschick ausgesöhnt haben.
Es war in Rußland. Wir drei gingen gerade nach Hause, über den zugefrorenen Strom. Es war eine dunkle, kalte Nacht. Wir waren in Fetzen gekleidet; ich trug das weinende Kind auf dem Arm und Otmar hielt mich an der Hand. Das Eis war zerklüftet, und hie und da blinkte unheimlich das Wasser aus offenen Stellen. Ich weiß nicht, wie lange wir schon so dahingegangen sein mögen, aber wir waren vor Müdigkeit und von der Kälte vollständig erschöpft...
Da, am andern Ufer, meine Heimatstadt! Viele Lichter flimmern uns entgegen, der hohe, weiße Turm der Kathedrale hebt sich deutlich vom schwarzen Himmel ab.
Näher und näher kommen wir, ich beginne bereits die Umrisse unseres Hauses zu erkennen; da sind wir schon vor dem Gartenzaun. Im Speisezimmer brennt noch das Licht, die anderen Fenster sind finster. Es sitzen also alle beisammen um den Samowar. Vielleicht sprechen sie von uns. Aber sie erwarten uns nicht. Welche Freude, wenn wir nun so ganz unerwartet bei ihnen eintreten werden!!
Der kalte Wind bläst uns durch die Kleider, mir scheint es, als ob das Kind in meinen Händen erfrieren würde.
»Gleich werden wir zu Hause sein bei Großvater und Großmutter!« flüstere ich ihm zu.
Nur einige Schritte noch. Ich fühle, daß meine Schuhe schon ganz zerrissen sind, daß ich beinahe mit bloßen Füßen über den Schnee gehe. Aber ich spüre die Kälte nicht, ich sehe nur das helle Fenster, das mit jedem Schritt größer und größer wird. Meine Eltern sind da drinnen! Das Herz will mir vor Freude zerspringen.
»Otmar!« rufe ich. »Wir sind zu Hause. Mein Gott, wer hätte das gedacht, daß ich noch einmal zu Hause sein werde!«

Nun stehen wir vor der Haustüre. Aber was ist das? Da ist jemand. Einige dunkle Schatten lösen sich jetzt von der Wand des Hauses los und kommen auf uns zu. Ich sehe ihre Gesichter und bemerke mit Schrekken, daß sie gefällte Bajonette in der Hand haben. Da kommt es mir erst in den Sinn, daß wir ja gar kein Recht haben, nach Rußland zurückzukehren, daß unsere Rückkehr gleichbedeutend ist mit Tod. Immer näher und näher kommen die Bajonette. Der Mond tritt aus den Wolken und gespensterhaft blitzen die Eisen auf.

Ich strecke meine Hand gegen den einen der Soldaten aus und rufe: »Aber ich bin ja nach Hause gekommen. Ich kann nicht leben ohne Rußland! Hier ist ja mein Haus!«

Ein Schuß ertönt; es wird mir rot vor den Augen und – ich erwache.

3. NOVEMBER 1926.

Voll Schadenfreude erzählte mir heute eine Frau, die Polizei habe Fräulein Fischer das Büchel abgenommen und sie dürfe jetzt ihr »Geschäft« nicht mehr ausüben. Warum, weiß man nicht. Den Vater habe man nach Steinhof geführt, da er bereits zu toben begonnen hat.

4. NOVEMBER 1926.

Ich weiß nicht warum, aber immer, jede Nacht, wache ich um ungefähr drei Uhr auf, und das erste, dessen ich mir bewußt werde, ist ein Gefühl von bodenlosem Kummer, und der erste Gedanke, den ich fasse, lautet: Soll ich wirklich niemals mehr nach Rußland zurückkehren dürfen?

Vergeblich versucht mich mein Verstand zu überreden, daß es unmöglich für uns wäre, jetzt in Rußland zu leben. Aber die Stimme des Herzens spricht lauter...

In Rußland geht jetzt ein Leben ohne mich, und meine Kräfte, die ich meiner Heimat widmen wollte, sie arbeiten jetzt für ein Leben, das mit Rußland nichts gemein hat.

So geht es Nacht für Nacht. Otmar schläft, das Kind schläft. Ich schreibe in der Dunkelheit, denn bloß so dazuliegen und nicht schlafen zu können mit meinen Gedanken, das ist unerträglich. Tiefe, undurchdringliche Nacht umgibt mich, und es scheint mir, als hörte ich das Schicksal rauschen, das Leben strömen. Ich fühle das, was ein Mensch nur dann fühlen kann, wenn er ganz allein ist, im Raume schwebend...

Da wird die Stille unterbrochen. Von fern her kommt es. Ein Automobil. Immer näher und näher. Jetzt ist es vor unserer Tür, hält. Das Milchauto. Die Schlüssel, mit denen der Kutscher die Tür des Geschäfts aufgesperrt, klirren, die Milchkannen klappern, die leeren Milchflaschen stoßen hart aneinander. Mit tiefer, grober Stimme schimpft der Kutscher etwas vor sich hin, dann sperrt er die Türe wieder zu und fährt weiter. Neuerlich Stille, lautlose Stille...

Wie eine Erlösung scheint es mir, als der Wind im Kamin zu pfeifen beginnt. Ich liebe dieses Heulen des Windes, es ist die Musik für mich. Ich kenne seine Melodie, jeden Ton weiß ich auswendig, jeden Seufzer, jedes Schluchzen. Bei uns weint der Wind immer, und ich glaube, er weint über die sinnlosen Leiden, die die Menschen einander zufügen...

In der Ferne ertönen Schritte, langsame, vorsichtige Schritte. Ich höre sie jede Nacht; einer der Bewohner unseres Hauses geht zur Nachtarbeit, mit einer Kerze in der Hand, und der Schein dieser Kerze tanzt phantastisch durch die Vorhänge in unser Zimmer herein. Es ist also vier Uhr morgens. Wieder wird es still, und das Heulen des Windes macht diese Stille nur noch drückender. Nun ist es mir, als ob meine Seele den engen Raum meines Ich durchbrochen und sich mit der Seele der Welt vereinigt hätte, daß mein Leid über mich hinausgewachsen und mit dem aller anderen Menschen zusammengeflossen sei. Mit dem Leide, das uferlos, endlos, grenzenlos ist, weil das Leben der Menschen übervoll von Tragik ist. Niemand kann das so gut wissen wie ich, die ich in der Nacht einsam wache und auf den Pulsschlag des Lebens horche...

5. NOVEMBER 1926.

Fräulein Fischer läßt sich nicht blicken. Sie ist mir noch zweiundzwanzig Schilling schuldig, aber ich mag nicht um das Geld schicken. Es muß etwas Ernstes mit ihr geschehen sein.

7. NOVEMBER 1926.

Otmar und ich sehen uns beinahe den ganzen Tag nicht. Zeitlich früh stehen wir auf, und während ich auf den Markt gehe, bleibt er im Geschäft. Wenn ich zurückkehre, geht er sofort in die Stadt, in die verschiedenen Bibliotheken, denn wir haben kein Geld, um die nötigen Bücher zu kaufen.

Ich habe schreckliche Sehnsucht nach ihm. Heute war es so stark, daß ich es nicht aushielt und ihm einen Brief schrieb:

»Meine Sonne, ich habe Sehnsucht nach Dir. Jede Minute zähle ich, bis Du kommst. Ich will Dein Gesicht sehen, ich will, daß Du um mich bist...«

Und so schrieb ich weiter, mehr als eine Seite, und das gab mir Erleichterung.

Endlich war es sieben Uhr geworden, und als sich die Tür öffnete und Otmar eintrat, da schien es mir, als hätte ich ihn eine ganze Ewigkeit lang nicht gesehen.

Wie immer umarmte er mich und sagte dabei:

»Ich habe mich heute so nach dir gesehnt! Da, nimm, ich habe dir in der Bibliothek einen Brief geschrieben, denn es schien mir, es würde so die Zeit schneller vergehen, bis ich bei dir bin.«

Ich nahm den Brief, und schweigend übergab ich ihm den meinen. Beide mußten wir lachen. Und in dieser Minute fühlten wir klar, daß, was auch immer geschehen würde, unsere Liebe uns das Leben immerfort erhellen und erwärmen würde...

10. NOVEMBER 1926.

Wenn ich einmal mit einem russischen Emigranten zusammenkomme, ist es immer so, daß es mir beinahe das Herz abdrückt vor Kummer und Mitleid. Heute kam ein alter Mann zu mir ins Geschäft, der Zwirn und Knöpfe feilbot. Er war ganz außerordentlich schlecht gekleidet, so wie man es in Wien selten sieht. Die Hände zitterten, die Augen tränten. Als er hörte, daß ich mit dem Kind russisch sprach, geriet er fast außer sich vor Freude. Während ich ihn mit Milch und Buttersemmeln fütterte, erzählte er mir sein Schicksal. Ehemaliger Gutsbesitzer, Mitglied der Duma, floh er vor den Bolschewiken, lebte einige Zeitlang, so lange das Geld reichte, erträglich, erkrankte dann aber schwer.

»Wenn nicht meine Zimmerfrau gewesen wäre«, erzählte er, »wäre ich schon lange vor Hunger gestorben. Es gibt doch edle Menschen auf der Welt. Sie erhält mich nun schon mehrere Jahre, obwohl sie selbst von einer Pension von hundertzwanzig Schilling im Monat lebt. Sie gibt mir zu essen und läßt mich in einer Kammer schlafen. Wenn ich gesund bin, bemühe ich mich, ein wenig zu verdienen, aber ich bin eben fast immer krank...«

13. NOVEMBER 1926.

Die Österreicher und die Russen haben eine ganz verschiedene Einstellung zu den mannigfaltigen Ereignissen des Straßenlebens. Das habe ich oft während unserer Spaziergänge in Wien beobachten können. Bald da, bald dort ist, wie die Wiener sagen, »etwas los«. Sofort bleiben einige Vorübergehende stehen, andere laufen zum Telephon, in einer Sekunde sind schon einige Polizisten da, und es dauert kaum fünf Minuten, so umlagert bereits eine unübersehbare Menschenmenge den Ort, an dem das Ereignis eingetreten. Und es braucht gar nicht viel »los« zu sein. Zwei Radfahrer stoßen zusammen, ein Obstwagen verliert ein Rad und die Früchte kollern auf die Erde, jemand gleitet aus und kann sich nicht gleich erheben, das alles sind schon genügende Gründe. Was mich aber am meisten interessiert, ist, daß sich die Leute nicht nur versammeln und zusehen, sondern daß sie mit einer Aufregung und einem Eifer alles, was vorgeht, begleiten, als ob es sich um die ureigensten Angelegenheiten dieser Menschen handelte.

Noch ein Unterschied zwischen Rußland und Österreich, der mir tief zu denken gibt. Kaum zieht der Polizist sein Büchlein aus der Tasche, um seine Notizen zu machen, so drängen sich auch schon die Leute an ihn heran, die alles gesehen haben wollen, um ihrer Bereitwilligkeit Ausdruck zu geben, Zeugenschaft abzulegen. Bei uns in Rußland sucht alles das Weite, wenn irgend etwas »los« ist, denn jedermann hat Angst davor, als Zeuge einvernommen zu werden. Nur so weit als möglich weg von allem, was ihn mit der Miliz, mit dem Gericht in Berührung bringen könnte!

15. NOVEMBER 1926.

Fräulein Fischer war bei mir. Ich habe sie kaum wiedererkannt. Keine Spur von der blonden, duftigen Wellenfrisur; die Haare waren mit einem schmutzigen weißen Kopftuch bedeckt. Das Gesicht bleich, ungepudert und ungeschminkt, die Lippen blau. Und so merkwürdig starrte sie vor sich hin!

»Frau Wagner«, sagte sie, »jetzt ist alles aus. Ich bin angesteckt worden und sie haben mir mein Büchel abgenommen. Jetzt könnte ich ihn gar nicht mehr heiraten, wenn er auch wollte. Einfach ein Ende machen mit dem Leben! Meine Mutter hat übrigens ohnehin auch durch Selbstmord geendet, der Vater hat sie ins Grab gejagt. Mich hat er nun wohl

auch so weit gebracht. Er hat mir immer gesagt: ›Dein Gesicht ist dein Kapital.‹ Bei dem einen ist der Verstand Kapital, bei dem andern die Hände, beim dritten der Körper. Sehen Sie, ich habe von meinem Kapital gelebt, und jetzt ist es hin...«
Sie weinte nicht, sie blickte nur mit leeren, starren Augen vor sich hin.
»Da haben Sie einen Pfandschein vom ›Dorotheum‹[1] auf ein Armband und einen Ring. Geld hab' ich keins. Sie können ja den Pfandschein einlösen. Ich gehe heute ins Spital. Vielleicht auch weiter...«
»Nehmen Sie nur Ihren Pfandschein«, sagte ich, »Sie werden ihn sicher noch brauchen können. Wenn Sie wieder Geld haben, zahlen Sie mir.«
Ganz mechanisch nahm sie den Schein wieder zu sich und steckte ihn in ihre Geldtasche. Dann wollte sie mir die Hand reichen, aber sie hielt inne und sagte:
»Jetzt fürchte ich mich sogar, den Leuten die Hand zu geben. Ich glaube immer, ich müßte jeden anstecken.«
In ihrem Gesicht zuckte es.
»Leben Sie wohl und danke für alles«, sagte sie noch, und ohne sich umzusehen, ging sie zur Tür hinaus.
Wieder habe ich gesehen, wie ein Menschenleben vor meinen Augen zugrunde ging.

18. NOVEMBER 1926.

Es ist mir traurig zumute. Es ist alles so trostlos, daß ich eigentlich gar nicht weiß, worüber ich mich am meisten kränken soll...
Da ist mir ein merkwürdiger Gedanke in den Kopf gekommen: daß ich nämlich, objektiv genommen, gar kein Recht darauf habe, mich über mein Schicksal zu beklagen. Es hat mir alles gegeben, was ich von ihm wollte. Ich wollte einen geliebten Menschen und ein Kind haben, und als ich siebzehn Jahre alt war, da fürchtete ich nichts so sehr, als daß ich einmal ein sattes, ruhiges, philisterhaftes Leben führen könnte. Ich wünschte mir damals Leiden, ich wollte Unwetter und Sturm in meinem Leben, und vor nichts hatte ich mehr Angst als vor Stille und Ruhe. Das heißt also, ich sollte glücklich sein. Freilich, ich bin es auch, aber nur abends, wenn wir alle drei in unserem kleinen Zimmer zusammen sind und wenn mir mein Mann und mein Kind sagen, daß sie mich liebhaben. Aber wenn dann der Morgen kommt, dann ist es vorbei mit

[1] Wiener Pfandleihanstalt.

dem Glück. So kalt ist es, so düster und grau! Wie gern möchte ich einmal wenigstens länger liegenbleiben, bis halb sieben Uhr, bis sieben Uhr!

»Das Glück ist zu Ende, der Tag hat begonnen!« sagte heute früh Otmar, während er sich seine Schuhe anzog.

»Wenn du von der Universität zurückkommst, werde ich dich wieder liebhaben«, versuchte ich ihn zu trösten.

Otmar drückte mich fest an sich und küßte mich. Ich richtete ihm schnell das Frühstück her. Dann ging er fort und ich blieb allein. Und so begann wieder der lange, lange Tag...

22. NOVEMBER 1926.

Ein froher, sonniger Tag. Ich sitze am offenen Fenster in meinem Geschäft. Wie doch die Strahlen der Sonne die Seele wärmen, welche Freude sie in dem Herzen entzünden, das unter dem matten, grauen Himmel der letzten Tage verkümmert ist.

»Eine kleine Wohnung engt auch das Denken ein«, las ich gestern abend in einem Buche. Es ist vielleicht wahr; aber man braucht nur so richtig das Fenster zu öffnen, und mit den einströmenden Strahlen der glänzenden Gottessonne weitet sich das Herz, und kühne, stolze Gedanken fliegen hinaus in die Welt...

Der Himmel ist heute ungewöhnlich nahe. Es taut, kleine Tropfen fallen vom Dache...

Täusche ich mich nicht? Soll das schon der Frühling sein? Doch der Kalender sagt, es ist November. Ist das möglich? Es hängen doch überall Eiszapfen von den Dächern!

Heute will ich die Türe lange offenstehen lassen. Ich will glauben, daß es in der Welt draußen Frühling ist und daß er den Weg zu mir ins Herz sucht...

Dort drüben geht der Briefträger in seinem schwarzen Wettermantel die Straße entlang. Wird er auch uns ein Brieflein bringen oder ein Kärtlein, mit irgendeiner freudigen Nachricht? Doch nein, er befindet sich bereits am Heimwege und geht geradeaus fort.

Ich gehe in das Zimmer, um unser Mittagmahl zu bereiten. Otmar kommt aus der Stadt zurück. Ich ziehe ihm seine Schuhe aus, die ganz durchnäßt sind. Er ist erkältet und hustet. Für neue Schuhe haben wir kein Geld. Jurka muß zu Hause sitzen, denn auch seine Schuhe halten nicht mehr dicht...

So herrlich schön war doch gerade alles, als ich in der Türe stand, aber im Herzen ist es nicht mehr Frühling. Mehr als jemals fühle ich, daß für uns der Frühling noch nicht gekommen ist.

17. DEZEMBER 1926.

Es ist kalt geworden. Weiße Wolken bedecken den Himmel. Der Markt ist voll von Weihnachtssachen, die Straßen sind voll Leben, in einigen Tagen ist ja Weihnachtsabend. Jurka ist ungeheuer erregt.
Ich habe heute Kopfschmerzen und es ist mir schwer ums Herz. Ja, es scheint mir heute, als ob mich dieses schwere Gefühl nimmer im Leben verlassen könnte. Ich habe heute keine Gymnastik gemacht, ich habe mich heute nicht wie sonst immer mit kaltem Wasser gewaschen, ich habe mir nicht einmal die Zähne geputzt, denn heute ist mir alles gleich, ganz gleich...
Und das Merkwürdige ist, ich weiß eigentlich nicht, warum mir heute so weh ist. Es scheint mir, ich hätte schon hundert, zweihundert, ja tausend Jahre gelebt und ich wüßte alles, alles, was das Leben geben könnte, und daß nie mehr etwas kommen könnte, das ich nicht schon längst gewußt hätte...
Otmar ist nervös, schlecht aufgelegt und beeilt sich mit seiner Arbeit. Er ist müde und zerquält bis zum Ende. Ich schweige, aber auch ich bin müde, ganz müde. Mein Gott, wie viele Jahre lebe ich schon immer nur mit meinen Nerven, wie viele Jahre befinden sie sich immer in angespanntem Zustande! Und jetzt, jetzt sind nicht nur meine Nerven müde, sondern auch alle meine Muskeln und Sehnen, mein ganzer Körper.
Da kommt mir ein merkwürdiger Gedanke: Vielleicht ist der Tod doch nicht etwas so Grausames, wie es mir bisher immer geschienen. Vielleicht wäre es das Schönste, einzuschlafen und nie mehr aufzuwachen? Mein Gott, nimm meine müde Seele in deine Hände...
In diesen Tagen der Vorfestfreude, bei diesem herrlich klaren Frost, da scheint mir Österreich wieder die kalte Fremde zu sein. Aber auch Rußland ist mir schon Fremde geworden... Und wieder scheint es mir, als ob es nur eine Heimat für den Menschen gäbe – den Tod.
Mein Gott, ich lebte, wie ich es verstanden. Ich lebte mit der Wahrheit meines Herzens. Aber jetzt bin ich müde..., bringe meine Seele zur Ruhe, mein Gott!
Immer wieder klingen mir die Worte im Ohr, die mir mein Vater in seinem letzten Briefe geschrieben: »Mein Töchterlein, wo bist Du? Was

ist mit Dir, meine Alja? Nach der Photographie, die Du mir schicktest, bist Du so mager geworden; bist Du krank? Hast Du Deinen schweren Kummer ertragen können?«

Ich bin müde. Nur eines ist mir noch geblieben, dessen ich noch nicht müde bin: wenn ich in der Kirche stehe und auf das rote Licht der Ampel blicke. Die weiche Zärtlichkeit dieser kleinen Flamme dringt dann in mein Herz und ich kann ohne Verzweiflung und ohne Schmerz daran denken, daß ich einst im dunklen Grabe liegen werde, daß der Wind den Schnee über meinem Grabhügel zusammentragen und daß es dann still um mich sein wird...

Heute fürchte ich den Tod nicht. Heute weiß ich es, daß der Tod die Heimat ist, die uns die Hand des Schöpfers gegeben, die einzige Heimat, die man niemals verlieren kann, die man immer lieben wird.

18. DEZEMBER 1926.

Heute war wieder Herr Schmidt, ein Kriegsgefangenschaftskamerad Otmars, bei uns, traf aber, wie gewöhnlich, nur mich an. Er unterhielt sich lange mit mir und fragte mich nach allen Einzelheiten unseres jetzigen Lebens aus. Als ich ihm erklärte, es ginge uns ganz gut, machte er ein höchst verwundertes Gesicht und sagte, er wundere sich immer, mit welcher Ruhe und welchem Gleichmut Otmar unsere Lage ertrage. Er meinte, Otmar müsse einfach ganz andere Nerven haben als die übrigen Menschen. Wie oft habe ich schon bemerkt, daß selbst gute, wohlwollende Menschen sehr kurzsichtig für fremdes Leid sein können. Wenn man nicht weint und stöhnt, sehen sie es nicht...

19. DEZEMBER 1926.

Goldener Sonntag! Die Straßen sind feiertägig belebt. Ein leichter Schnee fällt vom Himmel. Die Auslagenfenster sind hell beleuchtet, und selten trifft man einen Menschen, der nicht ein Paket in der Hand hätte.

Wir haben nichts einzukaufen, für uns gibt es kein Fest. Wie sollte ein Feiertag sein, wenn in der Seele alles in Unordnung, alles ein Chaos ist? Unser Geschäft war von elf bis vier Uhr geschlossen und wir gingen, uns ein wenig die Stadt anzusehen. Aber dieses Getümmel, all die schmackhaften und schönen Dinge, alle diese Weihnachtsmänner, die den Armen nichts bringen, alles dies drückte uns, besonders das Kind, nieder.

Noch trauriger wurde uns zumute, als wir nach Hause zurückkehrten. Noch dunkler erschien uns unser Winkel, noch trostloser blickten die nackten Wände auf uns herab.

Wir machten kein Licht und zündeten nur den Petroleumofen an. Er summte sein Liedchen und blickte uns mit seinem kleinen, roten Feuerchen freundlich an, als wollte er uns sagen: Ja, ihr seid ja doch glücklich! Das Glück ist ja mit euch, ihr seid beisammen, ihr liebt einander!

Wir setzten uns aufs Bett, der Knabe umarmte mich und Otmar und wurde ganz ruhig, während er anhaltend ins Feuer des Öfchens blickte. So saßen wir lange, lange, ohne ein Wort zu sprechen. Nicht einmal denken wollten wir, nicht einmal träumen oder uns nach irgend etwas sehnen. Es gibt Minuten, in denen Worte tot sind und in denen nur das Schweigen vom Leben spricht. Der Ofen summte sein Liedchen, und es war uns gut. Der Knabe schlief ein. Otmar umarmte mich immer fester und fester, und ich fühlte, was er mir sagen wollte: daß er glücklich sei mit mir, selbst jetzt, in dieser schweren Minute...

Wieder war es das Wunder der Liebe, das uns das Glück in unser Unglück gebracht hat...

20. DEZEMBER 1926.

Ich habe eine kleine Tanne für sechzig Groschen erstanden. Das Büblein ist so glücklich, daß ich unwillkürlich lächeln muß, wenn ich es ansehe. Er hat seine Schätze auf das Bäumchen aufgehängt: alte, verbogene Nägel, die Räder einer zerbrochenen Lokomotive, seine gestrickte Mütze, die er so liebt, zwei Zündholzschachteln, einen grünen Draht, mein Handtäschchen, einige Korke, Bleistiftenden usw. Besonderes Kopfzerbrechen machte ihm das Problem, was er unter den Baum stellen sollte. Endlich stellte er seinen zerfetzten Spielzeughasen und – sein Nachttöpfchen hin. Er war glücklich.

»Wie schön mein Weihnachtsbaum ist!« rief er aus. »Sicher hat niemand eine so schöne Tanne wie ich! Und welche Kinder kommen zu mir spielen? In Rußland habe ich mir zu Weihnachten auch Kinder einladen dürfen!«

Armes Kind! Aber du bist ja doch glücklich! Erfreue uns nur mit deinem naiven Glück!

Ganz unerwartet hat heute Jurka ein Weihnachtsgeschenk bekommen. Einer meiner Käufer, ein ehemaliger Kriegsgefangener, brachte ihm einen Matador-Baukasten.

»Als ich in Rußland war«, erklärte er, »habe ich auch immer Weihnachtsgeschenke bekommen, von Leuten, denen ich gar nichts war, nur deshalb, weil sie Mitleid mit mir hatten.«

Von Doktor Walter, bei dem wir gestern eingeladen waren, erhielt er einen Malkasten mit Malvorlagen, und Sserafima Andrejewna brachte ihm Spielsoldaten. So ist er über Nacht reich geworden.

Eine ganze Reihe von Käuferinnen beschenkte mich mit Proben ihrer selbstverfertigten Weihnachtsbäckereien, »zum Versuchen«.

»Als ich das erste Jahr als Dienstmädchen in Wien war«, erklärte mir die »Unzufriedene«, während sie mir ein großes Stück ihres Weihnachtskuchens gab, »da war es mir zu Weihnachten besonders traurig, aber ich habe mich bald daran gewöhnt. Sie werden sich auch gewöhnen!«

Die Hausmeisterin lud mich zu sich ein. Ihre Wohnung besteht aus Zimmer und Küche, selbstverständlich alles in absoluter Sauberkeit glänzend. In einer Ecke stand eine Tanne, mit Konfekt und Backwaren behängt, darunter ein Weihnachtskuchen, von dem sie mir ein großes Stück abschnitt.

»Kosten Sie!« sagte sie. »Das habe ich von meiner Großmutter gelernt! Den Teig mache ich selbst an und lasse ihn in der Bäckerei ausbacken.«

Die Hausmeisterin hatte heute einen ganz anderen Gesichtsausdruck als sonst, eine ungewohnte Wärme strahlte aus ihren Augen.

»Mein Mann hat immer gesagt, niemand verstehe es so gut, diesen Kuchen zu backen, wie ich!«

Dabei errötete sie, sah mich eine Weile starr an und, die Lippen so fest zusammenziehend, daß sie sich beim Sprechen kaum bewegten, fügte sie hinzu:

»Schwer hab' ich's gehabt mit meinem Mann! Sehr schwer! Alles hab' ich selbst machen müssen, verdienen und die Kinder aufziehen; er hat nur geschimpft und gesoffen. No, jetzt ist er tot, reden wir nicht mehr davon. Meine Kinder sind zum Glück mir nachgeraten und nicht ihm. Wollen Sie ihre Photographien sehen?«

Ihr Gesichtsausdruck hatte sich inzwischen wieder entspannt und geschäftig eilte sie zur Kommode, um dort ein Album, voll von Aufnahmen ihrer Kinder, herauszuziehen und mir vorzulegen. Über eine Stunde lang erklärte sie mir alles und war offenbar überglücklich, daß sie in mir

eine aufmerksame Zuhörerin gefunden. Als ich mich endlich von ihr verabschiedete, drückte sie mir fest die Hand und sagte:
»Ich schätze das besonders bei Ihnen, daß Sie in mir nicht nur die Hausmeisterin, sondern auch den Menschen sehen!«

29. DEZEMBER 1926.

Abend. Otmar ist nicht zu Hause. Es ist heute ganz besonders still und ruhig, und auch den Tag über waren, ich weiß nicht warum, sehr wenige Kunden bei mir im Geschäft. Es ist kalt draußen, und bittere, traurige Gedanken drängen sich mir in die Seele.
Dort irgendwo hinter den Mauern unserer Kammer geht das Leben; einige kleine Fetzchen und Fünkchen fliegen bis zu uns; aber wie verzerrt und verstümmelt!
Gerade war eine Arbeiterin aus der benachbarten Radiofabrik bei mir. Sie mag siebzehn oder achtzehn Jahre alt sein. Ihr graues, an vielen Stellen gestopftes Kleid reicht ihr nicht einmal bis zu den Knien. Gestopfte Strümpfe bedecken ihre mageren Beine, und ein alter, ausgebleichter Schal soll sie vor der Kälte schützen. Sie ist geradezu die Personifikation der erbarmungswürdigsten Armut, die nicht nur aus ihren Kleidern, sondern auch aus dem vom Leiden stumpf gewordenen Gesichte spricht.
Mit heiserer Stimme bittet sie mich, ihr eine Buttersemmel und ein Stück Käse auf Kredit zu geben. Sie blickt mich dabei nicht einmal an, ihre Augen sind voll Gier auf den Käselaib gerichtet.
»Ich zahle morgen!« sagt sie. Aber weder sie noch ich glauben daran. Sie ist das erstemal bei mir, wohl deshalb, weil man ihr in der Umgebung nirgends mehr auf Borg gibt. Am Klange ihrer Stimme erkenne ich, daß sie wenig Hoffnung hat, von mir etwas zu bekommen. Ich weiß, daß sie mir nicht zahlen wird, ich weiß, daß ich kein Recht habe, ihr etwas zu schenken, da uns selbst kaum für das Notwendigste bleibt, aber dennoch gebe ich ihr das Verlangte. Ich kann diesen hungrigen Blick, diese zitternden, mageren Hände nicht ansehen.
Sie packt die Semmel und beißt vor mir ein Stück vom Käse herunter. Sie sagt nicht »Danke!«, sie fragt nicht, wieviel es kostet. Sie läuft einfach davon, die Tür hinter sich zuschlagend...
Welch unangenehmer Tag heute! Zehnmal zähle und überzähle ich die Kasse. Siebenundzwanzig Schilling, nicht einen Groschen mehr. Und abends soll ich die Milch, das Gebäck, Persil und Seife zahlen. Rundherum sind mir die Leute schuldig, niemand zahlt, und wenn ich nur ein Wort

sage, sind sie tief beleidigt. Frau Schweiger zahlt nicht, weil es kalt ist und ihr Mann, ein Maurer, keine Arbeit hat. Frau Heiß zahlt nicht, weil ihr Kind krank ist; Frau Meier, weil sie sich neue Schuhe gekauft hat; Frau Dolezal, weil ihr Mann aufs Land gegangen ist und kein Geld schickt...

Kalt läuft es mir über den Rücken, wenn ich denke, es könnte der Augenblick eintreten, in dem wir nicht mehr imstande wären, die Rechnungen der Lieferanten zu bezahlen. Nein, das darf nicht sein! Das Geschäft muß gehen! Es ist eben unser Pech, daß wir viele Waren nicht halten dürfen; deshalb gehen die Leute in Geschäfte, in denen alles zu haben ist...

Während ich so mit schwarzen Gedanken dasaß, traf ein Sonnenstrahl die graue, mit einem merkwürdig rötlichen Schimmer bedeckte Wand. Woher? Er muß, von irgendeinem Spiegel reflektiert, durch die Oberlichte hereingekommen sein. Dieser Lichtstrahl brachte mir wieder Freude. Wenn es auch kein echter, sondern nur eine Widerspiegelung war. Es ist mir plötzlich zuwider geworden, diese traurigen Gedanken niederzuschreiben! Weg damit! Ich will lieber Geschirr putzen.

30. DEZEMBER 1926.

Frau Weber war ganz verweint, als sie heute bei mir ihre Milch kaufte. Ihr Knabe ist an Scharlach erkrankt und muß ins Spital übergeführt werden, und zwar morgen früh. Ich bin verzweifelt und sehe überall, wo ich hinschaue, Millionen von Scharlachbakterien sitzen. Kaum war sie fort, wusch ich lange mit Seife den Ladentisch, die Türklinke, meine Hände, ja sogar das Geld, mit dem sie mir bezahlt. Das Kind werde ich jetzt auch nicht mehr auf die Straße lassen dürfen. Und noch dazu weiß ich, daß Frau Weber abends wieder um Milch kommen wird! Ich kann ihr doch nicht sagen, sie möge wo anders einkaufen, da ich mich vor Ansteckung fürchte. Was mich am meisten wundert, ist, daß die anderen Frauen mit ihr plaudern, ihr ruhig die Hand geben und sogar unbesorgt zuschauen, wie ihre eigenen Kinder der Frau Weber die Hand reichen. Ich habe eine entsetzliche Angst, daß sich mein Bub anstecken könnte. Wenn er krank wird und man müßte ihn ins Spital geben! Was sollte daraus werden? Es ist gar nicht auszudenken!

12. JÄNNER 1927.

Wenn ich einen starken, festen Charakter habe, so werde ich auch dieses Mal nicht untergehen. Mit Eifer will ich die Krümchen auflesen, die mir von meiner Vergangenheit übriggeblieben sind, ich will mich von ihnen nähren und den schweren Weg nach vorwärts weitergehen.

Otmar arbeitet jetzt sehr viel in der Universität und in der Lehrerbildungsanstalt; auch er lebt von dem, was ihm von der Vergangenheit geblieben...

Heute war ein wunderschöner Tag, ganz Frühling. Ein solches Wetter pflegt in meiner Heimat nicht vor Ende März einzutreten. Der Himmel war durchsichtig blau, und einige Stunden lang war es warm wie im Sommer.

Lange stand ich an der Tür des Geschäftes und atmete mit vollen Zügen. Wie schön ist das Leben und wie herrlich das Gefühl, Stärke und Freude in sich zu verspüren! Ist es nicht ein Glück, so dazustehen, in den Himmel zu blicken und die Sonne und alle Menschen zu lieben? Wie merkwürdig, in solchen Minuten daran zu denken, daß ich und Otmar irgend jemandem als Feinde erscheinen könnten, als so gefährliche Menschen, daß man sie Tausende von Meilen weit verjagen muß...

Irgendwoher tönt Musik, ein Wiener Walzer. Fremde Rede klingt um mich, aber ich habe mich schon an sie gewöhnt. Ganz fremd ist es mir nicht mehr, dieses Leben um mich herum, und ich möchte schon eindringen in diese Welt, ein Teil derselben werden. Es hat keinen Sinn, den Kopf hängen zu lassen; man muß der Freude entgegengehen.

13. JÄNNER 1927.

In unserem Hause ist ebenfalls ein Knabe an Scharlach erkrankt. Seine Mutter kauft jeden Tag einige Male bei mir ein. Ich habe eine so entsetzliche Angst, daß sich mein Kind anstecken könnte! Und wenn es krank wird, führt man es ins Spital. Gerade die letzten Tage hat Jurka mit diesem Knaben immer auf der Straße gespielt!

15. JÄNNER 1927.

Jurka ist krank, er liegt im Bett. Er hustet und hat Fieber. Ich fürchte mich, an die Zukunft zu denken. Im Zimmer ist es dunkel und kalt, draußen regnet es. Wie soll er sich da nicht erkälten? Und wenn er sich nicht erkältet, wenn er sich angesteckt hat? Wenn es vielleicht gar Scharlach ist? Was dann?

Ich befinde mich auch nicht wohl. Schnupfen und Husten quälen mich, die Stirne glüht, das Blut pocht in den Schläfen. Was mir Angst macht, ist, daß ich rechts sehr starke Schmerzen habe. Wahrscheinlich ist meine rechte Niere nicht in Ordnung. Es hat schon vor einigen Wochen angefangen. Um 4 Uhr früh kommt immer ein Lastwagen mit der Milch. Einmal mußte ich mit dem Chauffeur sprechen, der Milch, Butter, Rahm, Jogurt u.s.w. für mein Geschäft bringt. Es war sehr unangenehm für mich über die Milchflaschen zu sprechen, die er nicht genau abrechnet. Oh, diese Milchflaschen! Für jede muß ich 50 Groschen Einsatz bezahlen und dazu habe ich ständig Verdruß mit den Kunden und mit dem Chauffeur, weil er mir immer weniger abrechnet, als ich ihm zurückgebe. Als er kam, sagte ich ihm das gleich freundlich, aber energisch. Er antwortete mir auch freundlich, aber etwas verlegen: »Das kann schon vorkommen. Mit Milchflaschen hat man ständig Verdruß!«

Es war noch ganz finster, bei der Autobeleuchtung hat er in seiner weißen Jacke ganz gespenstisch ausgeschaut. Er kam näher zu mir und gab mir seine unwahrscheinlich große Hand. Er war sehr groß und dick. Er drückte mir so fest meine Hand, daß ich richtige Schmerzen bekam. Er sagte ganz unerwartet, charmant lächelnd, er hatte sehr schöne, weiße, große Zähne: »Gemma tanzen!« – »Nein!« antwortete ich ganz entschieden. »Ich gehe nicht mit Ihnen tanzen, weil ich einen sehr guten Mann habe und ein herziges, kleines Söhnchen, und ich kann sie beide nie allein lassen«. Der Chauffeur wurde plötzlich wütend. »Dann kinnens die Milchkanne selbst ins Geschäft schleppen!« schrie er mir laut und grob zu. Ich war gekränkt, daß er mit mir so sprach, antwortete ihm aber nicht, und ohne zu überlegen, daß eine solche vollgefüllte Milchkanne über 50 Kilogramm wiegt, habe ich mich bemüht, eine von den Milchkannen herunterzubringen. Der Chauffeur stand daneben, schaute, wie ich mich bemühte, und lachte frech. Wie oft bewunderte mich mein geliebter Mann, meine Sonne, daß ich so kräftig bin und daß ich so viel tragen und heben kann, obwohl ich nur 51 Kilogramm wiege. Ich sagte ihm aber immer, das sei kein Wunder, weil ich nach der Revolution sehr schwer körperlich arbeiten mußte. Als wir in Omsk im Waggon wohnten, schleppte ich jeden Tag von weitem in unseren Waggon zwei sehr schwere Eimer mit Wasser, oder einen sehr schweren Korb mit nasser, gewaschener Wäsche zum Schwemmen im Irtysch Fluß; ich war gewöhnt, Holz zu zersägen und anderes. Es ist alles nur Übung. Jetzt schleppe ich jeden Tag zu uns vom Lerchenfeldermarkt fast eineinhalb

Stunden 40 Kilo und mehr in zwei Taschen mit Obst, Gemüse, Speck u.s.w. In jeder Hand eine Tasche und dazu einen vollen Rucksack auf dem Rücken. Wir haben eben kein Geld für ein kleines Wägelchen mit zwei Rädern, wie jeder Geschäftsmann in Ottakring eines hatte. Mit großer Mühe habe ich jetzt die schwere Milchkanne vom Lastwagen heruntergeschleppt, und als sie auf der Erde vor mir stand, fühlte ich plötzlich einen Stich, als ob mir rechts drin etwas abgerissen wäre. Ich hatte plötzlich sehr starke Schmerzen gefühlt, die seitdem wieder und wieder kommen. Ich erzählte meinem geliebten Mann nichts davon. Ich wollte auch nicht, daß er mit dem unfreundlichen Chauffeur spricht, der mir nicht helfen wollte. Meine Sonne Otmar ist schnell aufgeregt. Ich bemühe mich, alles zu vermeiden, was ihn aufregen könnte, was schädlich für seine Galle und Leber ist. Und ich nehme alle meine Kräfte zusammen, um den Kunden fröhlich und gesund zu erscheinen, obwohl ich manchmal starke Schmerzen bekomme.

17. JÄNNER 1927.

Es ist heute das erstemal, daß ich mit meinen Träumen zufrieden bin. Das erstemal, seit ich in Wien bin, habe ich einen Traum aus meinem jetzigen Leben gehabt. Bisher war es immer Rußland, das mir vor die Augen getreten ist.
Ich sah im Traume, daß mir im Geschäfte die Semmeln ausgegangen sind und daß ich zu meinem Bäcker laufen mußte, der aber auch schon ausverkauft war, so daß ich einen weiteren Weg zu einem andern Brotgeschäfte machen mußte. Die ganze Zeit über hatte ich aber Angst, es könnte während meiner Abwesenheit in meinem Geschäfte irgend etwas gestohlen werden. Das war alles. Und wie harmlos, ja, fast möchte ich sagen, wie unterhaltend erschien mir diese kleine Angst im Vergleich zu dem Entsetzen, das meine russischen Träume immer in mir zurücklassen. Wenn ich mehr solche Träume hätte, ich würde weniger Sehnsucht nach Rußland fühlen!

26. JÄNNER 1927.

Oft muß ich an die Worte Dostojewskijs denken, der sagt: Die russische Frau ist tapfer.
Ich wiederhole mir diese Worte, um in mir diese Tapferkeit zu erwecken.

Ich will in mir die Kräfte finden, die mir helfen sollen, den Alltag zu ertragen, der meine Seele niederzieht; die mir helfen sollen, auch in dieser Umwelt etwas Lichtes, Beruhigendes, Freudiges zu finden.
Es gibt schlimme Tage, sehr schlimme Tage. Wenn Otmar erkältet ist und hustet, so müde ist, daß er sich kaum bewegen kann und dennoch in die Universität geht; wenn das Kind krank ist, im halbfinsteren Zimmer sitzt und jammert; wenn die Kunden alle husten, niesen, über Kopfschmerzen klagen und dabei sich beschweren, daß die Semmeln zu spät kommen, daß das Brot zu frisch oder zu wenig frisch ist; wenn die Kinder im Geschäft herumlärmen und Unordnung machen...
Es gibt schlimme, sehr schlimme Tage, wenn der Wind durch die Straßen heult, der Himmel tief mit Wolken verhängt ist, wenn der Regen hartnäkkig vom Himmel fließt und mir, wenn ich einkaufen gehe, in den Hals hinunterrinnt, und wenn ich gerade an solchen Tagen weiß Gott zu welchen Lieferanten herumlaufen muß...
Es sind schlimme Tage, wenn der Briefträger mir traurige Briefe aus Rußland bringt, wenn die Kunden nicht zahlen, wenn die Lieferanten Bezahlung verlangen und kein Geld in der Kasse ist.
An solchen Tagen, die keinen Funken von Freude bringen, weder für mich noch für alles, was um mich herum ist, nehme ich mein Tagebuch und schreibe. Ich schreibe vom Alltag, der mich niederdrückt, und dabei denke ich an die Worte Dostojewskijs.
Ach, wie möchte ich auch heute tapfer sein! Wie möchte ich jemandem sagen können, daß das Leben schön ist, selbst in diesem grauen, hoffnungslosen Alltag. Ich will kein trauriges Gesicht haben, nicht niedergeschlagen scheinen; ich will nicht die Hände müde in den Schoß sinken lassen!
Und wenn ich zerrissene Schuhe habe, so kann ich sie ja selbst mit Zwirn flicken; wenn Otmar hustet, so kann ich ihm abends ein Glas heißen Tee mit Rum geben; wenn es regnet, so kann ich warten, bis es schön wird und das Kind wieder auf die Straße gehen kann; und Herr Moser wird doch wieder einmal Arbeit bekommen und seine Schulden bezahlen. Und meine Zeit ist auch nicht ganz verloren, denn ein ganz klein wenig kann ich ja doch lesen und schreiben, oder, wenn schon nichts anderes, so kann ich wenigstens in meinen Aufzeichnungen herumblättern und ein paar von den Aussprüchen lesen, die ich mir während der Lektüre meiner Lieblingsschriftsteller notiert. Nun, da ist ja gleich etwas, was für mich paßt, ein Vers von Kolzow:

> Erhebe dich, so hoch du kannst, entfalte deine Flügel,
> Vielleicht ist deine Freude nicht mehr fern!

Kaum jemand macht mir das Leben so bitter wie die kleine Anni. Sie ist ein sehr hübsches zwölfjähriges Mädchen, aber ich habe noch niemals gesehen, daß sich ein Mensch dem Leben gegenüber so pessimistisch einstellen könnte wie dieses Kind. Ihr Vater und ihre Mutter sind beide in Arbeit. Sie selbst muß nach der Schule zu Hause wirtschaften und ihre kleinen Geschwister betreuen, weshalb sie auch sehr oft die Schule versäumt. Anni ist allen und allem gegenüber feindlich gesinnt. Die Eltern, die beinahe nie zu Hause sind, kann sie nicht leiden, weil sie sie zur Arbeit zwingen; ihre Geschwister, weil sie weinen und ihr Arbeit verursachen; die Lehrerin, weil sie ihr schlechte Noten gibt, für die sie dann zu Hause noch Schläge bekommt.

Sie ist in mein Geschäft gekommen wie der böse Geist der Zerstörung. Das erste, was sie tat, war, daß sie mir einen großen Korb mit Früchten umwarf und, statt sie wieder aufzulesen, davonlief. Das nächstemal stach sie mit einer Nadel in ein Likörkonfekt, und als ich ihr sagte, das dürfe sie nicht tun, zeigte sie mir die Zunge und lief davon. Dann zerschlug sie mir ein Glas, und statt sich zu entschuldigen, sagte sie, mir frech in die Augen blickend:

»Wenn Sie meiner Mutter etwas sagen, dann gehe ich in ein anderes Geschäft einkaufen!«

Ich kann nicht all die kleinen Unannehmlichkeiten aufzählen, die mir Anni verursachte. Jeden Tag lief sie laut lärmend ins Geschäft, an der Hand ihren kleinen Bruder führend, der immer krank war und immer laut heulte. Dann trat sie zum Ladentisch, sagte mir irgendeine Keckheit und stellte irgend etwas an. Aber merkwürdig, während ich doch den Buben, der mir, ähnlich wie Anni, auf die Nerven gefallen ist, sofort hinausgewiesen, konnte ich Anni gegenüber nicht bös werden. Es war in ihr etwas, was mein Herz einnahm. Vielleicht war es das, daß sie so verlassen war, daß sie so viel arbeiten mußte, oder vielleicht dieser für ein Kind so sonderbare Haß den Menschen gegenüber.

»Anni«, fragte ich sie einmal, »warum hast du denn die Menschen so gar nicht lieb?«

»Wofür soll ich sie denn liebhaben?« antwortete sie. »Alle Leute sind Gauner. Nur Sie allein nicht, und das auch nur deshalb, weil Sie zu wenig Verstand dazu haben!«

Ich tat so, als ob ich ihre freche Antwort überhört hätte. Nach einer Weile fuhr sie fort:

»Es tut mir überhaupt leid, daß ich lebe! Was habe ich denn davon?

In zwei Jahren, haben meine Eltern gesagt, muß ich ohnehin schon selbst arbeiten. Dann muß ich mich von irgend jemandem aushalten lassen, und ich kann die Männer ohnehin nicht leiden!«
Erstaunt blickte ich sie an. Ich konnte es gar nicht begreifen, wie ein so kleines Ding so sprechen konnte.
»Aber du wirst dann einfach heiraten!« warf ich ein.
»Heiraten!« lachte Anni bitter. »Heiraten tun die, die Geld haben. Unsereins wird ausgehalten und dann weggeworfen. Meine ältere Schwester geht auch ›trab-trab‹ und meine Mutter auch, wenn das Geld nicht reicht. Und ich werde es auch tun müssen. Freilich paßt es mir gar nicht!«
»Aber Anni, wer spricht denn von solchen Sachen zu dir? – Du bist ja noch nicht einmal zwölf Jahre alt!«
»Wer das sagt? Alle sagen es. Ich muß ja jetzt schon der Mama helfen, wenn ein Gast kommt! Ach, reden Sie mir nicht diese schönen Worte, die sie in den Kirchen sagen, ich kenne das Leben besser!«
Und Anni lief davon; sie vergaß aber nicht, unterwegs absichtlich an eine Schachtel mit Konfekt anzustoßen. Die Zuckerln fielen auf den Boden, in ein Pfütze, die aufzuwischen ich noch nicht dazugekommen war, und ich mußte fast die Hälfte wegwerfen.
Merkwürdig, ich konnte es nicht über mich bringen, Anni zu schelten; im Gegenteil, ich bemühte mich, mit ihr möglichst lieb zu sein, mehr als mit allen anderen Kindern.
Gestern war sie ganz besonders schlimm. Wie eine Furie schoß sie im Geschäfte hin und her und suchte, was sie anstellen könnte. Dann blickte sie mich frech an und teilte mir mit, sie habe mir gestern zwei Kuchen gestohlen und sie gegessen. Dann, als sie zahlte, warf sie das Geld auf den Boden und lief davon. Ich sagte ihr auch da nichts. Ich glaubte, sie müßte einmal ihrer Bosheit überdrüssig werden und ich könnte ihr Herz eher mit Milde besiegen als mit Strenge oder Grobheit.
Heute kam sie wieder zu mir.
»Warum haben Sie sich gestern nicht bei meiner Mutter beklagt, daß ich Ihnen das Geld auf den Boden geworfen habe?« fragte sie gereizt.
»Siehst du«, antwortete ich, »das Geld liegt noch am Boden; ich habe es nicht aufgehoben. Ich habe gewartet, bis du kommen wirst, um es selbst aufzuheben.«
Anni bückte sich schweigend, las die Geldstücke auf und legte sie auf den Ladentisch. Ihr Gesicht glühte wie Feuer, sie blickte mich schief von unten her an. Plötzlich hob sie ihren Blick zu mir empor, und mich mit ihren blauen Augen starr anblickend, fragte sie:
»Sie haben mich gern?«

»Ja«, gab ich zur Antwort.
»Ich Sie auch!« rief sie aus, sprang mit einem Satz über den Ladentisch, fiel mir um den Hals und küßte mich.
Das kam mir so unerwartet, daß ich noch immer nicht zu mir kommen konnte, als sie schon lange bei der Türe draußen war. Der Kuß dieses Mädchens ist mir mehr wert als Gold. Ich fühle, daß ich ihr Herz besiegt hatte, und dieser Sieg wog reichlich viele von den schweren Tagen auf, die ich hier erleben mußte...

1. FEBRUAR 1927.

Es sind wieder schwere Tage für uns. In drei Wochen soll Otmar sein Rigorosum ablegen, aber er ist so müde, daß er gar nicht mehr arbeiten kann. Er hält nicht die leiseste Störung aus, alles macht ihn nervös. Auch in mir zittert alles vor Anspannung. Es scheint mir, als würde man uns zwingen, einen schweren Stein einen steilen Berg hinanzuwälzen. Der Stein drückt unerträglich, die Hände zittern vor Anstrengung, die Brust schmerzt. Nur ganz wenig noch, und der Stein ist oben – aber da verlassen uns die Kräfte. Wir stehen, wir halten noch mit den letzten Kräften den riesigen Stein, der uns erdrückt, wenn wir ihn loslassen...
Und wieder haben wir kein Geld. Lange gehe ich am Markte auf und ab und suche, was recht billig wäre. Wie lange wird das noch dauern? Tag für Tag, Woche für Woche, Monat für Monat dieser nervenverzehrende Kampf um das tägliche Leben...
Wir heben den Stein unseres Schicksals, er drückt unerträglich, die Hände zittern vor Anstrengung, die Brust schmerzt. Mein Gott, hab Erbarmen mit uns! Wir haben so lange und so viel gelitten, wir haben niemandem etwas zuleide getan, wir haben unsere Herzen nicht mit Bitterkeit und Haß erfüllt, trotz der schweren Last, die wir tragen müssen. Aber jetzt ist es uns schwer...
So wenig ist uns nur noch geblieben, so nahe ist das Ziel. Nur noch einmal, zweimal alle Kräfte anspannen, und der Stein ist am Gipfel, wir können ausruhen. Doch die Kraft fehlt uns in der letzten Minute, wenn du sie uns, mein Gott, nicht gibst. Hilf uns, mein Gott!...

Heute erzählte mir Sserafima Andrejewna das Ende der Geschichte ihrer »unglücklichen Liebe«.

»Es war einmal eine Zeit, in der es für einen jungen Mann oder für eine junge Dame geradezu unwürdig schien, normal und glücklich zu lieben. Nun, ich habe mitgemacht, was man eine unglückliche Liebe nennt, und ich kann sagen, es gibt wohl nichts Entsetzlicheres und gleichzeitig Sinnloseres. Finden Sie überhaupt nicht, daß wir Frauen unsere Seelenkräfte ganz umsonst für diese sogenannte Liebe verschwenden?«

»Sie scheinen sehr gegen die Liebe zu sein!« lachte ich.

»Ja, ich bin eine erbitterte Gegnerin derselben«, erklärte sie. »An keinem Kriege, an keiner Pest gehen so viele Menschen zugrunde wie an der Liebe. Und weshalb? Wegen einer bloßen Einbildung! Ich habe mir zum Beispiel eingebildet, ich liebe Nikolaj und könnte ohne ihn nicht leben. Und Sie sehen, es geht doch. Es wundert mich nur, daß noch kein Gelehrter einen Apparat erfunden hat, in dem man den Menschen sehen kann, den man liebt, und zwar so sehen, wie er wirklich ist. Man braucht ihn gar nicht schlechter zu machen; nein, eben nur so zeigen, wie er tatsächlich ist, und mit der Liebe wäre es vorbei.

Nun, ich will Ihnen ja weitererzählen... Einmal blieben wir in unserem Zimmer ganz allein, alle waren in die Stadt gegangen. Wenn man sich nicht liebt, ist das Alleinsein für beide Teile unangenehm und peinlich; wenn aber nur der eine liebt, der andere nicht, dann ist es noch schlimmer. Zuerst schwiegen wir beide lange. Ich saß beim Fenster und nähte, während Nikolaj die Zeitung las. Alles, was er tat, tat er mit finsterer, mürrischer Miene, so, als ob die ganze Umwelt an seinen Sorgen schuld wäre. Sogar das Zeitunglesen machte da keine Ausnahme.

Dann stand er plötzlich auf, warf die Zeitung zu Boden und begann zu sprechen. Beinahe immer sprach er nur mit sich selbst, über seine Leiden. Es gab keinen Satz, in dem nicht das Wort ›Ich‹ vorgekommen wäre.

›Mein Stolz leidet darunter, daß ich auf Kosten anderer leben soll. Ich habe beschlossen, heimzufahren. Warum soll ich immer von anderen Wohltaten empfangen? Warum soll ich mich immer an andere um Hilfe wenden? Immer jemandem dankbar sein?‹

›Niemand fordert von Ihnen Dankbarkeit‹, unterbrach ich ihn. ›Das verstehen Sie doch selbst!‹

›Und am meisten quälen Sie mich, Ssima!‹ sagte er mit grober Stimme, während er an mich herantrat und mir beinahe mit Haß in die Augen blickte. ›Welches Recht hatten Sie, sich damals an den Arzt zu wenden, während ich an Typhus daniederlag? Was wollten Sie damit bezwecken, daß Sie mich pflegen wollten? Wissen Sie denn nicht, wie es dort zugeht? Sie wissen ganz genau, daß es unter all den Schwestern, die dort die Kranken pflegen, keine einzige anständige Person gibt... Ich kann Ihnen das nicht verzeihen!‹

Er wandte sich um und begann aufgeregt im Zimmer auf und ab zu schreiten. ›Ich habe von Ihnen besser gedacht, als Sie in Wirklichkeit sind! Ja, so ist es!‹

Diese grausamen Worte trafen mich mitten ins Herz. Ich wußte wohl, daß er noch nicht gesund war, daß ihm die Krankheit die Fähigkeit genommen, ruhig und klar zu denken; aber so ist nun einmal das menschliche Herz; solche Beleidigung kann es niemals verzeihen, und mögen sich tausend Entschuldigungen dafür finden. Ich schwieg, aber ganz plötzlich stieg ein Gedanke in mir auf...

›Ja, ich fahre nach Hause. Ich weiß, daß das vielleicht mein Tod sein wird, wenn man dort daraufkommt, daß ich mit den Weißen gekämpft habe. Aber besser der Tod als das Leben hier, fremden Leuten zur Last zu sein, ohne zu wissen, weshalb und wozu. Ich weiß, daß meine Anwesenheit hier jedem Menschen nur unangenehm ist!‹

Ich ließ den Kopf sinken; im Zimmer begann es schon finster zu werden, so daß ich das Gesicht Nikolajs nicht mehr genau sehen konnte. Nur der dunkle Klang seiner harten Worte traf mein Ohr.

›Und gegen die Roten habe ich übrigens ein gutes Mittel. Gift! Die Schwester Tanja hat es mir im Lazarett gegeben. Sie hat gesagt, ich würde sicher einmal den Roten in die Hände fallen, weil ich es nicht verstünde, meine Zunge zu bezähmen... Wissen Sie übrigens, daß mich die Schwester Tanja sehr liebte? Tag und Nacht wich sie nicht von meinem Bett. Das war echte Liebe! Aber ich brauche keine Liebe mehr. In meiner Seele, da ist irgendein Geheimnis, das ich nicht enträtseln kann. Ich habe durch diesen Typhus alles vergessen. Aber das weiß ich, dort in der Heimat, da ist ein Mädchen, das ich über alles geliebt habe... Aber ich weiß nichts von ihr. Ich weiß nicht, wie sie aussieht, ich weiß nicht, wie ihre Stimme klingt, nicht einmal an ihren Namen kann ich mich erinnern... Wenn ich heimfahre, vielleicht gelingt es mir, dieses Rätsel zu lösen. Es quält mich unsäglich.‹

Da war es mir, als ob ich mich ihm in die Arme werfen und ihm sagen müßte: ›Nikolaj, ich bin es ja, die du geliebt hast...‹ Aber ich wußte, trotz der Dunkelheit, daß er jetzt mit gleichgültigem, vielleicht feindseligem Blick auf mich sah, daß ihm bereits Worte auf der Zunge liegen, die mich verwunden sollten. Und ich schwieg. Sein Gedächtnis schlief ja und auch sein Herz...

Es fügte sich gerade, daß an diesem Abend meine Eltern mir wieder die heftigsten Vorwürfe machten, daß ich einen Menschen liebe, dem ich mehr als gleichgültig bin. Und so kam ich in eine Stimmung, die ich nicht mehr ertragen zu können vermeinte. Ich beschloß, Nikolaj das Gift zu stehlen und mir das Leben zu nehmen. Es war mir nichts mehr wert. Meine Eltern hatten noch andere Kinder, die ihnen nicht wie ich nur Kummer und Sorgen verursachten. Und für Nikolaj existierte ich ja nicht. Was sollte ich da noch mit dem Leben anfangen?...

Doch in einem Zimmer, in dem acht Personen leben, ist es nicht so einfach, sich das Leben zu nehmen. Schon Nikolaj das Gift zu entwenden, war eine schwierige Angelegenheit.

Mir kam ein Zufall zu Hilfe. Auf der Straße, in der Nähe unseres Hauses, geschah irgendein Unfall und alles lief hinaus. Nur Nikolaj und ich blieben zurück. Nikolaj schlief; er lag übrigens beinahe den ganzen Tag über und schlief.

Ich ging zu seinem Bette und beugte mich über ihn. Wie bemitleidenswert er mir da erschien! Sein Hemd hatte sich ein wenig geöffnet, und ich sah seine Brust; nichts als Haut und Knochen. Ganz bleich lag er da und eine Ader pulsierte unregelmäßig an der eingefallenen Schläfe. Seine langen schwarzen Wimpern zitterten leicht. Ich schob vorsichtig meine Hand in seine Rocktasche und fand dort ein kleines Paket, das mit einem Totenkopf versehen war. Freude und Angst drangen gleichzeitig auf mich ein. Irgendwo in der Tiefe meines Herzens mußte ich doch gehofft haben, ich würde das Gift nicht finden.

Dann küßte ich ihn auf die Stirn. Nur ganz leicht berührten meine Lippen seine Haut; seine Wimpern zitterten stärker auf und ich hatte schon Angst, er würde erwachen. Eine Träne fiel ihm aufs Gesicht. In dieser Minute liebte ich ihn mehr als meine Eltern, mehr als alles auf der Welt.

Ich schrieb einen Abschiedsbrief, ganz kurz; wie das so üblich ist, bat ich darin meine Eltern um Verzeihung. Ich kann mich noch ganz genau an den letzten Satz erinnern: ›Ich muß sterben, weil ich gegen meine Liebe nicht ankämpfen kann und weil es mir unmöglich ist, ohne die Liebe Nikolajs zu leben.‹

Nachdem ich den Brief fertiggeschrieben, schüttete ich das Pulver in ein Glas mit Wasser. Ich wartete, bis es sich ganz aufgelöst; ich wollte die entscheidende Minute noch etwas hinausschieben. Da hörte ich, wie meine Leute zurückkehrten, und schnell stürzte ich den Inhalt des Glases hinunter. In diesem Augenblicke war es mir ganz klar geworden in der Seele, ich wußte, ich müsse jetzt sterben, und der Tod hatte keinen Schrecken für mich. Meine Nerven waren damals vollständig überreizt, und die ganze Welt erschien mir in einem andern Lichte. Ich glaube überhaupt, wenn es möglich wäre, einen Selbstmörder auch nur auf fünf Minuten aus seinem Vorstellungskreise herauszuführen, er würde sicherlich mit dem Leben wieder versöhnt werden. Nur deshalb nehmen sich ja die Menschen das Leben, weil sie vollständig das Gefühl für die Wirklichkeit verlieren und in einer konstruierten Phantasiewelt leben, die sich um irgendeine quälende fixe Idee bewegt.

Ich legte mich in meinem Winkel nieder, schloß die Augen und in wenigen Minuten verlor ich das Bewußtsein. Doch nicht für immer. Ein fürchterlicher Schmerz im Magen erweckte mich; ich begann zu erbrechen, so furchtbar, als ob mein ganzes Inneres zerrissen wäre. Und da sah ich, wie entsetzt meine Eltern waren, in welcher Aufregung und mit welcher Zärtlichkeit sie sich um mich sorgten, und wie Nikolaj ganz ruhig und unbeweglich auf seinem Bette liegen blieb. Als ihm die Mutter zuflüsterte, sie fürchte, ich hätte irgend etwas eingenommen, sagte er mürrisch:

›Ach, sie hat sich nur mit ihrem Pirog überessen. Mir tut auch heute schon den ganzen Tag der Magen weh von ihm.‹

Diese Worte wirkten auf mich wie ein Zauber. Ich fühlte es förmlich körperlich, wie meine ganze Liebe mit einem Male von mir wegflog und ein unwiderstehlicher Wille zum Leben in mir erwachte. Nikolaj war mir auf einmal vollständig gleichgültig geworden, die Schuppen waren mir von den Augen gefallen, ich habe ihn gesehen, wie er wirklich ist. Nun steckte ich mir selber den Finger in den Hals, um das Gift möglichst vollständig aus meinem Magen zu entfernen. Und während ich fort und fort erbrach, gab ich mir das heilige Ehrenwort, ich würde niemanden mehr in meinem Leben lieben. Ich sah es vollkommen klar ein, daß die Liebe nichts anderes wäre als eine ganz besonders gefährliche Art des Wahnsinns. Der Unterschied ist nur der, daß der Wahnsinnige ins Irrenhaus gesperrt wird, während der Verliebte ruhig auf den Straßen spazieren kann. Gegen Abend erholte ich mich etwas. Ich vernichtete meinen Abschiedsbrief, den zum Glück noch niemand gesehen hatte. Bald war ich wieder ganz gesund, nicht nur körperlich, sondern auch seelisch. Ich kehrte wieder zu meiner gewöhnlichen Tagesarbeit zurück und noch niemals war mir das Leben so lieb und gut erschienen wie jetzt. Sogar die ewigen Selbstgespräche Nikolajs, in denen er von dem Mädchen erzählte, das er einst geliebt und das er nun in seiner Heimat wiederfinden wollte, sie ließen mich vollständig gleichgültig.

Als Nikolaj abreiste, vergoß ich keine einzige Träne; im Gegenteil, ich war herzlich froh darüber. Ich wurde von Tag zu Tag fröhlicher, hübscher, ich blühte auf wie eine Blume...«
»Wie sind Sie aber mit Ihrem jetzigen Mann zusammengekommen?« fragte ich, nachdem sie eine Weile, in Gedanken versunken, geschwiegen.
»Das Schicksal hat überhaupt mit mir Scherz getrieben. Mein Geschick, das heißt eigentlich meine Tragödie, liegt darin, daß ich in den Männern diejenigen Gefühle erwecke, deren ich selbst nicht fähig bin. Immer habe ich die körperliche Begehrlichkeit der Männer erweckt, bin selbst aber immer kalt geblieben. Nichts in meinem Leben verachtete ich so sehr und verachte ich noch immer wie die körperliche Liebe. Um so merkwürdiger, daß ich gerade immer der Gegenstand einer solchen sein mußte. Dostojewskij hat einmal irgendwo gesagt: Von allen Frauen ist die Russin am wenigsten Frau. Ich weiß nicht, ob das für alle Russinnen gilt; für mich ganz bestimmt.
Nun, als ich das erstemal mit meinem jetzigen Manne zusammenkam, verlor er sofort den Kopf. Einige Tage später schon hielt er bei meinen Eltern um meine Hand an. Er war Kriegsgefangener und sollte gerade in seine Heimat zurückbefördert werden. Meine Eltern waren überglücklich, sie hofften, ich würde im Ausland ein besseres Leben haben, als dies in Rußland möglich wäre, und ich würde vielleicht auch ihnen einmal helfen können, Rußland zu verlassen.
Ich dachte nicht lange nach. Was wartete meiner in Rußland? Hunger, Bettelarmut, vielleicht der Tod von der Hand der Roten, und, was das Ärgste war, vielleicht einmal sogar die Rückkehr meiner Liebe zu Nikolaj. Mit einem Worte, nur Sklavendasein. Die Annahme von Oswalds Antrag aber verschaffte mir die Möglichkeit, in einem freien Lande zu leben und meinen Eltern helfen zu können. Freilich, ich liebte ihn nicht, ich achtete ihn nur. Aber das ist ja meiner Ansicht nach das Wichtigste in der Ehe. Ich versichere Ihnen, hätte ich mich in ihn verliebt, ich wäre sicher nicht mit ihm gefahren. Übrigens habe ich ihm diese meine Ansichten nicht verheimlicht, und sie machten auf ihn wegen ihrer Originalität Eindruck. Ich erzählte ihm alles, was ich mit Nikolaj erlebt, aber auch das machte auf ihn den denkbar besten Eindruck und er war entzückt von meiner ›russischen Seele‹. Nun, und stellen Sie sich vor, am Abend vor meiner Hochzeit bekam ich einen Brief von Nikolaj. Als ich seine Handschrift am Briefumschlag erkannte, begannen meine Hände zu zittern. Oswald fragte mich erschrocken, worum es sich handle, und bevor ich den Brief noch aufgemacht, gab ich ihn ihm zu lesen. Er las ihn durch und erbleichte. Da sagte ich ihm:

›Zerreiße den Brief und sage mir nicht, was in ihm steht. Ich will mir mein zukünftiges Leben mit dir nicht verderben lassen!‹
›Du mußt ihn lesen‹, bestand Oswald, ›und du mußt dich entscheiden, wen du wählst, mich oder ihn!‹
Und ich las den Brief. Nicht eine Zeile ist aus meinem Gedächtnis geschwunden, nicht eine einzige. Es war ein Brief, in dem jedes Wort in die Seele brannte, geschrieben in der höchsten Aufregung, Spuren von Tränen waren über die Blätter verstreut.
›Ssima, meine arme Ssima‹, schrieb er. ›Ich habe mein Gedächtnis zurückbekommen! Du warst es, die ich die ganzen Jahre über geliebt, und ich war bei Dir und habe Dich verlassen, um Dich zu suchen! Ich habe Dich beschuldigt, daß Du als Krankenschwester ins Lazarett gehen wolltest, und ich habe mich erinnert, daß ich es war, der Dich durch seine Bitten dazu gezwungen. Aber jetzt ist ja alles, alles gut!
Komm zu mir, schreibe mir sofort, daß Du alles vergessen, daß Du mir alles verziehen hast. Komme unverzüglich zu mir! Ich habe unerwartet eine sehr gute Protektion gefunden, mir droht keine Gefahr, ich kann fertig studieren und ich werde bald Arzt werden. Wir können sofort heiraten.
Nun muß ich Dir noch sagen, wie es geschah, daß ich mein Gedächtnis zurückbekommen. Ich kam zufällig in unser ehemaliges Gymnasium, in dem jetzt die Gewerkschaftsleitung untergebracht ist. Auf den Gängen lagen die alten Schulbänke aufgestapelt, und denke Dir nur, ich fand die Bank, auf der wir beide einst gesessen. Die eine Hälfte, die unserer Sitznachbarn, war voll von Beistrichen und Rufzeichen, unser Platz war rein. Und dieser Anblick war es, der mir mein Gedächtnis zurückgab; an alles, an die kleinsten Kleinigkeiten erinnerte ich mich plötzlich. Du kannst Dir denken, wie mir da zumute war, als ich mich erinnerte, was ich Dir in Tomsk angetan. Aber Du mußt es verstehen, daß nicht ich daran schuld war; es war der Typhus, die Krankheit. Jetzt aber wird alles gut werden! Schreibe möglichst bald, denn ich vergehe vor Qual, obwohl ich eigentlich nicht zweifle, wie Deine Antwort beschaffen sein wird. Du wirst kommen und wir werden glücklich sein!‹
Ich schrieb ihm einen kurzen Abschiedsbrief und fuhr mit Oswald nach Österreich...
Nun aber ist es höchste Zeit, daß ich gehe. Wie es mir dann mit Oswald erging, das werde ich Ihnen das nächstemal erzählen. Ich komme ja bald wieder; ich bin ja so froh, daß ich jemanden gefunden habe, mit dem ich mich in meiner Muttersprache aussprechen kann!«

7. FEBRUAR 1927.

Anni hat ihr Benehmen mir gegenüber vollständig geändert. Wenn in ihrer Gegenwart ein Kind im Geschäft zu lärmen oder Mutwillen zu treiben beginnt, gleich packt sie es beim Kragen und wirft es bei der Türe hinaus. Stundenlang sitzt sie neben dem Tischchen und blickt mich an. Sie spricht kein Wort, aber aus ihren Augen leuchtet Glück. Sie ist sogar in der Schule anders geworden und lernt besser als früher. Es macht mir immer eine große Freude, wenn sich die Türe öffnet und ihr kleines, zartes Figürchen mit den klaren, blauen Augen hereintritt.

8. FEBRUAR 1927.

Die ganze Nacht über fiel Schnee und auch jetzt schneit es fort. Ich fühle mich glücklich. Der weiße, flockige Himmel scheint mir so zart und weich wie das Fell meiner weißen Katze, die ich in meiner Kindheit so zu streicheln liebte. Die ganze Erde ist wie mit einem großen, weichen, weißen Felle zugedeckt.

Ist es nicht gleichgültig, welches Land unter dieser Schneedecke liegt? Österreichische oder russische Erde? Ist es nicht letzten Endes gleichgültig, wo man lebt, wenn man nur diese kalte, reine, frische, würzige Luft einatmen kann?

Wie ein Kind, wie ein Tier erfreue ich mich an der Fülle des Lebens und der Gesundheit, die mir von allen Seiten zuströmt, während ich meine Blicke über die glitzernde Fläche schweifen lasse.

Ich weiß es, daß diese Minute wieder vorübergehen wird, daß wieder Kummer und Trauer von meinem Herzen Besitz ergreifen werden. Aber daran will ich jetzt in diesem Augenblick nicht denken.

Ich habe mich ausgesöhnt mit meinem Geschick, mit dem, das ich jetzt trage, und mit dem, was ich getragen. Und auch in die Zukunft blicke ich mit stillem, demütigen Vertrauen.

Der Schnee fällt weiter in zarten, weichen Flocken, er deckt alle Furchen und Höcker zu, bedeckt alle Gräber. Er gibt stille Klarheit und Ergebenheit, schenkt demütige Hoffnung...

Was wir besonders qualvoll empfinden, ist das Fehlen der Musik. Besonders Otmar, der sogar manchmal im Traume sieht, wie er Klavier spielt. Oft, wenn er abends mit offenen Augen im Bette liegt, scheint es mir, als hörte ich, wie Melodien in seiner Seele klingen, die er nicht zum Ausdruck bringen kann, da er kein Instrument hat. Für ihn ist die Musik dasselbe wie für mich das Schreiben. Ich kann nicht leben, ohne zu schreiben, er kann nicht leben, ohne zu spielen oder wenigstens Musik zu hören.

Gestern abend sah ich, wie er auf ein Blatt Notenpapier etwas hinschrieb. Tote Noten, ohne Laut. Es war mir eine entsetzliche Qual, das mit anzusehen. Otmar leidet zweifellos mehr als ich. Er ist ganz aus dem Milieu herausgerissen, in dem er die letzten Jahre lebte, und er ist viel zu sehr Realist, als daß er sich, so wie ich, aus Träumen und Hoffnungen eine Ersatzwelt weben könnte. Wenn wir ein Klavier hätten, wäre es leichter für ihn.

»Otmar«, sagte ich, »vielleicht könnten wir doch ein Pianino mieten? Das Geschäft geht in der letzten Zeit besser. Für dich wäre es eine große Erleichterung und für mich auch!«

Otmars Augen leuchteten auf.

»Das ist eine gute Idee!« sagte er. »Ich werde mich erkundigen, wieviel das kostet. Aber wohin sollen wir das Pianino stellen?«

Daran hatte ich nicht gedacht. In unserem kleinen Zimmer ist alles so ausgefüllt, daß man beim besten Willen keinen Platz ausfindig machen kann.

Otmar erkundigte sich aber doch. Es zeigte sich, daß unserem Plane noch ein anderes Hindernis im Wege stand, an das wir nicht gedacht hatten: Jeder Verleiher stellte zuerst die Frage, ob das Pianino auch in einem trockenen Raume stehen würde. Und in unserem Zimmer ist jedes Kleidungsstück binnen kurzem von grünem Schimmel bedeckt, wenn es in der Nähe der Wand hängt.

Nun, so ist es nichts geworden mit unserem Traume von der Musik. Und so müssen die Melodien weiterschlummern, weil kein Instrument da ist, das ihnen Leben geben könnte.

Heute schloß ich eine neue Bekanntschaft; mit einem zufälligen Käufer, der auf mich einen derartigen Eindruck machte, daß ich Otmar, als er heimkehrte, mit den Worten empfing:
»Nun, Otmar, ich kann dir gratulieren! Ich habe einen Deutschen kennengelernt, der nach Dostojewskij lebt!«
Nach Dostojewskij leben, das bedeutet, wenn es einen Deutschen betreffen soll, einen ebenso absurden Gedanken, als ob man zum Beispiel mich zwingen würde, das Leben eines Südseeinsulaners zu leben.
Meine neue Bekanntschaft war zu mir in der stillen Zeit nach dem Mittagessen gekommen. Ich habe mich auch hier in Österreich schon daran gewöhnt, die Leute nach dem ersten Blick irgendwie zu klassifizieren. Ein Schriftsteller, und zwar ein Journalist, das war mein erster Gedanke. Ein großer, sehr magerer Mann mit schwarzen Haaren und großen, braunen Augen, die ein wenig zu träumerisch und ein wenig zu zerstreut dreinblickten. Als er mich um ein Glas Milch ersuchte, sah er mich nicht einmal an; er war offenbar in irgendeinen Gedanken ganz versunken, wovon schon die vielen Falten, in die er seine Stirne gezogen, zeugten. Seine weißen Hände waren die eines Menschen, der keine körperliche Arbeit kennt; trotzdem waren sie nicht besonders gut gepflegt.
Er setzte sich an den Tisch, öffnete seine Aktentasche und holte einen ganzen Stoß von Zeitungen und Zeitschriften heraus. Sofort vergrub er sich in deren Lektüre, wobei er fortwährend irgend etwas mit einem großen, roten Bleistift unterstrich und von Zeit zu Zeit vor sich hinbrummte: »Bagage! Schweinerei! So ist's recht! Ja, gerade das hätte ich auch gesagt!«
Ein nervöser, leicht beeindruckbarer Mensch, Egozentriker, unduldsam, dachte ich.
Da erhob er sich, ging langsam, mit den Händen in den Hosentaschen, auf und ab: wie ein Blitz schoß er dann plötzlich zum Tisch, zog einen Papierblock aus der Tasche und begann zu schreiben. In wahnsinniger Schnelle flog der Bleistift über das Papier; sein Gesicht wurde röter und röter. Da brach der Bleistift ab; wütend warf er ihn in eine Ecke und zog einen zweiten aus der Tasche.
Ein sehr nervöser Mensch, setzte ich meine Beobachtungen fort. Ein Mensch, der seine Meinung äußerst hochschätzt, der aber von seinen Zeitgenossen nicht genügend gewürdigt wird, einer, der mehr in einer konstruierten als in der wirklichen Welt lebt.
In diesem Moment lief Jurka ins Geschäft.

»Mama! Mama!« rief er erregt. »Draußen ist ein Pferd umgefallen. Darf ich zuschauen gehen?«
Als der Besucher diese Worte hörte, sprang er auf und sah mich an wie einer, dem das Staunen die Rede genommen hat. Er lief zu mir, blickte mir starr ins Gesicht und fragte mit einer Stimme, in der die Aufregung zitterte, in russischer Sprache: »Sie sind eine Russin?«
»Ja, eine Russin!« gab ich ruhig zur Antwort.
»Doktor Schmidt!« stellte er sich mir vor und blickte mich dabei mit einem solchen Ausdruck von Freude, ja Entzücken an, daß ich ganz verlegen wurde.
»Eine Russin...«, wiederholte er so nachdenklich und mit einem Tone, der von einem solchen tiefen Gefühl durchbebt war, daß meine Verlegenheit nur noch mehr wuchs.
»Ich war nämlich in Rußland kriegsgefangen und habe dort die Russen und alles Russische lieben gelernt. Rußland ist mir eine Heimat geworden, ja vielleicht sogar noch mehr. Ich habe den ganzen Dostojewskij gelesen, in russischer Sprache; nicht einmal, sondern vielleicht zehnmal. Er ist mein Ideal. Wir Deutsche müßten alle Dostojewskij lesen und wir müßten unser Leben nach den Ideen Dostojewskijs einrichten. Nur vom Osten haben wir unsere Rettung zu erwarten. Nur Rußland kann unsere sterbende Kultur zu neuem Leben erwecken. Wir sind zu gemäßigt, zu mittelmäßig. Überall im Leben muß man zu den äußersten Grenzen gehen, so wie Dostojewskij. Wir müssen unser Leben bei den Russen bauen lernen. Wir haben zu wenig gelitten. Wir müssen bei den Russen lernen zu leiden!«
Er hatte meine Hand genommen und ließ sie nicht los. Langsam befreite ich mich und blickte ihn betroffen an. Er sprach gut Russisch, in richtig gebauten Sätzen, nur etwas langsam und abgerissen, den richtigen Ausdruck suchend.
Da erinnerte ich mich plötzlich an meine Gymnasiastinnenzeit, als uns in der siebenten Klasse unsere Lehrerin eine Klassenarbeit über das Thema gab: Raskolnikow als Deutscher. Raskolnikow ist ein so durch und durch russischer Typus, daß man sich etwas Russischeres gar nicht vorstellen könnte. Ein Mensch mit seiner Unfähigkeit, das wirkliche Leben zu leben, mit der Fähigkeit, tagelang auf dem Diwan zu liegen und zu grübeln, mit der Leichtigkeit, sich selbst in die primitivsten Lebensverhältnisse hineinzufinden, mit diesen Eigenschaften bedacht, kann man sich nur einen Russen vorstellen. Und das alles war so weit entfernt von dem, was ich mir von einem Deutschen vorstellte, daß ich eine Viertelstunde lang mit offenem Munde dasaß und gar nicht wußte, was ich denken

sollte. Meine Mitschülerinnen schrieben und schrieben, alle wußten sie, wie sie sich Raskolnikow als Deutschen vorstellen sollten, nur ich saß da und hatte nichts zu sagen. Endlich, erst nach zehn Minuten vor dem Läuten, schrieb ich hin:

»Wenn Raskolnikow sich in einen Deutschen verwandelt hätte, so hätte er vor allem sein Zimmer gelüftet, hätte reine Wäsche angezogen, hätte überall den Staub wegwischen lassen, hätte alle sinnlosen Träume aus seinem Kopf verjagt, hätte sich um irgendeine Stelle umgesehen, kurz und gut, er hätte das Leben nicht geträumt, sondern gelebt, er hätte das Leben in Ordnung gebracht und seinem Willen unterworfen. Sein Leben hätte positive Früchte getragen, wenn es ihm auch nicht gelungen wäre, die Sterne vom Himmel herabzuholen. Aber das wäre dann eben ein Deutscher gewesen und kein Raskolnikow. Raskolnikow, der Russe, und ein Deutscher, das sind zwei entgegengesetzte Begriffe.«

Ich setzte damals verzweifelt den Schlußpunkt hinter meine, ach, so kurze Arbeit, und machte mich auf einen Zweier, eventuell sogar auf einen Einser[1] gefaßt, denn alle meine Freundinnen hatten fünf oder sechs Seiten zusammengeschrieben. Es kam aber anders, als ich dachte. Ich bekam eine Fünf mit Plus und die Lehrerin sagte: »Die Rachmanowa war die einzige, die das Thema richtig verstanden hat.« Und sie fügte dann noch eine lange Belehrung hinzu, in der sie ausführte, daß wir bei den Deutschen lernen müßten zu leben und uns nicht an den bis ins Mark kranken Gestalten Dostojewskijs ein Beispiel nehmen sollten.

Als mein Käufer sprach, hatte er sicher nicht erwartet, daß ich ihm auf seine heiße Lobeshymne Einwände machen würde. Aber ich enttäuschte ihn und sagte:

»Dostojewskij ist mein Lieblingsschriftsteller. Niemals habe ich etwas gelesen, was tiefer hineinreichen würde in die tiefsten Wurzeln des menschlichen Wesens; aber leben, wie seine Helden leben, das erscheint mir vollständig unmöglich. Wissen Sie denn nicht, daß Dostojewskij fast alle seine Bücher geschrieben hat, während er krank war, körperlich und geistig? Er selbst hat gestanden, daß er dann am meisten und am besten schrieb, wenn er krank war. Fast alle seine Helden leben in irgendeiner phantastischen, krampfhaft ausgedachten Welt. Sie denken mehr, als sie handeln, und ihre Gedanken graben irgendwo in den unterirdischen Kellern ihrer Seelen, dort, wohin keine Sonne gelangt.«

»Das ist es ja gerade, was wir brauchen!« rief mein Käufer aus. »Nur die Beschränktheit kann von der Wirklichkeit leben. Tiefe Naturen schaf-

[1] Schlechteste Note.

fen sich ihre eigene Welt. Ich lebe nur in solchen Welten, und solche Welten können mir nur die Bücher geben. Die Bücher sind mein Leben, meine Nahrung.

Ganze Tage lang komme ich oft nicht aus meinem Zimmer heraus. Ich mag die Menschen nicht sehen. Ich liebe die Menschheit, aber der einzelne Mensch ist mir zuwider. Niemand versteht mich. Ich habe Dostojewskij gelesen und seine Gedanken erfaßt. Die anderen alle sind blind. Sie wollen nicht leiden. Ich leide freiwillig. Ich habe eine gute Stellung gehabt. Ich habe sie aufgegeben und auf die Hilfe meiner Verwandten verzichtet, denn ich will die Armut und das Alleinsein erleben.

Mich hat ein Mädchen sehr geliebt, aber ich habe sie, ohne Grund, verlassen. Sie liebt mich, ich sie. Welche Langeweile! Bei Dostojewskij quälen sich die, die sich lieben, und da liegt eine tiefe Wahrheit darin, denn in dem Augenblick, in dem alles klar und einfach ist, in dem es zum Heiraten kommen sollte, da ist es auch nicht mehr Liebe. Ich gab ihr Dostojewskij zu lesen, aber nach zehn Minuten legte sie ihn weg und beschäftigte sich mit einer Handarbeit!«

»Wovon leben Sie denn eigentlich?« fragte ich ihn.

»Ich schreibe. Hier sind einige Artikel von mir. Wollen Sie sie lesen? Natürlich reicht das nicht, und ich stecke bis zum Hals in Schulden. Der Hausfrau habe ich das Zimmer schon vier Monate nicht bezahlt, und in der ganzen Gegend, wo ich wohne, borgt mir kein Krämer mehr. Übrigens steckte ja Dostojewskij auch sein ganzes Leben lang in Schulden; warum sollte es bei mir anders sein?

Als ich aus Rußland zurückkehrte, da wollte ich mir überhaupt nichts kaufen, aber es ging dann doch nicht, ich schaffte mir ein Bücherbrett und ein paar andere Dinge an. Dostojewskij hat nur deshalb seine großen Werke schaffen können, weil er so viel gelitten hat, weil er gehungert hat und weil er zum Tode verurteilt war... Ich habe so viele Ideen! Den ganzen Tag sitze ich und schreibe. Ich fühle, ich kann Großes leisten. Etwas Einzigartiges, was nie wieder kommen wird. Ich schreibe jeden Tag zwanzig bis dreißig Seiten.«

»Ist das nicht ein wenig zuviel?« fragte ich. »Haben Sie denn nicht gelesen, was Dostojewskij in einem seiner Briefe gesagt hat: Wenn man jung ist, kommen einem die Ideen in unglaublicher Menge in den Kopf. Man soll aber nicht jede im Fluge auffangen und in aller Eile aussprechen. Man soll lieber auf die Synthese warten, man soll mehr denken. Man soll warten, bis sich die vielen Einzelheiten, die eine Idee ausdrücken, zu einem Großen ansammeln, zu einem erhabenen, großen Bilde. Dann erst soll man sie niederschreiben...«

Ich zitierte ihm diese Worte Dostojewskijs auswendig, fast wörtlich genau, und er sah mich mit großen Augen an.
»Kennen Sie Dostojewskij so gut?« fragte er.
»Ich habe ihn so oft gelesen, daß ich viele Stellen fast auswendig kann. Aber ich muß Ihnen noch eine Stelle zitieren, auch aus seinen Briefen, die Ihnen sehr unangenehm sein wird. Wissen Sie denn, daß Dostojewskij Europa nicht leiden konnte und am allerwenigsten die Deutschen? Er sagt: ›Wenn Sie wüßten, welche tiefgehende, an Haß grenzende Abneigung ich gegen Westeuropa in diesen vier Jahren gefaßt habe!‹ Das schrieb er seinem Freunde Maikow, und wie oft hat er nicht über die langweiligen Deutschen geschimpft, die, wie er sich ausdrückt, trotzdem sie alle lesen und schreiben können, furchtbar ungebildet und stumpfsinnig sind und keine höheren Interessen haben. Und wissen Sie auch, warum Dostojewskij die Deutschen nicht liebte? Weil er sie gar nicht kannte. Er konnte sie nicht verstehen, weil ihre Natur der seinen viel zu sehr entgegengesetzt ist. Meiner Ansicht nach sollten die Deutschen Dostojewskij als einen großen Schriftsteller, als einen unerreichten Psychologen schätzen, aber sie sollen sich ja kein Beispiel an ihm oder an seinen Heroen nehmen. Ich habe bei uns in Rußland schon so viele Menschen gesehen, besonders unter der Jugend, die deshalb zugrunde gegangen sind, weil sie nach Dostojewskij lieben und leben wollten. Ich glaube, ihr Deutschen tut viel besser, wenn ihr euch an Dostojewskij nur als an einem Künstler begeistert, aber nicht als an einem Führer... Und Ihre Braut haben Sie ganz umsonst beleidigt. Sie war vollständig im Recht. Für sie war die Handarbeit wichtiger als Dostojewskij.«
Entsetzt blickte mich Doktor Schmidt an und stieß dann hervor:
»So denken Sie? Kann denn ein intelligenter Mensch überhaupt so sprechen! Und noch dazu eine Russin?«
Sein Gesicht überzog sich mit dunkler Röte. Sofort sah ich, daß ich einen Menschen vor mir hatte, der keinen Widerspruch verträgt. Aber es war schon zu spät, ich konnte mich nicht mehr zurückhalten. Deshalb fuhr ich fort:
»Aber ich muß Ihnen noch etwas sagen. Wir in Rußland sind dort die ganze Zeit über gesessen und haben von Europa geträumt, von Deutschland. Von den Deutschen, die es verstehen, zu leben und ihr Leben einzurichten. Und ich sage Ihnen ganz aufrichtig, daß es für mich eine sehr unangenehme Überraschung ist, von Ihnen solche Worte hören zu müssen...«
»Sie kennen unser Österreich noch nicht!« antwortete Doktor Schmidt erregt. »Wenn Sie länger hier gelebt haben werden, werden Sie anders

denken. Ich liebe meine Heimat mehr als alles in der Welt. Aber sehr, sehr vieles wollte ich ändern. Von Grund aus ändern. Und meine Landsleute werden von mir schon noch hören. Ich arbeite jetzt an einem Projekt, das die staatlichen Grundlagen unserer Heimat von Grund auf umändern wird. Auch Sie werden noch von mir hören!«
Er reichte mir schnell die Hand, und ohne ein Wort hinzuzufügen, lief er hinaus, die Tür heftig zuschlagend. Er ging nicht fort, sondern er flog davon. Wie ein Mensch fortgeht, das ist auch sehr charakteristisch für ihn, dachte ich, meiner ewigen Gewohnheit, zu beobachten, folgend.

12. FEBRUAR 1927.

Ein herrlicher, frostiger Morgen. Der Himmel glänzt. Meine Kundinnen kommen heute alle ohne Schirme ins Geschäft und ich brauche daher nicht nach einer jeden eine ganze Lache aufzuwischen wie all die letzten Tage her.
Ich weiß nicht, was mich heute in diese freudige Stimmung gebracht hat. Ist es die Sonne oder der leichte Frost, der mich so an Rußland erinnert, oder ist es vielleicht deshalb, weil ich heute im Traume die GPU gesehen habe und wieder einmal Gott dafür danke, daß wir in Wien sind und nicht in Rußland? Sei es wie immer, ich atme heute leichter als sonst, und es scheint mir, als ob irgendein helles Licht vor mir leuchtete, das mich in eine verklärte Ferne rückt...
Zuerst brachte ich unser kleines Zimmerchen in Ordnung; es ist zwar dunkel und feucht, aber ich beginne es doch schon zu lieben, denn es ist unser. Dann reinigte ich sorgfältig alles im Geschäft, putzte die Klinken, wusch den Boden und sang dabei die ganze Zeit.
Das Leben ist wunderschön, schon deshalb, weil es das Leben ist. Wie sehr sich die Menschen und das Schicksal auch bemühen mögen, es mir zu verderben, ich liebe es dennoch ohne Grenzen. In Rußland arbeitete ich in der Wissenschaft, hier bin ich Milchfrau; aber trotzdem freue ich mich des Lebens und liebe es.
Warte nur, Rußland, es wird mir schon noch gelingen, mir meine Sehnsucht nach dir aus der Brust zu reißen; warte nur, ich werde schon noch frei werden von meinem Kummer!
Ach, liegt das Glück denn darin, daß man Universitätsprofessorin ist? Oder daß man in Rußland lebt? Das Glück liegt schon im Leben selbst, darin, daß man atmen, leben kann. Und wenn man nur nicht vor Hunger stirbt, so kann man in jeder Minute eine Unmenge von Glück finden.

Ich segne den heutigen sonnigen Wintertag, ich segne mein Leben, sogar das, das ich jetzt führen muß...
Einige meiner Kundinnen blickten mich heute verwundert an und fragten: »Was ist heute los mit Ihnen, Frau Wagner? Sie sind heute so gut aufgelegt! Erwarten Sie vielleicht eine Erbschaft oder haben Sie in der Lotterie gewonnen?«
»Nein, es freut mich bloß so«, antwortete ich. »Die Arbeit im Geschäft freut mich jetzt sehr, weil es viel besser geht als im Anfang!«
Ich bemerkte, daß viele Kundinnen oft eigentlich nur der Gesellschaft halber zu mir kommen, um zu plaudern und zu tratschen, und ich sehe, daß mein Glaube, das Geschäft müsse gut gehen, sie anzustecken beginnt. Der Glaube an den Erfolg hypnotisiert die Umgebung. Sogar die »Unzufriedene« sagte heute zu mir:
»Ich war fest überzeugt, daß Sie mit diesem Geschäft hinunterschwimmen werden, und jetzt beginnen Sie sogar dick zu werden! Das hätte ich mir nicht gedacht!«
Ich fange an zu siegen. Das Wichtigste ist, die Leute glauben zu machen, daß alles gut geht. Die Bienen stechen ja gern das Gesicht, das von Tränen feucht ist; deshalb darf mein Gesicht nur Lächeln zeigen.

15. FEBRUAR 1927.

Die deutsche Sprache hat einen Ausdruck, der mich geradezu packt. So gerne möchte ich in sein Geheimnis eindringen und mir seine Philosophie zu eigen machen. Philosophie sage ich, denn er enthält die Weisheit des Lebens; hundertmal im Tage höre ich ihn und beneide alle diejenigen, die ihn aussprechen. Ich weiß nicht, ist er nur für den Winkel typisch, in dem wir leben, spricht man ihn in ganz Wien, in ganz Österreich oder vielleicht gar in ganz Deutschland, aber ich bin begeistert von ihm und vor allem von der Art, wie er ausgesprochen wird.
Da kommt zum Beispiel die hübsche Frau Bergmann zu mir. Jeden Tag beobachte ich sie mit einem Gefühl der Freude und des Wohlbehagens. Mich bezaubern die Wienerinnen, ihre wunderbare Grazie, ihr Geschick, sich zu kleiden, und ihr fröhliches, ungezwungenes und dabei doch bescheidenes Wesen. Und dazu sind hier die meisten einfachen Frauen beinahe so elegant und fein in ihrem Benehmen wie irgendwelche Damen aus der Gesellschaft. Nun, da ist die Frau Bergmann, gekleidet in ein ganz einfaches, dunkelblaues Kleidchen, die Füße stecken in zierlichen Spangenschuhen, die enganliegenden Strümpfe zeigen ein hübsches Bein.

An der Hand führt sie einen kleinen, blondhaarigen Knaben, der auch sehr einfach, aber doch herzig, wie eine Puppe, angezogen ist.
Es gibt gerade nichts zu tun und so setzt sie sich nieder, um mit mir zu plaudern.
»Nun, hat Ihr Mann noch immer keine Arbeit?« frage ich.
»Nein«, antwortete sie, »aber das macht nichts. Er wird sich schon etwas finden!«
Ich vernehme dieses magische »das macht nichts« und blicke ihr aufmerksamer ins Gesicht. Sie ist sichtlich abgemagert und blässer geworden in den letzten Wochen, seitdem ihr Mann abgebaut ist.
»Mein Mann lauft den ganzen Tag herum und sucht. Irgend etwas wird er ja schon finden!« sagt sie in einem Tone, als ob sie mich trösten müßte und nicht ich sie. Statt wie früher eineinhalb Liter Milch, nimmt sie nur ein Viertelliter für das Kind, zwei Semmeln und fünf Dekagramm Butter.
»Sehr schwer ist es halt wegen der Raten!« plaudert sie weiter. »Für meine Spangenschuhe muß ich jede Woche zwei Schilling zahlen, und für die neuen Halbschuhe meines Mannes drei Schilling. Aber das macht nichts. Wir werden halt drei Tage nicht mittagessen, dann werden wir uns schon herauswursteln!«
Sie lächelt. Aufmerksam studiere ich ihr Gesicht. Kein Schatten von Trauer oder gar Verzweiflung, nichts, was darauf hindeuten würde, daß diese Unbekümmertheit vielleicht nur eine heroische Pose wäre. Sie nimmt das Leben, wie es ist, und ist überzeugt, daß es wieder besser werden wird.
»Im Krieg war es noch schlimmer!« sagt sie. »Schlange sind wir da gestanden, gehungert haben wir, und dann ist's doch wieder besser geworden. Wenn man denken würde, daß alles schlecht ist, dann würde einen das Leben ohnehin nicht freuen. Meine Mutter hat auch immer gesagt: ›Es macht nichts‹, und es ist auch wirklich immer wieder besser geworden!«
In ihren Worten spürt man nichts von Leichtsinn; es ist eben eine eigene Art von Philosophie. Sie will den Kopf nicht hängen lassen, und sie tut es auch nicht. Sie lebt einfach so weiter, als ob nichts geschehen wäre, brennt jeden Morgen sorgfältig ihre Locken, zieht sich an, wäscht und kämmt ihren Kleinen, reinigt ihre ganze kleine Wohnung, wischt sorgfältig jedes Stäubchen weg und geht dann einkaufen. Dann bereitet sie das Mittagessen und nach dem Essen geht sie mit dem Knäblein ein wenig spazieren, sieht sich alle Auslagen an und kommt dann zu mir, um mir mit Entzücken zu erzählen, welch wunderschöne Sachen

in der Mariahilferstraße ausgestellt sind. An jedes einzelne Kleid kann sie sich erinnern, und sie erzählt mir so, wie man von einem Märchen erzählt, von dem man nur träumt, nach dem man aber nicht verlangt. Dann teilt sie mir mit, daß sie sich für den Sommer selbst ein Kleidchen nähen wird, den Schnitt hat sie schon gekauft. Auch für das Kind verfertigt sie immer alles selbst, und vielleicht dehalb, weil sie immer alle Auslagen studiert, sieht auch jedes Kleidungsstück so aus, als ob es in einem guten Geschäfte gekauft wäre.

»Brauchen Sie für heute abend Milch?« frage ich, da sie sonst immer Milch zum Abend bestellte.

»Heute nur ein Viertelliter für den Buben. Wir werden ein wenig fasten. Aber das macht nichts, schlanke Linie ist ja modern.«

Sie steht auf und nimmt ihren Kleinen bei der Hand.

»Sag der Frau Wagner schön Guten Tag!«

Der Kleine macht eine Verbeugung und sagt gehorsam »Guten Tag«. Sie streichelt ihn und ich gebe ihm als Belohnung ein Stück Schokolade, das er, nachdem er höflich »Danke« gesagt, gleich zu essen beginnt. Freundlich lächelnd nickt mir Frau Bergmann zu und geht. Ich blicke ihrer feinen, schlanken Figur nach, ich sehe noch durchs Auslagefenster das liebe Köpfchen mit den schwarzen, duftigen Locken und wünsche ihr von ganzem Herzen, daß ihr das »Das macht nichts« das Mißgeschick leichter ertragen helfe.

17. FEBRUAR 1927.

Immer und immer wieder denke ich an unsere Ausweisung, stundenlang grüble ich oft darüber nach. Heute ist mir ein Vorfall aus meiner Jugend in den Kopf gekommen, der mir in einem geheimnisvollen Zusammenhange damit zu stehen scheint. Was mich immer am meisten kränkt und gleichzeitig empört, ist, daß wir meine Heimat wie Feinde verlassen mußten, wo ich doch Rußland so liebe. Und da ist mir heute aufgefallen, daß es uns eigentlich geradeso ergangen ist wie den Dämonen, die die alte Pelageja aus den Kranken ausgetrieben hat.

Pelageja war die Snacharka[1] im Dorf Pestschanka, wohin wir im Sommer immer Pilze suchen fuhren. Aber während die Mutter, die Schwestern und die zahlreichen Tanten den Wald durchschwärmten, blieb ich fast immer im Dorf zurück. Mich interessierten die Menschen mehr als die Pilze.

[1] Wunderdoktorin.

Anfangs protestierte die Mutter, aber bald gewöhnte sie sich an meine »Absonderlichkeiten«. Alle lachten darüber, daß ich, mit einem Heft in der Hand, die Lieder aufzeichnete, die man im Dorfe sang, daß ich die Erzählung irgendeiner alten Bäuerin mit Entzücken anhörte, daß ich in helle Begeisterung geriet, wenn ich einen neuen Auszählreim hörte oder wenn mir der alte Pachom ein Märchen erzählte, das ich noch nicht kannte. Sie alle konnten es nicht begreifen, daß ich stunden-, ja tagelang im Dorfe herumstreichen und das Leben der armen Leute beobachten konnte, daß ich selbst in der Nacht oft nicht schlafen konnte vor Aufregung über das, was ich am Tage im Dorfe gesehen. Es war ihnen allen merkwürdig, daß ich »die Nase überall dorthin steckte, wo Gott es nicht haben will«, aber langsam gewöhnten sie sich daran, ließen mich in Ruhe und gaben mir völlige Freiheit, zu tun, was ich wollte. Nun, an einem dieser schönen, klaren, noch warmen Herbsttage, als die Blätter bereits zu fallen begannen, wanderte ich wieder wie gewöhnlich im Dörfchen Pestschanka herum. Wir waren seit vorigem Jahr noch nicht hier gewesen, aber es hatte sich seither nichts geändert; nur kam es mir vor, als ob die grauen Hütten noch schiefer dastünden als sonst und als ob alles noch schmutziger geworden wäre.

In der einzigen Straße war kein Mensch zu sehen. Alle waren an der Arbeit, nur die Greise und die Kinder waren zu Hause geblieben. Mit nichts als mit einem durch einen Gürtel zusammengehaltenen Hemde bekleidet, spielten die Kleinen in den Höfen. Ihre nackten Beinchen, die unter dem Hemde hervorschauten, waren so schmutzig, als ob sie schon monatelang kein Wasser gesehen hätten. Ich war bereits an das Ende des Örtchens gelangt und wollte schon umkehren, als aus der Badehütte, die zum letzten Hause im Dorfe gehörte, ein lautes Stöhnen und ein merkwürdiges Heulen ertönte. Ich lief hin. Ich wollte bei dem einzigen Fensterchen hineinblicken; aber es war so von Schmutz bedeckt, daß ich nichts sehen konnte. Aus dem Baderaum heraus, dessen Tür geschlossen war, kam das Stöhnen und das Weinen und dazu noch ein Geräusch, als ob jemand mit einer Peitsche geschlagen würde. Die Stimme, die schrie, kam mir sehr bekannt vor.

Ich klopfte an. Keine Antwort, die Schläge und Schreie wurden nur noch häufiger.

»Was geht da vor?« fragte ich einen Greis, der gerade vorüberkam.

»Ah, die Pelageja heilt die Felizata!«

»Heilt? Warum schreit sie dann so?«

»Sie treibt den Bösen aus ihr heraus!«

»Den Bösen? Was für einen Bösen?«

»Ah, vor zwei Monaten ist der Dämon in sie hineingekrochen! Ihr Kind ist gestorben, und gleich darauf ist er hineingekrochen. Aber die Pelageja wird ihn schon heraustreiben!«
Da ertönte ein so entsetzlicher Schrei, daß ich es nicht aushielt und mit aller Kraft gegen die Tür rannte. Der Greis ging ruhig seines Weges weiter. Da kam ein achtjähriger Knabe zu mir heran und suchte mich zu beruhigen:
»Aber die Tante Pelageja treibt ja bloß den Teufel aus der Felizata heraus. Wenn's nichts nützt, dann probiert sie's mit den Ameisen.«
»Wie das?«
»Nu, da wird sie an einen Baum gebunden, unter dem ein Ameisenhaufen ist. Die Ameisen, die werden sie dann in die Wunden beißen, die sie von den Schlägen hat, dann erschrickt der Teufel vor den Schmerzen und springt heraus.«
Ich klopfte weiter an die Tür. Endlich öffnete sie sich, und auf der Schwelle erschien ein altes Weib, das auf ein Haar der Hexe aus dem Märchen glich.
Als ich sie fragte, was drinnen geschehen sei, erzählte sie mir, was mir schon der Greis und der Knabe mitgeteilt hatten. Ich fragte sie, ob ich eintreten dürfe.
»Ja, fürchtest du dich denn nicht vor dem Bösen?« meinte sie.
»Nein, ich fürchte mich nicht!« antwortete ich und ging ins Bad. Das Bild, das sich mir da bot, werde ich in meinem ganzen Leben nicht vergessen. An der Bank, auf der gewöhnlich die Wassereimer stehen, war die arme Felizata angebunden. Es war ein noch ganz junges Weib. Ihr Gesicht und ihr ganzer Körper waren dick von Wunden bedeckt. Allem Anscheine nach zog sich die »Heilung« schon längere Zeit hin. Sie blickte mit stumpfen Augen drein, die niemanden mehr erkannten. Nun trat die alte Pelageja wieder zu ihr hin und holte mit der Geißel aus. Es war eine Peitsche, wie sie für die Pferde gebraucht wird.
»Aber Sie töten sie ja!« rief ich entsetzt aus. »Wie kann man denn nur so etwas tun?«
»Ich schlage ja nicht sie, sondern nur den Teufel, der in ihr sitzt!« rechtfertigte sich die Alte. »Ihr Mann selbst hat mich gebeten, ich solle sie heilen; sie hat die ›tödliche Verderbnis‹ gehabt, und von der hat sie noch die ›tödliche Qual‹ bekommen.«
»Ja, woher wissen Sie denn, daß sie an diesen Krankheiten leidet?«
»Sehr einfach! Ihr ist schon das vierte Kind gestorben. Das heißt, in ihr sitzt der Teufel, weil sie ihm ihre Seele verschrieben hat. Sie hat sich übrigens selbst verraten. Du hättest hören sollen, was sie getrieben

hat, wie ihr das vierte Kind gestorben ist! Geschrien hat sie, daß man sie im ganzen Dorf gehört hat, die Haare hat sie sich ausgerissen und mit dem Kopf ist sie gegen die Wand gerannt. Jetzt schlage ich sie immer aufs ›nüchterne Herz‹, das heißt an den Tagen, an denen sie gar keine Freude hat. Wenn im Herzen des Menschen Freude ist, dann ist schon Gott drinnen, und an solchen Tagen versteckt sich der Teufel in die Fersen; da kann man ihn dann nicht herausplagen. Wenn sie aber weint und jammert, da ist es recht, dann muß man sie heilen, da sitzt der Teufel mitten drin im Leib. Ist übrigens gar keine leichte Arbeit, das Heilen! Mir sind schon die Hände ganz geschwollen. Und das Ganze für fünfzig Kopeken! Ich tu' es eigentlich ohnehin mehr aus Mitleid, denn sie ist ein recht gutes, arbeitsames Weib gewesen.«

»Aber sie kann doch von diesen Schlägen sterben!« wandte ich ein.

»Das kann sie nicht, denn ich schlage ja nicht sie, sondern den Teufel. Und übrigens gebe ich ihr nachher Adamskraut zu trinken. Das ist ein recht heilsames Kraut. Neun Blätter helfen gegen die ›tödliche Verderbnis‹, zwölf gegen die ›tödliche Qual‹ und neunzehn gegen Kinderlosigkeit. Wenn aber das alles nichts hilft, dann kommt sie auf den Ameisenhaufen. Da streue ich dann Teufelskraut auf den Haufen, und die Leute, die dabei sind, die müssen ein Kreuz unter die linke Ferse in den Schuh legen und sagen: »Satan, Satan, gehe heraus aus der Magd Gottes Felizata, gehe ins Teufelskraut und mit dem Kraut ins Wasser!«

Da begann Felizata wieder zu schreien, und ihr Körper zog sich wie in Krämpfen zusammen. Pelageja drehte sich zu ihr um und begann sie wiederum mit der Peitsche zu schlagen. Ich lief fort, so schnell ich konnte. Es war mir, als befände ich mich in einem Narrenhause. Als ich wieder ein wenig zu mir gekommen war, suchte ich den Mann der Felizata auf, einen mürrischen, unfreundlichen Mushik. Als ich zu sprechen geendet, schüttelte er den Kopf und sagte, wohl zehnmal hintereinander:

»Ja der Böse, ja die Krankheit! Muß hinausgeschlagen werden! Geht nicht anders!«

Meine Eltern erreichten es dann, daß die Gendarmerie die Felizata ins Irrenhaus überführte. Der Arzt sagte aber, es ließe sich nichts mehr machen, sie würde nicht mehr normal werden.

Dieser grausame, finstere Aberglaube des Volkes lag mir immer wie eine schwere Last auf der Seele. Ist es mit unserer Ausweisung aus Rußland nicht etwas Ähnliches wie mit diesen Heilungsmethoden des russischen Volkes? Finsternis früher, Finsternis jetzt...

18. FEBRUAR 1927.

Die größte Sehnsucht nach Rußland empfinde ich vielleicht dann, wenn vom Korridor her der Gesang eines Straßensängers zu mir dringt. Heisere, jämmerliche Stimmen sind es meist, oft von den klagenden Tönen einer schlechten Violine begleitet, und keines der Lieder, die sie singen, kenne ich. Aber aus allen, seien sie traurig oder fröhlich, spricht immer ein und dasselbe Motiv zu mir, das mir so vertraut ist: das Lied von der Sehnsucht nach einem trauten, warmen, sicheren Winkel, das Lied der Wandernden, der Ruhelosen, die von der Heimat träumen.
»Jurka, gib ihm zehn Groschen!« rufe ich, gleichgültig, wieviel Geld auch in der Kasse sein möge, und trotzdem ich weiß, daß die paar Groschen keine Rettung bringen würden.
Lange schon ist die Stimme verklungen. Aber ich trage sie noch in mir, in meinem Herzen zittert noch die sehnsüchtige Klage, das Verlangen nach dem Heim, das jeder Mensch haben will...

12. MÄRZ 1927.

Der Samstag ist der Tag, den ich am meisten fürchte. Wir verkaufen da gewöhnlich doppelt soviel als an anderen Tagen, viele Käufer zahlen am Samstag, und alle haben irgendwelche besondere Feiertagswünsche. Es gibt so viel zu denken und zu überlegen, daß ich nicht weiß, wo mir der Kopf steht. Schon nach dem Mittagessen muß ich alle Aufmerksamkeit anspannen. Jeden eintretenden Menschen taxiere ich darauf, ob er mir heute zahlen wird oder nicht. Davon hängt viel ab, denn ich will meinen Lieferanten prinzipiell nichts schuldig bleiben. Ich schaue meine Wochenrechnungen durch. Frau Maier ist mir dreißig Schilling schuldig, Fräulein Dolezal siebzehn Schilling, und so geht es weiter, in einer langen Reihe. Und dann diese vielen kleinen Schulden, auf die die Schuldner so gerne »vollständig vergessen«. Es ist für mich immer fürchterlich unangenehm, daran zu erinnern. Ich nehme mir einen langen, langen Anlauf, bevor ich sage:
»Frau Hormayr, ich bekomme noch für die Milch und das Brot vom Mittwoch!«
Sie wird rot und teilt mir erregt mit, daß sie gerade am Mittwoch niemals Brot und Milch kaufe, und macht Miene, das Geschäft zu verlassen, tödlich beleidigt. Da kommt mir ein guter Gedanke. Ich sage:
»Frau Hormayr, Sie haben noch gesagt, Sie hätten Besuch, deshalb habe Ihnen das Brot nicht gereicht.«

»Ach ja, richtig, da war ja meine Schwägerin bei mir, richtig, richtig, entschuldigen Sie, bitte!«

Ganz betreten zahlt sie und geht. Hätte ich mich nicht an den Besuch erinnert, ich hätte das Geld für den Einkauf und noch eine Kundschaft dazu verloren.

Durch solche Erfahrungen belehrt, notiere ich mir jetzt nicht nur die Schuld, sondern auch die näheren Begleitumstände, zum Beispiel: »Frau Schaschko, ein Viertelliter Schlagobers, drei Zuckerkipfel, fünf Deka Butter, es hat geregnet, dunkelgrüner Mantel, sagte, sie habe ihren Regenschirm bei Gerngroß stehengelassen. Fräulein Gerber war auch im Geschäft.« – Ich habe die Erfahrung gemacht, daß das wirkt.

Samstag! Mein Herz zittert vor Erwartung. Aber heute ist ein Unglückstag. Herr Maier kommt und erklärt, er wolle die Schulden, die seine Frau gemacht, nicht bezahlen, da er sich von ihr scheiden lassen will. Frau Maier, an die ich mich nun halten muß und die sonst oft den ganzen Tag im Geschäft steckt, läßt sich heute nicht blicken.

Nun tritt Herr Katzenberger ein. Ich sehe sofort an seinem Gesichtsausdruck, daß er nicht zahlen will.

»Gestern hat mir jemand in der Tramway meine Geldtasche gestohlen. Mein ganzer Wochenlohn war darin!« erklärte er.

Ich seufze. Bis jetzt hat er immer pünktlich gezahlt, aber ich habe schon von einigen Seiten gehört, daß er mit irgendeinem Fräulein Bekanntschaft geschlossen hat, und da hat er für das Geld jedenfalls bessere Verwendung. Ich will schon verzweifeln. Doch da kommen auf einmal Frau Menzl und Frau Brandel, die immer pünktlich zahlen, und ganz unerwartet zahlt auch Frau Beranek; ihr Mann hat Arbeit gefunden. Ich zähle mein Geld. Ich habe noch um acht Schilling fünfzig Groschen zu wenig. Es ist schon dreiviertel acht, und alle, an die ich nur denke, haben schon eingekauft.

Aber ich muß das Geld haben! Ich blicke zur Tür, so, als ob ich die Vorbeigehenden mit magischer Gewalt hereinziehen könnte. Einige Kleinigkeiten verkaufe ich noch. Es ist dreiviertel neun. Ich zähle nochmals. Drei Schilling fehlen, aber keine Aussicht, daß ich sie noch hereinbekomme.

Aber ich habe Glück. Fräulein Brauer kommt herein; sie ist nicht allein, ein junger Mann begleitet sie galant. Er kauft ihr Kuchen und Konfekt um drei Schilling fünfzig Groschen. Hurra, ich bin gerettet!

Jeden Sonntag gehen wir in der Stadt spazieren, in den endlosen, unbekannten Straßen. Wir vermeiden die schönen Straßen des Zentrums, um mit unserer Kleidung nicht das festliche Gepräge zu stören; wir haben das Gefühl, wir passen nicht hinein. Auch die Museen und die historischen Denkmäler besuchen wir nicht. Ich ahne, ich fühle den Geist, der über dieser märchenhaften Stadt schwebt und die köstliche Frucht einer tausendjährigen Hochkultur ist; aber mein Herz ist jetzt nicht offen dafür. Wir bevorzugen die kleinen, alten Gäßchen in Erdberg, in Grinzing, die Parke und die Gegenden an der Donau. Uns ist die Hauptsache, daß wir alle drei beisammen sind.

Niemals bleiben wir vor den Auslagen mit Kleidern, mit Wäsche und mit Möbeln stehen. Wir ignorieren sie. Dafür halten wir uns vor jeder Buchhandlung auf. Ich weiß, daß Otmar oft an sein Buch denkt, das ich ihm vor unserer Ausweisung aus Rußland verbrannt, aber er spricht nie ein Wort davon. Wir sprechen nicht davon, so wie die Eltern eines Kindes, das vor kurzem gestorben ist, nicht an die Wunde rühren.

Wann wird die Zeit kommen, in der wir uns wieder mit dem beschäftigen werden, was wir am meisten lieben?!

»Ich habe in der Bibliothek so viele für mich interessante Bücher gesehen«, sagt Otmar. »Aber ich habe keine Zeit, sie zu lesen!«

»Ach, wie gerne würde ich dieses Buch lesen!« sage ich, während ich sehnsuchtsvoll auf ein soeben erschienenes Buch über Rußland blicke.

»Wenn ich eine Stellung haben werde«, tröstet mich Otmar, »dann wirst du nur die Hauswirtschaft haben, und da wird dir Zeit genug zum Bücherlesen bleiben.«

»Wenn der Vater eine Stelle bekommt«, mischt sich Jurka ins Gespräch, »dann werde ich dieses Käferbuch bekommen?«

»Weißt du«, schwärme ich nun wieder, »wenn ich nur die russischen Klassiker haben könnte! Dostojewskij, Tolstoi, Tschechow, Turgenjew...«

»Das erste, was wir kaufen werden, sind Bücher!« sagt Otmar.

Dann gehen wir in den Park und sitzen lange auf einer Bank. Der Knabe spielt mit Begeisterung im Sand. So sehr lebt er darin, daß ich ihn kaum wegrufen kann. Wissen es die Kinder, die jeden Tag im Parke spielen können, wie glücklich sie sind?

Es wird dunkel, aber wir sitzen noch immer auf der Bank.

»Du, meine Sonne, wenn du wüßtest, wie lieb ich dich habe!« sage ich.

»Ach«, seufzt Otmar, »morgen werde ich dich wieder den ganzen Tag nicht sehen!«
Dann gehen wir langsam nach Hause. Langsam, ganz langsam. Wir wollen diese paar Minuten hinausziehen, so lange es geht, bevor wir wieder in unser Geschäft zurückkehren...
Da sind wir nun. Feuchte, modrige Luft, der Geruch von den verschiedenen Eßwaren schlägt uns entgegen. Es beginnt wieder die lange, lange Woche.

14. MÄRZ 1927.

Das größte Kreuz in meinem Leben, das sind die Vertreter. Einerseits bin ich ihnen sehr dankbar, denn es kommen ihrer so viele, daß sie in meinem Geschäfte den Anschein eines »Rummels« erwecken. Andererseits braucht man aber so viel Verstand und Energie, um sie loszuwerden und um sich nicht übers Ohr hauen zu lassen, daß ich manchmal minutenlang wie betäubt dasitze, wenn sich die Tür wieder hinter ihnen geschlossen hat.
Die Vertreter sind meiner Ansicht nach die unglücklichsten Menschen auf der Welt. Auch unter ihnen gibt es freilich solche, die gut leben und die immer anständig angezogen sind, die sich immer mit einer gewissen Würde bewegen. Solche sind die Vertreter der großen Firmen. Sie setzen sich nieder, ohne eine Aufforderung abzuwarten, und wenn ich gerade mit einer Kundschaft beschäftigt bin, sagen sie sogar manchmal, sie hätten keine Zeit, zu warten, blicken sich im Geschäft um und schreiben nach ihrem eigenen Gutdünken das auf, was ihrer Ansicht nach fehlt. Wenn ich einwerfe, ich wollte selbst die Bestellung machen, dann sagen sie, ich möge nur ruhig an die Firma telephonieren: sie fürchten sich nicht um ihre Prozente, die sie auf jeden Fall von allen Bestellungen erhalten, die in dem ihnen zugewiesenen Rayon gemacht werden. Sie sind Leute, die fest im Leben dastehen, sie drängen sich nicht auf, sie wissen, daß ihre Ware von selbst geht.
Anders ist es mit den Vertretern von irgendwelchen unbekannten Firmen. Sie kommen mit großen Koffern, in denen kunstvoll in tausend Abteilungen die Warenmuster ausgelegt sind. Besonders interessant sind da die Vertreter der kleinen Winkelkonfektfabriken. All die Sachen sind giftrot, giftgrün, giftgelb gefärbt, wie Käfer am Karton angeklebt, wohl deshalb, damit man nicht auf den Gedanken komme, sie zu kosten.
»Gut, nahrhaft und billig«, sagt der Vertreter, während er seine Schätze

auf dem Ladentisch ausbreitet. Und jetzt beginnt der Kampf. Ich will ihm beweisen, daß ich eine solche Ware doch nicht verkaufen könne, daß sich die Leute den Magen verderben würden. Da beginnt er aber eine flammende Rede zu halten; ich höre zu, und gar manchmal bin ich schon zur Überzeugung gekommen, daß viele Universitätsprofessoren, Parlamentarier und Advokaten von diesen Leuten lernen könnten. Es ist der Hunger, die Not, die sie zu solchen Genies der Rhetorik macht. »Aber was fällt Ihnen ein, Gnädigste?« ruft er mit Pathos aus. »Wie können Sie denken, daß diese wunderbaren Zuckerl, diese Krone der Konditoreikunst, in Ihrem Rayon nicht gehen würden! Glauben Sie mir, die Leute hier verstehen gute Ware zu schätzen! Gerade hier, in Ihrem Geschäft, nur bei Ihnen will ich diese herrlichen Drops und diese wunderbaren Honigbonbons einführen! Glauben Sie, ich liefere jedem Nächstbesten? In jedem Rayon suche ich mir die feinsten Geschäfte aus, und nur die bekommen meine Ware. Eine vornehme Firma muß auf sich etwas halten. Wollen Sie probieren? Sie werden selbst sehen, Sie brauchen nur eines von diesen Zuckerln zu essen, und Sie werden den ganzen Tag gut aufgelegt sein, so, als ob Sie von einem amerikanischen Onkel eine Erbschaft bekommen hätten!«

Wenn ich ablehne, spricht er eine halbe Stunde weiter. Am wenigsten nützt es, zu sagen, man habe keine Zeit. Er spricht eben so lange, bis sich einem der Kopf im Kreise dreht und bis man irgend etwas bestellt, nur um ihn loszuwerden.

Heute war ein solcher »Zuckerlvertreter« bei mir, der mir ganz besonders auffiel, weil ihm der Hunger geradezu aus den Augen sah. Die ganze Zeit, während er sprach, stierten seine Augen auf die Wurst, die auf dem Ladentisch lag. Ich schnitt eine Semmel auseinander, bestrich sie mit Butter, legte einige Scheiben Wurst hinein und reichte sie ihm auf einem Teller.

»Bitte, essen Sie«, sagte ich, »aber Zuckerl kann ich nicht kaufen!«

Anfangs war er etwas betreten, aber dann aß er mit größtem Appetit und fragte mich, was er zu bezahlen habe. Als ich ihm bedeutete, es wäre nicht der Rede wert, schüttelte er mir kräftig die Hand und ging weiter...

Der unangenehmste Typ ist aber der der Don Juane. Elegant – allerdings mit Vorstadteleganz – angezogen, mit einer grellfarbigen Krawatte und großartigen Bügelfalten in den Hosen, stürzen sie ins Geschäft mit heiterster Miene, und mit freundlichem, siegesbewußtem Lächeln rufen sie aus:

»Die Firma X... ist da, meine Gnädigste!«

Die Bezeichnung der Firma wird so ausgesprochen, daß man sie nicht verstehen kann. Dann tritt der Don Juan langsam zum Ladentisch und stellt sich so, als ob er plötzlich wie vom Blitz getroffen, versteinert wäre.

»Gnädigste!« ruft er dann aus. »Ich hätte nie geglaubt, daß man in einem Vorstadtwinkel so etwas sehen könnte! Eine Rose des Orients! Diese Augen! Ich bin baff!«

Er führt die Hand an die Brust, macht eine tiefe Verbeugung über den Ladentisch und will mir dabei die Hand küssen. Ein Stöhnen der Verzükkung dringt aus seiner Brust.

»Sie bemühen sich umsonst mit Ihren Komplimenten«, sage ich trocken. »Sie verlieren nur Ihre Zeit!«

»Was sagen Sie, meine Gnädigste? Ach, bitte, sprechen Sie noch etwas! Ihre Stimme ist Musik. Wie eine Harfe aus dem Paradiese!... Zeigen Sie mir doch Ihre Hand, bitte!«

»Ich habe keine Zeit für Konversationen. Übrigens, im Zimmer sitzt mein Mann, und er hat es gar nicht gern, solche Sachen zu hören!« erkläre ich. »Ich werde ihn rufen, und Sie können ihm Ihre Waren vorlegen!«

Otmar befindet sich zwar in der Universität und nicht nebenan, aber es wirkt. Der Don Juan sagt:

»Wenn Sie sagen, Sie brauchen nichts, da kann man nichts machen!«

Mit beleidigtem Gesicht packt er seine Sachen zusammen und verschwindet...

Dann gibt es noch eine Art von Vertretern, die ich einfach, der Kürze halber, als die »Verwandten« bezeichne. Sie sind meist dick, mit runden Gesichtern und von einer widerwärtigen Freundlichkeit. Sie sehen aus wie Leute, die die ganze Welt lieben und die verlangen, daß auch sie von der ganzen Welt geliebt werden müssen.

Auch sie kommen mit Koffern, aber sie packen ihre Waren nie gleich aus. Sie setzen sich und warten, bis niemand im Geschäft ist. Auch von dieser Art war heute einer bei mir.

»Sie sind eine Ungarin?« fragte er.

»Nein, eine Russin!« antwortete ich.

Er sprang auf, breitete beide Hände aus, als ob er mich umarmen wollte, machte ein verzücktes Gesicht und stürzte auf mich zu.

»Eine Russin!« rief er aus und Tränen der Zärtlichkeit erglänzten in seinen Augen. »Ach, schon heute früh bin ich mit dem Gefühl aufgestanden, ich müßte heute etwas ganz besonders Angenehmes erleben. Ich habe vorausgeahnt, ich würde eine Russin treffen. Stellen Sie sich vor, ich habe einen Bruder in Rußland! Stellen Sie sich vor, er ist dort Arzt und es geht ihm glänzend!«

»Wo ist er?« fragte ich, denn ich wußte sofort, daß dieser Bruder nur in seiner Einbildung existierte.

»Er ist..., er ist in..., wie heißt doch nur die Hauptstadt von Rußland?... Nu, natürlich, in Moskau selbstverständlich!«

»Ach, das ist aber interessant! Sie korrespondieren mit ihm?«

»Selbstverständlich! Jede Woche schreibe ich ihm einen Brief!«

»In welcher Straße wohnt er denn?«

»In welcher Straße? Nu, wie soll ich Ihnen sagen... Moskau ist eine wunderbare Stadt mit einer Menge herrlicher Straßen, ja, er wohnt in einer der schönsten! Aber wissen Sie, diese Namen sind so schwer auszusprechen! So schwere Wörter! Aber schön ist die Sprache. Gar kein Vergleich mit unserer armen deutschen. Ich bedauere, daß ich als Deutscher auf die Welt gekommen bin. Ich habe eine ganz russische Seele. Ich werde wahrscheinlich auch nach Rußland fahren!«

»Weshalb?«

»Ach..., nun, wissen Sie, ich möchte russische Luft atmen, ich möchte in dem Lande sein, in dem Dostojewskij und Tolstoi gelebt haben!«

Nun dachte er wohl, er hätte mich genügend vorbereitet. Er öffnete seinen Koffer, legte seine Sachen zurecht und sagte dabei:

»Also, wir sind eigentlich sozusagen verwandt. Sie sind eine Russin und ich fahre auch bald nach Rußland. Sie haben also die moralische Verpflichtung, bei mir etwas zu kaufen... Ach, die russischen Frauen! In der ganzen Welt gibt es nichts Derartiges!«

Als er aber sah, daß ich unerbittlich war, wechselte er plötzlich seinen Ton und sagte zornig:

»Warum haben Sie nicht gleich gesagt, daß Sie nichts brauchen? Ich habe nur umsonst die Zeit mit Ihnen verloren!«

Sein Gesicht nahm einen bösen Zug an, er brummte, während er seine Sachen zusammenpackte, vor sich hin, und ohne zu grüßen, die Tür heftig zuschlagend, ging er hinaus...

Und noch ein Typ: die Schüchternen. Die sind mir eigentlich die Unangenehmsten, denn sie tun mir unendlich leid, und mein Herz tut mir immer weh, wenn ich sie abweisen muß. Es sind meist abgebaute Beamte oder junge Leute, die irgendeine Schule besucht haben und nun keinen Posten finden können. Oft sieht man es ihnen sofort an, daß sie sich auf ihrer ersten Tournee befinden. Sie erröten bei jedem Wort, stottern und brummen vor sich hin, so daß man kaum verstehen kann, was sie eigentlich wollen. Dabei blicken sie immer auf den Boden. Sie klagen dann, wenn man sie abweist, in abgerissenen Worten, sie hätten zu Hause Familie, es kaufe niemand etwas und sie müßten verhungern. Wenn es gerade geht, gebe ich ihnen etwas zu essen mit, und ihre Dankbarkeit kennt dann keine Grenzen. Freilich, viel kann ich nicht helfen, denn die Lage, in der wir uns befinden ist ja auch nicht viel besser als die dieser Armen. Aber ich habe selbst in Rußland gehungert, und ich weiß, was Hunger ist!

16. MÄRZ 1927.

Ein lachender Frühlingsmorgen. Es ist noch nicht sieben Uhr, aber schon glänzt die Sonne, und der blaue Himmel guckt durchs Fenster in die Waschküche. Und als ich vorhin den Kehricht auf den Hof trug, da sah ich grünes, junges Gras zwischen den Fliesen hervorsprießen. So grün war es, daß ich mich lange von diesem Anblick nicht trennen konnte...

Ich habe heute Wäsche, aber jede halbe Stunde laufe ich in den Hof, um mir dieses grüne Wunder zwischen den Steinen anzusehen. Schmutzige Wäsche, und Frühling!

Der ganze Körper schmerzt mich, die Hände sind aufgesprungen, aber vor meinen Augen schimmert das lichte Grün des Grases, glänzen die hellen Sonnenstrahlen, leuchtet das Blau des Himmels.

Warum freue ich mich eigentlich? Was ist geschehen? Es ist doch alles so, wie es war, nur daß in der Wäsche neue Löcher zu den alten dazugekommen sind. Aber trotzdem, es ist Feiertag in meiner Seele, es scheint mir, als müsse etwas ganz Großes, ganz Freudiges vor sich gehen, denn das Gras grünt, die Sonne scheint und der Himmel leuchtet.

Und doch: es ist Frühling, aber nicht für mich. Ich bin unten in der Waschküche und schwemme Wäsche. Ich sage mir, daß es nicht mein Frühling ist, daß das Gras nicht für mich grünt...

Am Nachmittag gehe ich auf den Markt und mache einen Sprung in die Kirche. Da ist Christus, auf dunkelviolettem Hintergrund. Ich knie mich nieder und bete:

»O gib mir Frieden, Demut, Kraft, zu entsagen, denn ich weiß es, der Frühling ist nicht für mich da...«

Ich bin wieder auf der Straße.

Blaue Dämmerung liegt über der Stadt, so wie sie nur der Frühlingsabend kennt. Noch schöner scheint mir jetzt das Frühlingsmärchen als früh und während des Tages.

Ich bin zu Hause. Ich gehe auf Otmar zu und küsse ihn fest, fest.
»Was hast du heute, Alja?« fragt er mich.
Ich presse mich noch fester an ihn, ich will ihm sagen, was heute in meiner Seele ist. Aber ich finde keine Worte. Und so spreche ich etwas ganz anderes. Ich erzähle ihm, welche Waren wir unbedingt nachschaffen müssen, welche Vertreter ich für morgen erwarte, usw. Doch in meinem Herzen zwitschern die Vögel, leuchtet der Himmel, prangt das frische, grüne Gras...

25. MÄRZ 1927.

Eine meiner besten Kundinnen, Frau Flicker, hat auf einmal aufgehört, bei mir einzukaufen. Ich habe mich in der letzten Zeit sehr an sie und ihre Kinder gewöhnt. Ich habe überhaupt einen Charakter, wie ihn eine Geschäftsfrau, glaube ich, nicht haben soll. Ich kann nie den Menschen bloß als ein Mittel ansehen, ich bin nicht imstande, mit einem Menschen nur rein geschäftliche Beziehungen zu haben, immer suche ich ein menschliches Verhältnis und beginne, an seinen Freuden und Leiden teilzunehmen. Als das Kind der Frau Flicker an Scharlach erkrankt war, beunruhigte ich mich so, als ob es mein eigenes Kind wäre, und schickte ihm jeden Tag Orangen und Schokolade ins Krankenhaus. Manchmal sogar auf Kosten meines Kindes, das ja gesund war, während der arme Poldi krank im Spital lag.
Lange saß Frau Flicker immer bei mir im Geschäft und klagte mir ihr Leid, besonders teilte sie mir die schlechten Erfahrungen mit, die sie im Leben mit den Männern gemacht.
Nun auf einmal kommt sie nicht mehr zu mir. Mit hocherhobenem Haupte und verächtlichem Gesichtsausdruck geht sie an unserem Geschäft vorbei, ganz langsam, mit einem Einkaufkorb in der Hand. Es genügt ihr nicht, daß sie nicht mehr bei mir einkauft, nein, sie will es mir auch zeigen, um mich zu beleidigen.
Ich zerbreche mir den Kopf, warum sie das tut, aber ich kann keine Antwort finden. Hat ihr irgend jemand etwas über mich gesagt? Aber alle meine Kundinnen wissen es ja schon lange, daß ich prinzipiell über niemanden schlecht spreche.
Ich bin sehr traurig. Nicht daß ich eine Kundin verloren habe, das spielt schließlich keine so große Rolle. Aber daß ich einen Menschen verloren habe, das greift mir ans Herz.

2. APRIL 1927.

Wie immer machte ich mich schon um halb fünf Uhr früh auf den Weg zum Markt. Das Wetter war grau, ein starker Frühlingsregen ging herab; es war warm und es duftete nach Frühling, vom Parke her, in dem die Bäume sich in feierlicher Langsamkeit mit den grünen, jungen Blätterhüllen zu bekleiden begannen...

Mit meinen einzigen, ganz durchlöcherten Spangenschuhen trat ich in die Pfützen, meine alte Kopfbedeckung, die in früheren, besseren Zeiten den Namen Hut für sich in Anspruch nehmen konnte, war von Feuchtigkeit durchtränkt, das Wasser rann mir in den Nacken, der Tragkorb und der Rucksack zerstießen mir den Rücken... Der regnerische Himmel, die menschenleeren Straßen, die Bäche schmutzigen Wassers und vor allem ich, so wie ich da dahinging, das alles klang mir wie das Lied von der Fremde...

Wie immer ging ich auch heute nach dem Einkaufen in die Kirche. Wie immer stellte ich mich auch heute dort in den finstersten Winkel, in dem mich niemand sehen konnte. Der schwere Rucksack drückte mir die Schultern nieder und meine groben, nassen Schuhe quälten meine Füße...

Dort irgendwo in der Ferne flimmert ein Lichtlein vor dem Throne des großen Gottes. Leise ertönen die Glöckchen des Ministranten. In unseren Kirchen gibt es keine. Und ihr zarter, melodischer Klang bedeutet für mich wieder jenes traurige Lied der Fremde...

Der Christus ist mit einem dunkelvioletten Tuche verhängt, wohl weil es Fastenzeit ist. In unseren Kirchen spricht man jetzt:

»Mein Gott und Herr meines Lebens, laß nicht zu mir kommen den Geist der Leere, der Zagheit und des Unglaubens!«

Wie wollte ich da dieses Gebet hören, dieses starke und herbe Gebet, in dem jedes einzelne Wort ins Herz eindringt, in dem jedes einzelne Wort die Reue weckt... Eine fremde Kirche, fremde Gebete... Aber du, mein Gott, du bist Einer, du hörst mich auch hier...

Der schwere Rucksack mit dem Schweinespeck, den Orangen und den Zitronen drückte mich sehr am Rücken. Fast dreißig Kilogramm habe ich heute zu tragen!

Ich stehe vor dir, mein Gott, und bete; nein, ich bete nicht einmal, ich bin nur still vor dir. Hier stehe ich und der Schmerz wühlt dort, tief unten, in meinem Herzen. Komm zu mir, mein Gott, in meine Seele, nimm hinweg meinen Schmerz und gib mir die Kraft, diese schweren Tage zu ertragen, mir, Otmar und meinem Kinde...

Vor mir geht eine alte Frau vorbei, ganz in Schwarz gekleidet. In ihrem Gang und in ihrer Gestalt ist etwas, das mich an meine Mutter erinnert. Meine Mutter steht wohl auch jetzt irgendwo in der Kirche vor dem Bilde des Gekreuzigten und betet für ihre Tochter in der Fremde. Die Frau in Schwarz sinkt langsam in die Knie vor dem Kruzifix und beginnt leise zu weinen, fast lautlos. Ihre mageren Schultern beben, ihre Hände zerknüllen das Tuch. Vielleicht ist es eine Mutter, die ihr Kind verloren hat; an den Tod oder vielleicht bloß an die Fremde...

Und wenn das meine Mutter wäre? Wenn ich jetzt zu ihr hinginge, wenn sie ihr Gesicht enthüllte und mich mit ihren gütigen blauen Augen anblickte, wenn ich die Freudentränen an ihren Wangen blinken sähe und mich ihr an die Brust würfe und ihre grauen Haare mein Gesicht liebkosen würden? Wenn das meine Mutter wäre? Und trotz der Phantastik dieser Idee verlasse ich meinen Platz und gehe langsam auf die Frau zu. Ich kann mich nicht zurückhalten. Ich knie mich neben sie und blicke ihr ins tränenfeuchte Antlitz. Ich sehe eine Strähne grauer Haare. Aber es ist nicht meine Mutter. Ihre Augen sind dunkel, keine Spur von dem Muttermal auf der rechten Wange, das mir so traut ist in ihrem Gesichte...

Leise ertönen die Glöcklein. Mächtig, feierlich dröhnt die Orgel. Die Frau in Schwarz, die da vor dem Heiland kniet, ist nicht meine Mutter, sie ist eine Fremde. Und die Kirche ist fremd, die Gebete sind fremd... Nur du, mein Gott, bist Einer überall, und – auch der Schmerz der Menschen ist überall derselbe...

3. APRIL 1927.

Heute war eine merkwürdige Kundin bei mir. Sie kam gerade ins Geschäft, wie die »Unzufriedene« über Frau Hormayr schimpfte und sich dabei mit der Hand auf den Bauch schlug, vor Aufregung. Ich bemerkte, daß die Unbekannte ein Notizbuch herauszog und etwas aufschrieb. Als die »Unzufriedene« fort war, bestellte sie ein Glas Milch und eine Buttersemmel, setzte sich zum Tisch und begann zu essen. Es war gerade Mittagszeit, und eine ganze Schar von Arbeiterinnen füllte das Geschäft. Sie sah alle aufmerksam an und machte sich fortwährend Notizen. Sie ist sehr hübsch, ziemlich groß und schlank, hat große, graue, ein wenig kalte Augen und war mit eleganter Einfachheit gekleidet.

»Kann man hier rauchen?« fragte sie, als das Geschäft wieder leer geworden war. »Sagen Sie, bitte, sind Sie nicht eine Ungarin?«

»Nein, eine Russin?« antwortete ich.
»Eine Russin? Ach, das ist interessant! Erzählen Sie mir, bitte, wie Sie hierhergekommen sind!« Ihre Augen glänzten dabei vor Neugierde.
»Mein Mann ist Österreicher und ich bin mit ihm hierhergekommen«, antwortete ich, wie immer, auf diese Frage, die mir hundertmal im Tag gestellt wird.
»Ach, wie schade! Das ist ja nichts Besonderes«, sagte sie enttäuscht. »Ich dachte, sie wären vielleicht eine Emigrantin... Aber Sie haben wohl doch Heimweh?« fragte sie, wieder ein wenig lebhafter werdend.
»Manchmal ja, aber im großen und ganzen habe ich mich schon eingewöhnt«, antwortete ich, auch mit einer mir schon geläufigen Formel.
»Und wie gefällt Ihnen Ihr jetziger Beruf?« forschte sie weiter.
»Ich führe das Geschäft mit großem Vergnügen!« gab ich mit möglichst heiterer Miene zur Antwort.
»Schade, sehr schade!« sagte sie, während sie mit einer unzufriedenen Geste ihr Notizbuch in die Tasche steckte. »Aus Ihnen ist nichts zu machen, nicht einmal eine kleine Novelle!«
»Aus mir eine Novelle?« wunderte ich mich.
»Sie müssen nämlich wissen, ich bin Schriftstellerin«, erklärte sie, während sie zum Ladentisch herantrat. »Vier Tage in der Woche sitze ich zu Hause und schreibe, drei Tage streife ich in der Stadt herum und fahnde nach Sujets für meine Novellen und meine zukünftigen Romane.
Sie können sich gar nicht vorstellen«, fuhr sie fort, als sie sah, daß ich mit Interesse zuhörte, »was das für eine höllische Arbeit ist, geeignete Motive für Novellen zu finden. Es ist schon so unendlich viel geschrieben worden, und man soll immer etwas ganz Neues bringen. Im Grunde genommen ist es die reinste Galeerenarbeit, Schriftstellerin zu sein, aber ich habe irgendwo einmal gelesen: Le talent oblige. Das ist auch ganz richtig. Ich lebe niemals mit der unmittelbaren Naivität wie alle anderen Leute. Immer schwebt nur ein Gedanke vor mir: Du mußt schreiben, schreiben, schreiben... Ich habe zum Beispiel jetzt beobachtet, wie sich diese Frau auf den Bauch schlägt, wenn sie erregt ist, und habe mir diese Geste gleich notiert. Ich werde das sehr gut brauchen können, wenn ich einmal Frauen aus der Vorstadt zu beschreiben habe. Oder, da war gerade eine Arbeiterin bei Ihnen, die vollständig abgetretene Schuhe hatte und dabei neue Seidenstrümpfe trug. Ich habe mir das auch notiert. Die Strümpfe hat sie natürlich von ihrem Verehrer bekommen. Oder, zum Beispiel, da auf dem Ladentisch stehen Blumen, Semmeln und daneben ein Buch von Kant. Das ist doch ein nettes Motiv, Kant in einem Milchgeschäft. Das hat doch ein Kunde liegengelassen?«

»Ja, das muß jemand liegengelassen haben!« antwortete ich, während ich das Buch wegnehm, in dem ich vorhin geblättert.

»So, eine Novelle ist beinahe fertig, während im Gehirn bereits eine zweite herumgeistert. Und so geht es immer weiter und weiter, ohne Ende, wie Sklavenarbeit. Und das Ärgste ist, daß ich selbst absolut nichts erleben kann. Nicht einmal lieben kann ich richtig, denn selbst wenn ich liebe, ist mein erster Gedanke immer: Du darfst nicht vergessen, dir deine Gefühle zu notieren. Ich verliebe mich eigentlich auch immer nur für meine Novellen... Manchmal ist es wirklich entsetzlich; man läuft den ganzen Tag herum und, abends heimgekommen, todmüde, soll man schreiben. Dabei brauche ich vollständige Ruhe, und den Kanarienvogel, den meine Mutter so abgöttisch liebt und der mir mit seinem Gepiepse aus der Küche her jeden Gedanken zerstört, möchte ich am liebsten jeden Tag von neuem erwürgen.

Und so laufe ich jeden Tag hinter dem Stückchen Leben einher, das ich für mein Buch einfangen will, und es gelingt mir doch nicht recht. Wenn Sie nur wüßten, welche Qual das ist! Sehen Sie nur, zum Beispiel mit Ihnen! Mein erster Gedanke, als ich Sie sah, war: Eine Ausländerin, Sehnsucht nach der Heimat, allem Anschein nach der Intelligenz angehörend, unbefriedigt von ihrem Leben und von ihrer Tätigkeit. Aber Sie haben mich enttäuscht; kein Konflikt! In einer Novelle muß immer ein Konflikt sein. Wo alles in Ordnung ist, da hat der Schriftsteller nichts zu suchen... Sagen Sie wenigstens: Wie leben Sie mit Ihrem Manne?«

»Sehr gut«, antwortete ich.

»Nun sehen Sie selbst, nichts zu machen. Nur die Zeit habe ich umsonst verloren. Aber, Sie sind ja intelligent, vielleicht könnten Sie ein bißchen die hiesigen Frauen beobachten und mir dann davon etwas erzählen; ich schreibe nämlich hauptsächlich über das Leben der Frauen, besonders aus der Vorstadt. Ich werde wieder einmal nachschauen. Freilich, Sie können ja nicht die Beobachtungsgabe haben, wie sie eine Schriftstellerin braucht, aber Sie erzählen mir bloß die Tatsachen, das Weitere mache dann schon ich... Guten Tag! Also bitte, beobachten Sie!«

Sie winkte mir freundlich mit der Hand und ging hinaus. Als sie draußen war, mußte ich laut auflachen. Mir kam ein komischer Gedanke: daß nämlich die Schriftstellerin, auf der Jagd nach einer Novelle, selbst die Heldin einer Novelle werden könnte!

7. APRIL 1927.

Frau Bacher stürzte ganz aufgeregt zu mir ins Geschäft. Sie hat mich sehr gern und tut alles, was sie kann, um mir irgendwelche Unannehmlichkeiten zu ersparen.

Wie gewöhnlich führte sie ihr kleines Mädchen an der Hand. »Frau Wagner!« sagte sie. »Die Kinder haben Ihrem Buben recht unanständige Wörter beigebracht. Er läuft nun auf der Straße herum und schreit diese Dinge mit den anderen Kindern. Aber für Ihr Kind schickt sich das doch nicht!«

Ich rief Jurka sofort herein, er kam zu mir, mit vor Freude geröteten Wangen.

»Warum hast du mich denn gerufen, Mama?« fragte er. »Es ist ja so lustig! Wir laufen von einem Gehweg auf den andern und schreien: Leck mi...!«

»Weißt du auch, was das heißt?« fragte ich.

»Nein, ich weiß es nicht! Aber wenn es die anderen Kinder sagen, warum soll ich es dann nicht sagen dürfen?« rechtfertigte sich Jurka.

9. APRIL 1927.

Wenn nur jemand wüßte, wie viele unangenehme Minuten mir meine Spangenschuhe verursacht haben. Manchmal scheint es mir, daß sie mein größter Kummer sind, daß das Geschäft besser gehen würde, wenn ich andere Schuhe hätte, denn ein Mensch mit solchen Schuhen kann nicht das Vertrauen seiner Mitmenschen erwerben. Woher sollte ich aber Geld für neue nehmen? Jeden Samstag sage ich mir: Wenn mir heute die und die zahlen, dann kaufe ich mir neue Schuhe. Aber der Samstag vergeht, man zahlt nicht, oder wenn man zahlt, kommt eine unerwartete Rechnung von einem Lieferanten, und es ist wieder nichts...

Meine Schuhe haben eine lange Geschichte. Als ich sie kaufte, konnte ich nicht denken, daß ich sie beinahe zwei Jahre würde tragen müssen und daß sie so viele Strapazen aushalten müßten. Ich kaufte sie in Wien, damals, als wir, wie der Knabe sagt, noch »Dozenten« waren! Sie sollten nur einigemal im Sommer angezogen werden zu einem weißen Kleid, waren aus Leinen und hatten im ganzen 12 Schilling 75 Groschen gekostet. Es war dies im Sommer 1925 gewesen, als wir unseren Urlaub in Westeuropa verbrachten und nicht annehmen konnten, daß wir bald wieder nach Wien kommen sollten, aber als Flüchtlinge. Nach unserer Auswei-

sung aus Rußland habe ich dann alle meine Sachen verkauft, sogar mein Schuhwerk, um möglichst viel Geld zu erübrigen. Und so kam es, daß mir, als ich das Geschäft kaufte, nichts mehr übriggeblieben war als diese Leinenschuhe. Von ihrer ursprünglichen Gestalt und Farbe war freilich nichts mehr zu sehen.
Heute entschloß ich mich zu einem kühnen Schritt. Ich behandelte die Schuhe mit schwarzer Wichse und dachte, sie würden jetzt wenigstens nicht mehr aufsehenerregend wirken, aber das Resultat war nicht günstig. Wenn es überhaupt möglich gewesen wäre, daß sie noch schlechter hätten aussehen können, so war dies jetzt der Fall. Das größte Unglück dabei aber war, daß auch meine Strümpfe ganz schwarz wurden. Nun, schließlich und endlich ist diese ganze Geschichte doch mehr komisch als tragisch, und ich tröstete mich damit, daß heute Samstag ist, und wenn jemand von meinen Schuldnern zahlt, ich mir doch vielleicht Schuhe werde kaufen können. Freilich interessieren sich meine Schuldnerinnen mehr für ihre Schuhe als für meine...

10. APRIL 1927.

»Bitte schön, Sie wünschen?« wandte ich mich an einen Käufer, hielt aber sofort inne, als ich sah, daß ich jenen Russen vor mir hatte, der mich damals in so bange Furcht versetzte, der mich damals so sehr an Rußland mit seiner GPU erinnert hatte.
Er lachte hellauf, als er meine Betretenheit bemerkte. Heute war er ohne Aktentasche, und unter dem Mantel lugte die Stickerei eines Russenhemdes hervor. Die Haare hatte er sich seit dem letzten Male lang wachsen lassen, sie hingen ihm jetzt beinahe bis zur Schulter herab und gaben ihm das typische Aussehen eines Vorkriegsrevolutionärs. Auf der Nase saß ein Zwicker mit einer langen, schwarzen Schnur, eine Kleinigkeit, die mir sehr charakteristisch für die früheren Eseren[1] erschien.
»Was ist denn das für eine Maskerade?« entfuhr es mir.
»Keine Maskerade, sondern Mimikry! So ähnlich wie bei uns in Rußland sich die Hasen im Winter einen weißen Pelz zulegen', antwortete er etwas verlegen. »Wissen Sie, ich gehe heute in die russische Gesandtschaft, wo ich mich um ein Visum nach Rußland bewerben will. Und da meine ich, es ist vorteilhafter, wenn ich mich als alter Revolutionär präsentiere.«
»Wen wollen Sie damit eigentlich hineinlegen, die GPU oder mich?« fragte ich empört.

[1] Sozialrevolutionäre.

Ich kann immer noch nicht darüber klar werden, was dieser Mensch eigentlich bei mir will, es ist mir noch nicht gelungen, zu erkennen, was hinter der Maske seines Wesens steckt. Ich bin es gewohnt, daß ich die Menschen auf den ersten Blick durchschaue. Ich brauche mit einem Menschen nicht mehr als einige Minuten zusammen gewesen zu sein, ja, es ist möglich, daß ich mit ihm nicht einmal ein Wort gesprochen habe, und doch kann ich meist ganz genau sagen, was er ist, wie er ist, wie es in seiner Seele aussieht. Hier aber war es so, daß ich vor etwas Unverständlichem, Undurchdringlichem stand, und das war mir, wie jedes unaufgelöste Rätsel, etwas Unangenehmes, Quälendes.

Nur in einem Punkte gab es für mich keinen Zweifel: Die Absichten, die ihn sich mir nähern ließen, waren böse, verwerfliche. Er lächelte immer so freundlich, er tat so, als ob er meine spitzen Bemerkungen nicht verstehen würde; er wollte mich mit seiner friedlichen, freundlichen Gesinnung gefangennehmen, und je freundlicher und wohlwollender er sich mir gegenüber verhielt, desto mehr war es mir, als müßte ich vor ihm davonlaufen, weit weg.

Er machte auf mich den Eindruck einer Schlange. Besonders fielen mir heute seine Hände auf. Er hatte riesengroße Finger, die ungeheuer dick an der Handwurzel hingen, aber ganz schmal und dünn ausliefen. Er gestikulierte die ganze Zeit über mit heftigen, abgerissenen Gebärden, so daß ich immer eine Menge Finger vor meinen Augen tanzen sah. Zum Schlusse war es mir, als schlängen sich die Fangarme eines Polypen um mich, um mich zu erdrücken.

»Ich möchte Ihnen gerne einen kleinen Vorschlag machen!« sagte er. »Ganz aufrichtig, ich bin überhaupt ein äußerst aufrichtiger Mensch, und Sie können sich verlassen, daß ich immer nur die Wahrheit spreche.«

Mit einer Miene, die nicht gerade von Vertrauen sprach, schüttelte ich meinen Kopf, aber er fuhr, ohne meine Gebärden bemerken zu wollen, freundlich lächelnd fort: »Es wird mir wahrscheinlich gelingen, die Erlaubnis zur Einreise nach Rußland zu erhalten, denn ich habe schließlich ziemlich große revolutionäre Verdienste. Wollten Sie da nicht durch mich irgend etwas Ihren Verwandten in Rußland schicken? Ich tue das gern für Sie, denn Sie haben vom ersten Blick an mein Herz erobert. Wissen Sie, Sie haben so etwas! Sie haben, wie Dostojewskij sagt, das lebendige Leben in sich. Sie haben mich besiegt, ich ergebe mich Ihnen. Vollständig, bedingungslos.«

»Sind Sie gekommen, um etwas zu kaufen oder um Komplimente zu machen?« fragte ich scharf. »Wenn Sie kaufen wollen, bitte sehr. Zum Komplimente anhören habe ich aber keine Zeit!

»Nun, dann geben Sie mir ein Glas Milch und ein Butterbrot!« sagte er mit unzufriedener Stimme. »Mir wäre wohl ein Gläschen Schnaps lieber, aber den haben Sie ja nicht. Da muß man eben Milch trinken, wenn man anders mit Ihnen nicht sprechen kann!«
»Ich habe Ihnen schon gesagt, daß ich mich überhaupt in keine Konversationen einlassen will!« sagte ich, noch schärfer als vorher.
»Aber hören Sie mich doch an!« beschwichtigte er mich. »Weshalb sind Sie denn so schlimm mit mir? Ich will doch nur Ihnen und Ihren Angehörigen helfen! Brauchen Sie vielleicht Geld? Von Ihrem russischen Landsmann werden Sie sich doch nicht genieren, Geld anzunehmen!«
»Ich mache prinzipiell keine Schulden, und von Ihnen würde ich mir schon am allerwenigsten etwas ausborgen«, antwortete ich, in einem Tone, der eigentlich schon unbedingt beleidigend war.
»Brauchen Sie vielleicht Kleider? Ich verschaffe Ihnen von jeder beliebigen Firma Einkaufskredit. Wollen Sie bei Krupnik kaufen oder bei Zwieback oder bei Gerngroß? Für Sie mache ich alles. Sie müssen sich übrigens gut anziehen, Sie werden es sehen, wenn Sie sich besser kleiden werden, wird das Geschäft doppelt so gut gehen!«
»Trinken Sie Ihre Milch und sorgen Sie sich nicht um mich. Wenn ich etwas brauche, werde ich mich ja doch nicht an Sie wenden.«
»Sagen Sie, ist das eigentlich nicht merkwürdig, daß Sie Ihr Mann hier im Geschäft allein läßt und selbst den ganzen Tag in der Stadt spazierengeht? Ich finde das eigentlich nicht sehr schön von ihm ...«
»Erstens geht er nicht spazieren, sondern arbeitet den ganzen Tag in den Bibliotheken und an der Universität.«
»Er könnte aber selbst im Geschäft sitzen und Sie könnten Ihre Zeit in den Bibliotheken zubringen!«
»Er muß sich auf seine Prüfungen vorbereiten, die er braucht, damit er eine Stellung finden kann. Davon, was er jetzt arbeitet, hängt sein Beruf und unsere Zukunft ab!«
»So sagen Sie immer! In Wirklichkeit sitzt er aber wohl in irgendeinem Kaffeehaus, und es ist noch die Frage, ob allein! Und ist dieses Geschäft überhaupt etwas für eine Frau wie Sie?«
»Mischen Sie sich, bitte, nicht in unsere Angelegenheiten, Sie bemühen sich ganz vergeblich, wenn Sie da Unfrieden stiften wollen!«
Ich sah, daß diese meine Antwort ihn ein wenig in Verlegenheit brachte, aber er hatte bald wieder seine Fassung zurückgewonnen und sagte mit der Stimme eines Propheten: »Ich sage Ihnen nur das eine, daß Sie sich ja früher oder später doch an mich wenden und auf meinen Vorschlag werden eingehen müssen. Also wäre es nicht besser gleich als später?«

Und wieder bemächtigte sich meiner ein unheimliches Gefühl, weil es mir nicht möglich war, zu verstehen, was dieser Mensch eigentlich dachte und wollte.

»Sie können ja Ihrem Manne sagen, Sie haben mich zufällig getroffen und in mir einen alten Bekannten gefunden; das heißt, das geht ja nicht, aber sagen Sie, irgendeine alte Revolutionärin wäre eine gemeinsame Bekannte von uns. Und als Landsmann hätte ich Ihnen dann Geld angeboten. Das klingt doch ganz natürlich.

»Ich habe meinem Mann schon von Ihnen erzählt und ihm auch gesagt, wofür ich Sie halte. Das schließt schon aus, daß wir jemals einmal nähere Bekanntschaft schließen könnten.«

Er wurde dunkelrot und seine Augen glänzten auf; sofort aber fand er wieder seine ruhige Haltung.

»Ach, das sind Ihre Nerven, Sie arbeiten zuviel!« sagte er.

»Wie kommt es überhaupt?« fragte ich, »daß Sie Ihre Wohltätigkeitsinstinkte gerade an mir erproben wollen? Es gibt doch genug Russen in Wien, die bedürftiger sind!«

»Das ist eben deshalb, weil Sie, wie ich Ihnen schon erklärt habe, mein Herz besiegt haben. Ich bin von Ihnen entzückt.«

»Leider beruht das aber nicht auf Gegenseitigkeit«, sagte ich ernst. »Ich liebe die Menschen am allerwenigsten, die eine Rolle spielen und die dann nicht einmal den Mut haben, das auch einzubekennen, wenn man sie durchschaut. Gehen Sie zu Ihren Auftraggebern und denken Sie sich irgendeinen neuen Trick aus!«

Kaum hatte ich zu Ende gesprochen, da wurde mir ganz bange. Gerade als ob ich mit dem Feuer gespielt hätte. Und als ob er meinen Gedanken erraten hätte, sagte er:

»Spielen Sie nicht mit dem Feuer! Man kann sich da leicht verbrennen. Vorsicht schadet nie, selbst für einen so tapferen Menschen, wie Sie es sind.«

Sein Gesicht hatte einen ernsten, trotzigen Ausdruck angenommen; er sprach kein Wort mehr, zahlte und ging.

Ich hatte das Gefühl, als ob mir jemand eine Falle gelegt hätte und ich von vornherein wüßte, ich würde ihr nicht entgehen können. Den ganzen Tag über konnte ich diese bange Beklemmung nicht loswerden.

11. APRIL 1927.

Heute kam der Vater Menzl das erstemal nicht selbst, um zu zahlen, sondern schickte seinen Ältesten.
»Wie geht es denn dem Vater?« fragte ich teilnahmsvoll.
»Es kommt ihm fortwährend Blut aus der Brust und er erkennt uns gar nicht mehr. Mein Gott, wenn sich die Mutter nicht die Hand abschneidet, dann weiß ich gar nicht, was aus uns werden wird, wenn der Vater stirbt!«

13. APRIL 1927.

Abends kam Otmar mit einem Gesichte zurück, daß ich sofort sehen konnte, er habe für mich eine angenehme Überraschung. Er überreichte mir ein Paket und darin befanden sich Spangenschuhe. Echte, rechte, wirkliche Spangenschuhe! Freilich »Strapazschuhe«, wie man in Wien sagt, aber Schuhe, die kein einziges Loch aufwiesen, deren Absätze nicht im geringsten abgetreten waren. Otmar hat Geld für einen Artikel bekommen, den er veröffentlicht, und sein erster Gedanke war gewesen, mir diese Schuhe zu kaufen. Welche Freude hatte ich damit! Können das überhaupt Menschen verstehen, die ganze Schuhe haben??

16. APRIL 1927.

»Doch das Herz will das Wunder und fleht um das Wunder.«
(S. Gippius.)

Das Engrosgeschäft, in das ich um Eier ging, war noch geschlossen, offenbar geht unsere Uhr vor und es war noch nicht sechs Uhr. Ich setzte mich im nebenan liegenden Park auf eine Bank, um dort zu warten, bis das Geschäft geöffnet würde, denn heimzugehen hätte keinen Sinn gehabt, es wäre zu weit gewesen. Es ist ein kleiner Park, wie es deren so viele in Wien gibt. Natürlich ist es leer in ihm um diese Zeit, nur hin und wieder läuft ein Bäckerbursche mit seinem Semmelkörbchen vorbei und einige Arbeiter hasten vorüber. Sie bemühen sich, ihre Mäntel möglichst eng zuzuknöpfen, denn es ist ein feuchter, kalter Morgen heute. Es regnet ganz fein und durch die grauen, zerrissenen Wolken versuchen die Strahlen der Sonne durchzudringen, um einen warmen Tag zu verkünden...

Wie viele Vöglein doch in solch einem kleinen Parke Platz finden! Welchen Lärm sie mit ihrem Gepiepse und mit ihrem geschäftigen Hinundherhuschen verursachen! Worüber sich diese dummen Spatzen so freuen mögen? Es ist wohl der Frühling, das junge, smaragdene Grün, der Duft der aufblühenden gelben und roten Blüten...

Ist denn diese zu neuem Leben und zu neuer Schönheit erwachsende Natur imstande, Rücksicht zu nehmen auf meine Sorgen und auf meinen Kummer? Kann sie es denn verstehen, warum ihre Frühlingspracht Wehmut in meinem Herzen erweckt?

Frühling in der Fremde! Es ist ein ganz unbeschreibliches Gefühl des Schmerzes, wenn ich diese jungen, aus den Zweigen hervorkriechenden Blätter sehe, die sich voll Freude dem Leben entgegenstrecken! Ist es das Bewußtsein, daß das eigene Leben zerbrochen ist? Ich bin jetzt wie ein Baum, dem der Sturm alle Zweige abgerissen hat, ich schäme mich meines verstümmelten Lebens vor diesem Festtag der Natur...

Eine Krähe krächzt und fliegt über den Park, laut mit ihren schweren, schwarzen Flügeln schlagend.

Die Sonne verbirgt sich wieder hinter den Wolken, es regnet stärker, ich beginne zu frieren in meinem dünnen, alten Mantel. Wann wird denn endlich das Geschäft geöffnet? Morgen ist doch Ostern, und da brauche ich viele Eier.

Zwei Frauen gehen eilig an mir vorbei, beide ganz in Schwarz gekleidet. Eine mager und alt, die andere ein ganz junges Mädchen, aber mit einem bleichen Gesicht, wie es die Tuberkulösen zu haben pflegen. Ihre Gesichter zeugen von Aufregung und Kummer, nichts an ihnen läßt es fühlen, daß sie um das Fest der Ostern wissen.

Ostern! Das größte, das feierlichste Fest in Rußland! Noch niemals in meinem Leben war aber meine Seele weiter weg von dem, was Ostern für den Russen bedeutet. Keine Hoffnung, Rußland jemals wiederzusehen, keine Hoffnung, die Eltern wiederzusehen, von denen ich gerade gestern einen so traurigen, hoffnungslosen Brief erhalten habe. Die Mutter krank, der Vater krank und keine Aussicht für sie, ihr Kind bei sich zu haben. Ostern! Wie viele lichte und freudige Erinnerungen sind doch mit diesem Feste für mich verbunden!

Ich verberge mein Gesicht hinter dem großen Eierkorb, damit die Vorübergehenden nichts von dem Schmerz und der Trauer bemerken sollten, der sich auf ihm zeichnen mußte. Aber es ist ganz unnötig. Wer wird sich denn hier um sechs Uhr in der Frühe für den Gesichtsausdruck von Menschen interessieren? Die Leute, die da in ihre Geschäfte und auf ihre Arbeitsplätze eilen, haben genug an ihren eigenen Sorgen und an ihrem eigenen Kummer. Die Leute, die keine Sorgen haben, die liegen noch in ihren weichen, warmen Betten...

Wo ist meine Heimat mit ihrem österlichen Glockengeläute, mit dem breiten Flusse, der aus seinen Ufern tritt, mit den bescheidenen weißen Schneeglöckchen, mit den geschäftigen Vorbereitungen auf das hohe Fest, mit dem triumphierenden »Christos woßkresse«,[1] mit den süßen »Kulitschen« und der fetten »Paßcha«,[2] mit den bunt gefärbten Eiern? Nein, diesmal gibt es keine Ostern für mich. Das größte, das feierlichste Fest in Rußland – der traurigste, glückloseste Tag für mich!

Von ferne schicke ich dir meinen Gruß, Heimat, heute, an diesem kalten, feuchten Morgen mit einem fremden, gleichgültigen Himmel über mir, mit den Freuden einer fremden Natur um mich herum. Meinen Gruß sende ich dir, einen Gruß, dessen du nicht bedarfst, der nicht einmal bis zu dir gelangt...

Das Blatt, das du so unbarmherzig von deinem Stamme abgerissen, es sehnt sich nach dir; und wenn du mich auch vergessen hast, Rußland, und dich niemals mehr an mich erinnern wirst, ich liebe dich, meine Heimat, wie groß auch der Schmerz sei, den du mir zugefügt; und jetzt, in dieser Stunde, möchte ich nur eines, daß du es vernähmest, wie ich an dich denke...

Die Tage fliegen dahin. Mein Büblein beginnt schon jetzt, sich nicht mehr als Russe zu fühlen, mein Mann kann nicht ohne Bitterkeit von dem Rußland sprechen, das ihm sein Leben verdorben, und doch fahre ich fort, dich zu lieben, und doch weihe ich dir meinen Kummer um dich und meine Sehnsucht nach dir, heute, am großen Tage der Leiden Christi...

Mich fröstelt. Die Sonne hat sich ganz versteckt. Der Tag scheint doch kalt und regnerisch werden zu wollen. Nun ist es höchste Zeit, ins Geschäft zu gehen, es ist sicher schon offen.

Ach, warum sehne ich mich gerade heute so unsagbar nach einem Gruß aus Rußland? Warum?

Es gibt Wunder. Ein wirkliches, wahres Wunder ist mir begegnet. Ein ganz unwahrscheinliches Osterwunder. Ich kaufte doch heute einen Korb voll Eier und brachte ihn heim. Als ich die Eier auspackte, blieb mein Blick zufällig auf einem haften. Es trug eine Aufschrift, in russischer Sprache: »Gruß von Landsleuten! Christos woßkresse!«

Lange konnte ich meinen Augen nicht glauben. Wer mochte das geschrieben haben? Woher und von wem kam mir dieser Gruß aus der Heimat?

[1] Christ ist erstanden.

[2] Osterspeisen.

Jemand aus Rußland? Oder vielleicht jemand, der ebenso krank ist an Sehnsucht nach Rußland wie ich? Wer hat mir diesen Brief geschickt, ohne Marke und ohne Stempel, auf dem kleinen, weißen, lieben Ei? Wie kam es, daß gerade ich dieses Ei erhielt, gerade heute? Gerade heute, an dem Tage, an dem mich die Sehnsucht nach meiner Heimat so stark erfaßte wie vielleicht noch nie?
Ich küßte dieses Ei, das mir ein Wunder gebracht in meinen grauen, freudlosen Arbeitstag. Es sagte mir, daß alle Menschen Brüder seien und daß gerade dann, wenn man sich ganz einsam fühlt auf der Welt, es doch vielleicht jemand gibt, der an einen denkt; es sagte mir, daß das Leben immer offen ist für das Wunder..., deshalb wohl, weil unser Leben nichts anderes ist als ein großes, geheimnisvolles Wunder!

18. APRIL 1927.

Frau Menzl kam zu mir in Trauer. Sie trug ein altes schwarzes Kleid und den Kreppschleier hatte ihr eine Nachbarin geborgt. Morgen wird der arme Vater Menzl begraben.
»Wer kann mir etwas sagen«, flüsterte sie mir zu, »wenn ich infolge des Todes meines Mannes so aufgeregt bin, daß ich bei der Maschine nicht aufpasse?«
Dabei sah sie so verstört aus, daß sie den Eindruck einer Geisteskranken machte.

21. APRIL 1927.

Als ich einst die Absicht hatte, eine Psychologie der Frau zu schreiben, da habe ich immer und überall Material dafür gesammelt, Exzerpte aus Büchern gemacht und meine Beobachtungen niedergeschrieben. Dieses Material ist natürlich verloren, in Rußland geblieben. Aber die Gewohnheit, zu beobachten, alles niederzuschreiben, was ich sehe, ist in mir so fest verankert, daß ich mich darüber selbst manchmal wundern muß. So zum Beispiel heute, wo ich die Frauen beobachtete, während sie Brot kauften. Die meisten der hiesigen Frauen stellen sich ganz merkwürdig an, wenn sie einen halben Laib Brot kaufen. Immer ersuchen sie, die beiden Hälften abzuwiegen, und wählen natürlich den größeren Teil für sich. Aber nur, wenn sie allein im Geschäft sind. Wenn andere Kundinnen anwesend sind, so beschränken sie sich meist darauf, die beiden Teile mit den Blicken abzumessen, wobei sie äußerlich ganz ruhig erscheinen

wollen, während man ihnen doch an ihren glänzenden Augen die Aufregung und die konzentrierte Gedankenarbeit ablesen kann. Nur ganz wenige sind es, die so weit gehen, daß sie in der Anwesenheit anderer Personen die beiden Hälften in den Händen halten und so deren Gewicht abschätzen. Doch bemühen sie sich auch dabei, ein möglichst gleichgültiges Gesicht zu zeigen.
Ganz anders die Männer. Wenn man ihnen die Auswahl läßt, so wählen sie entweder den kleineren Teil oder sie erklären, daß es ihnen ganz gleich sei, und warten geduldig, bis man ihnen eine der Hälften gibt. Wenn man ihnen die größere hinlegt, bemühen sie sich, wenigstens so zu tun, als ob sie dies überhaupt gar nicht bemerken würden.
Die Frauen sind alle wirtschaftlicher, genauer und – unverschämter als die Männer.

25. APRIL 1927.

Heute war Mitzi, die Zweitälteste bei Menzls, im Geschäft. Freudig erregt teilte sie mir mit, daß ihre Mutter sich bald von der Maschine die Hand abschneiden lassen werde und daß sie dann ein Milchgeschäft kaufen würde.
»Aber dann werde ich schon strenger mit den Käufern sein als Sie«, fügte sie hinzu, »ich werde niemandem auf Kredit geben!«
»Ja, hast du denn für deine Mutter gar keine Angst?« fragte ich erstaunt.
»Ach, es ist doch besser«, antwortete sie, »einige Wochen zu leiden, als sich das ganze Leben lang zu plagen!«
An dem Tonfall, mit dem sie diese Worte sprach, erkannte ich, daß sie sie wohl schon hunderte Male zu Hause gehört haben müsse. So gut war es ihr anscheinend zumute, daß sie laut zu singen anfing:

»Valencia, deine Augen glühn und saugen
Mir die Seele aus dem Leib...

Es war das erstemal seit dem Tode ihres Vaters, daß ich sie singen hörte.

Gerade hat mich eine meiner liebsten Kundinnen verlassen, die »Traurige«, wie ich sie nenne. Ich kann mir die deutschen Familiennamen unmöglich merken, und deshalb erfinde ich mir beinahe für jede einzelne meiner Kundschaft eine eigene Bezeichnung.
Die »Traurige« saß lange auf der Bank, in ihren bunten Schal eingewickelt, und sobald ich frei war, erzählte sie mir ihre Geschichte. Sie muß einmal sehr hübsch gewesen sein, auch jetzt noch ist ihr Äußeres sehr anziehend, besonders ihre großen, grauen Augen, aus denen soviel Trauer spricht. »Es gibt Leute«, sagte sie, »die keinen einzigen glücklichen Tag in ihrem Leben haben, die unter einem unglücklichen Stern geboren sind. So ist es auch mit mir. Alles in meinem Leben ist so gekommen, daß ich nur Kummer, nichts als Kummer hatte. Meine Mutter war Witwe und hat mich unter den größten Entbehrungen aufgezogen. Mit siebzehn Jahren habe ich geheiratet, aus Liebe, aber gegen den Willen meiner Mutter. Mein Mann diente als Kommis in einem Tuchgeschäft. Er war ein maßloser Trinker und begann mich bald zu schlagen. Ich zog mich von ihm zurück und verschloß mich in mich selbst. Wenn ich ihm geschmeichelt hätte, wäre es vielleicht noch gegangen, denn alle Männer wollen, daß man ihnen schmeichelt. Ich kann das aber nicht, und so ging er zu anderen. Nach einem Jahre verließ er mich ganz und ich verlor ihn vollständig aus dem Gesichte.
Inzwischen war meine Mutter gestorben und ich blieb allein mit meinem kleinen Kinde. Mein Kind kam schon als Krüppel auf die Welt und ist schwachsinnig, nichts kann es allein machen, weil seine Arme und Beine unaufhörlich zittern. So gut ich konnte, schlug ich mich durchs Leben, als Näherin, Wäscherin, Bedienerin. Aber manchmal ist es so schwer, Arbeit zu finden, jetzt zum Beispiel habe ich fast gar nichts. Nur bei einer Frau Direktor stopfe ich Strümpfe. Schon dreimal habe ich versucht, meinem Leben ein Ende zu machen, aber immer hatte ich Pech. In der Vergangenheit, in der Zukunft, nirgends auch nur ein Fünkchen Licht. Und das Schrecklichste ist, das sage ich Ihnen, diese ewige Angst vor dem Verhungern. Glauben Sie, daß mich der Gedanke an meinen Sohn ans Leben fesseln könnte? Nein, er versteht ja nichts, er weiß nichts. Für ihn wäre der Tod ja ohnehin nur eine Erlösung.
So, jetzt habe ich alles versetzt, was ich besitze, nur dieser Schal ist mir noch geblieben. Wenn ich dieser Tage keine Arbeit finde, dann muß ich das viertemal versuchen, mit dem Leben zu Ende zu kommen, oder ich muß verhungern.«

»Nehmen Sie einstweilen bei mir auf Kredit, bis Sie Arbeit bekommen!« schlug ich ihr vor.
»Das habe ich mir schon gedacht, daß Sie mir diesen Antrag stellen werden, aber ich will es nicht annehmen, denn ich weiß nicht, wann und ob ich überhaupt zahlen werde können. Und wenn Sie Ihre Waren so verschenken werden, so werden Sie doch nicht alle retten können, aber selbst dabei Ihr Geschäft auf den Hund bringen!«
Diese Worte brachten mich in Verwunderung. Schon so oft hat man versucht, mich zu betrügen, schon so oft hat man mir versprochen, zu bezahlen, und hat nicht bezahlt!
So gern möchte ich dieser Frau helfen! Kann es denn möglich sein, daß es kein Mittel gibt, Menschen zu helfen, die arbeiten wollen?
Nur mit großer Mühe konnte ich sie dazu bereden, Brot, Milch, Butter und etwas Wurst auf Kredit zu nehmen. Aber was bedeutet das für sie? Für zwei Tage reicht es. Aber was dann?

1. MAI 1927.

Die kleine Mitzi Menzl kam heute, nachdem sie einige Tage nicht bei mir gewesen, ganz verstört ins Geschäft. Ihre Mutter ist in die Maschine geraten, hat sich den Arm und einige Rippen gebrochen und liegt jetzt bewußtlos im Spital.
»Und wenn sie wieder gesund wird«, weinte Mitzi, »haben wir erst recht nichts davon. Der Ingenieur hat gesagt, sie ist selbst am Unglück schuld gewesen, sie war so unvorsichtig, von einer Entschädigung ist keine Rede und sie muß froh sein, wenn sie wieder in die Fabrik aufgenommen wird.«

2. MAI 1927.

Ich fühle mich heute nicht wohl. Das ist etwas sehr Unangenehmes, wenn man weiß, daß man seine Arbeit nicht auf eine Minute unterbrechen darf.
Wie gewöhnlich war es auch heute noch ganz zeitlich früh, als ich meinen Rucksack nahm und mich auf den Weg zum Markte machte. Ich hatte schon alle Einkäufe erledigt und befand mich wieder auf dem Heimweg, als der Russe zu mir trat, den ich so fürchtete und der mir noch immer ein Rätsel geblieben ist.

Sein Gesicht war aber heute ein ganz anderes als sonst. Der Ausdruck verhaltener Grausamkeit, den ich immer durch sein süßliches Lächeln hindurch gesehen, war verschwunden. War es nur der bleiche Morgen, der sein Antlitz blaß, fast grau erscheinen ließ und seinen Augen jeden Glanz benahm?

Das, was ich heute an ihm sah, das war nichts als der Ausdruck menschlichen Leides. Wie oft, in wie vielen Augen habe ich diesen Ausdruck schon gesehen! Das häßlichste, unangenehmste Gesicht läßt er manchmal schön erscheinen und alles das vergessen, was sich an Abneigung gegen diesen Menschen angesammelt. Er ruft Zartheit und Weichheit hervor und jenes große Gefühl, das größte, dessen der Mensch fähig ist, das Mitleid...

Als ich ihn an diesem nebligen, kalten Morgen erblickte, den Kragen hochgeschlagen und den Blick verloren auf den Boden geheftet, da hatte ich mit einem Male alle die bitteren Gefühle vergessen, die ich gegen ihn gehegt. Ich hatte Mitleid mit ihm. Mit meinem ganzen Herzen fühlte ich seinen Schmerz und sein Unglück, und – mit einem Male verstand ich ihn ganz. Es ist so, daß es oft nur irgendeines kleinen Zuges, eines Zuckens der Lippen, einer Bewegung der Augenlider bedarf, um den ganzen Schmerz eines Menschen erfassen zu lassen, und dieser Schmerz bringt uns dann dem Menschen so nahe, daß man meint, was er fühlt, bilde einen Teil des eigenen Erlebens...

»Sind Sie krank?« fragte ich, während ich ihm die Hand gab.

Ohne zu antworten, blickte er auf meine Hand, die vor Kälte ganz rot gefroren war; er erfaßte sie und drückte sie lange, lange.

»Ich begleite Sie bis zu Ihrem Geschäft«, sagte er. »Ich habe Sie hier erwartet, um mich von Ihnen zu verabschieden. Ich fahre nach Rußland. Aber nicht so, wie ich es wollte, doch... Aber ich kann Ihnen all das nicht erzählen. Ich bin tief unglücklich. Ich wollte nicht fortfahren, ohne Ihnen zu sagen, was ich über Sie denke.

Sie haben selbstverständlich recht gehabt. Als ich das erstemal in Ihr Geschäft kam, wußte ich bereits alles von Ihnen. Ich wußte, wer Sie sind, woher Sie sind, wie Sie lebten, und die Absicht, mit der ich kam, war keine gute. Ich wollte in Ihr Leben als Zerstörer treten. Warum, das kann ich Ihnen nicht sagen.

Ich sprach über Sie mit vielen Ihrer Kunden und folgte oft Ihren Schritten, wenn Sie zum Markt gingen. Ich sah, wie Sie am Karsamstag im Parke saßen. Wie ein böser Geist verfolgte ich Sie mit dem einen Gedanken, Ihnen Schlimmes anzutun.

Aber ich konnte es nicht tun, Sie haben mich besiegt. Mit Ihrer Tapferkeit,

mit Ihrer Hartnäckigkeit im Kampfe mit dem Unglück haben Sie mich besiegt. Jetzt können Sie ruhig sein; der, der als Feind zu Ihnen gekommen ist, ist Ihr Freund geworden. Ich liebe Sie.
Ich frage nicht einmal, ob ich die Hoffnung habe, daß Sie einmal auch ein ähnliches Gefühl zu mir haben könnten, denn ich weiß, daß das nicht möglich ist. Mit einem Wort, unglückliche Liebe. Aber ich bin froh, daß ich Ihnen das sagen kann. Mit dem heutigen Tage trete ich für immer aus Ihrem Leben. Vielleicht überhaupt bald aus dem Leben. Ich will Ihnen nur sagen, daß Sie meine ganze Seele erschüttert haben. Sie haben mich gelehrt, mein eigenes Leben mit ganz anderen Augen anzusehen. Ich weiß es, es gibt keine Rettung für mich, ich habe schlecht gelebt. Und ich habe mich immer tiefer und tiefer in dieses mein Leben verwickelt, und das Ende ist, daß es keinen Ausweg mehr gibt...
Ich habe eine sonderbare Bitte an Sie, so sonderbar, daß sie, von meinem Munde, geradezu lächerlich klingt. Ich weiß es, Sie werden jetzt gleich in die Kirche gehen; wenn Sie dort beten, erinnern Sie sich an mich. Ich selbst glaube nicht an Gott und ich liebe Gott nicht, weil er mich auch nicht liebt. Aber beten Sie dennoch für mich...«
Ich sah ihm in seine Augen, auf seine zitternden Lippen und die kraftlos herabhängenden Hände. Und da erinnerte ich mich an den Kommissär Kalaschnikow mit seiner unglücklichen Liebe zu mir. Wieder war es so, daß ein Mensch vor mir stand, den ich mit meiner Liebe hätte retten können, dem ich sie aber nicht geben konnte.
»Da, bitte, und das nehmen Sie für Ihren Kleinen!« murmelte er verlegen und zog ein Paket aus seiner Tasche. »Ich war damals gerade in Ihrem Geschäft, als er seine Lokomotive gegen eine Fliege vertauscht hatte. Hier hat er eine neue.«
Ich zierte mich nicht. Sie nicht zu nehmen, wäre eine Beleidigung gewesen. Wir waren mittlerweile zum Geschäft gekommen. Er blieb stehen und reichte mir die Hand. In diesem Händedruck lag so viel Zärtlichkeit und so viel Verzweiflung, in seinen Augen so viel Schmerz und so viel Liebe, daß ich ganz traurig wurde. Ich sagte ihm kein Wort, denn alles, was ich hätte sagen können, hätte banal, fast grausam klingen müssen. Es gibt Minuten, in denen ein Händedruck mehr sagen kann als tausend der schönsten Worte.
Er ging fort und ich trat langsam ins Geschäft. Und da erinnerte ich mich an die Worte der Mutter Dorofeja:
Sei vorsichtig mit der Seele des Menschen!... Es ist nicht leicht, fremdes Leid zu sammeln... Fremdes Leid in seiner Seele zu tragen ist schwerer als eigenes...

Nach langer Zeit ließen sich wieder einmal Fred und Willi bei mir sehen. Ein Blick genügte, um mir zu sagen, daß es mit der Fleischhauerei vorüber war, ebenso wie mit dem Haus und der blonden Trudi. Sie waren wieder abgemagert, um den Hals hatten sie wieder einen Schal gebunden, der sicherlich die Aufgabe hatte, Mängel in bezug auf die Behemdung zu verdecken.

Willi trug in der Hand irgendein langes, in grauen Stoff eingewickeltes Instrument, während Fred eine Geige unter dem Arm hatte.

»Gestatten Sie, daß wir Ihnen ein Konzert geben?« sagte Willi. »Die beste singende Säge in Österreich, unter Begleitung eines der ersten Violinisten! Wir haben schon im Radio gespielt und begeben uns jetzt auf eine Tournee durch Deutschland. Also, passen Sie auf! Sie werden das umsonst zu hören bekommen, wofür die anderen Leute Opernpreise zu zahlen haben!«

Ohne meine Antwort abzuwarten, zog er aus seinem Futteral etwas hervor, was sich als nichts anderes erwies als eine ganz gewöhnliche Baumsäge. Willi nahm sie geschickt zwischen die Beine, zog einen kurzen Bogen hervor, und Fred stellte sich neben ihm mit seiner Geige in Positur. »Speziell für Sie, etwas Russisches«, erklärte Willi, und sie begannen zu spielen: Ej uchnem.

Die klagenden Töne der Säge erfüllten den Raum, und so merkwürdig war es mir, die Klänge, die ich so oft in Rußland gehört, hier in Wien zu vernehmen, im Geschäft, und noch dazu in einer so eigenartigen Wiedergabe.

»Ausgezeichnet!« lobte ich die Künstler, die es verstanden hatten, der melancholischen Stimmung, die dieses Lied erfüllt, guten Ausdruck zu geben. »Wo haben Sie denn das gelernt?«

»Ach, man braucht nur zu wollen, dann geht alles!« erklärte Willi stolz und zuversichtlich. »Ich und Fred bringen alles zusammen, was wir nur wollen!«

»Was ist's aber mit Ihrem Geschäft?« fragte ich.

Der eben noch so zuversichtliche und siegessichere Ausdruck wich aus dem Gesichte Willis, und ganz kleinlaut geworden antwortete er mir: »Pech! Das ist es ja, daß uns immer das Pech verfolgt, und zwar gerade dann, wenn es uns am besten geht! Das Geschäft ist glänzend gegangen, aber es hat sich herausgestellt, daß wir mit Verlust verkauft haben. Das Geld war weg, auf Kredit hat uns auch niemand mehr die Waren geliefert, na, und – da haben wir uns eben aus dem Staube gemacht, heimlich,

in der Nacht. Kann man nichts machen! Und überhaupt, in Wien ist ja nichts anzufangen; wir gehen ins Ausland. Wenn man es genau betrachtet, war das eigentlich überhaupt kein Geschäft für unsereins. Wir sind schließlich Leute, die eine poetische Seele in der Brust haben, und nichts als Schnitzel, Leber, Kaiserfleisch, das hätten wir auf die Dauer ohnehin nicht ausgehalten!«
Nachdem Willi und Fred ihr Essen – diesmal bescheiden aus einem Glas Milch und einer Semmel bestehend – beendet, machten sie sich daran, Kreuzworträtsel zu lösen.
»Woher nehmen Sie aber das Geld, um ins Ausland zu gehen?« konnte ich mich nicht enthalten zu fragen, als sie Miene machten, aufzubrechen.
»Das ist sehr einfach!« erklärte Willi. »Dazu brauchen wir eigentlich fast gar kein Geld. Wir kaufen ein altes Motorrad, das nicht mehr funktioniert, um einen Spottpreis. Fred repariert den Motor. Dann kaufen wir bei einem Trödler vier alte Automobilräder und ein Wagengestell und wir bauen uns selbst ein Automobil. Warum sollen wir das nicht zusammenbringen! Wenn man will, kann man alles! Wir fahren durch Deutschland, dann über Frankreich nach Italien und durch die Schweiz zurück. Wir geben überall Konzerte mit unserer singenden Säge. Das ist eine wahre Sensation! Sie werden sehen, in einem halben Jahre sind wir wieder hier, aber nicht mehr als solche arme Schlucker, wie wir es jetzt sind!«
In freudiger Erregung, mit der Miene von Menschen, die es gewohnt sind, das Leben zu meistern, gingen sie hinaus.

8. MAI 1927.

Ich sah heute im Traum, ich bekäme bald ein Kind. Solche Träume habe ich sehr oft; ich erwache dann immer mit einer unbeschreiblichen Sehnsucht nach einem Kind, besonders nach einem Mädchen. Dieses Gefühl ist manchmal so stark, daß ich es nur mit Mühe im Verlaufe des Tages bekämpfen kann. Die Physis ist stärker als der Verstand. Ich bin gesund, jung, mein Körper will Mutterschaft. Alles blüht. Schon lange haben die Kastanien ihre rosenroten und weißen Kerzen zum Himmel emporgehoben, die Äpfel- und Birnenbäume blühen, es blüht der Flieder. In Obstgeschäften sind die ersten roten Kirschen ausgestellt. Die Katze spielt an der Stiege mit ihren Kätzchen und die rothaarige Schnicki hat heute vier kleine, nackte Hündchen geworfen.
Ich sehe oft im Traume, daß ich schwanger bin; in mir glüht der Instinkt der Erde und des Körpers. Ich weiß es, wir können jetzt kein Kind

mehr haben, wir können es nicht ernähren, und doch, wenn ich nachts aufwache und die Strahlen des Mondes sehe und den Duft der frischen Frühlingsluft einatme, dann möchte ich weinen vor Sehnsucht nach meinem Kinde, meinem Mädchen... Ich beginne mir dann genau vorzustellen, wie sein Gesicht, sein Näschen, seine Haare aussehen. Wird es auch so blond sein wie mein Bub oder wird es nicht doch vielleicht dunkel sein, wie ich es bin?

Mein Mädchen, mein liebes, teures Mädchen, du lebst und zitterst in meinem Herzen; du ringst dich empor aus dem Dunkel des Nichtseins zum hellen Lichte der Sonne, du willst mit einstimmen in das triumphierende Lied der Liebe und des Lebens, das die Natur rings um mich herum singt!

Aber ich werde dich niemals sehen, mein Liebling. Ich werde niemals wissen, wie du sein wirst, niemals werde ich dich an mein Herz drücken, niemals werde ich deinem Lallen lauschen, niemals werde ich deine kleinen Beinchen laufen sehen. Nichts, nichts werde ich wissen, niemals werde ich deine Mutter sein, denn nur im Traume kommst du zu mir...

Und am Morgen erwache ich in unruhiger Stimmung, müde, wie gerädert.

»Otmar«, sage ich, »ich habe schon wieder unser Mädchen im Traume gesehen!«

»Dummheit«, antwortet Otmar. »Du weißt ganz genau, daß wir uns das mit unserem Einkommen nicht leisten können. Du mußt eben auf dem Boden der Wirklichkeit bleiben.«

Dann zieht er sich an und geht in die Universität. Ich bleibe ein paar Minuten an der Tür stehen, beobachte die Kinder, die zur Schule eilen, besonders die lieben, kleinen Schülerinnen, die mit ihren weißen Schürzen und den Schultaschen am Rücken dahertrippeln; da suche ich mir mein Mädchen...

Mein liebes, teures Mädchen! Wieder hast du mich ums Leben gebeten und ich habe dich nicht erhört. Kannst du es mir verzeihen? Werde ich selbst es mir verzeihen können? Verzeiht es mir das Leben?

Mein liebes Mädchen, niemals wirst du leben, du stirbst in mir, zusammen mit meiner Jugend. Mit der Zeit wird es seltener werden und immer seltener, daß du dich nach dem Leben sehnst, und dann werde ich wissen, daß es vorbei ist mit der Jugend, daß das Alter da ist...

Ich weine um dich, mein Mädchen!

»Wenn Sie wüßten, was das für ein Glück ist, von einem Menschen richtig verstanden zu werden! Schon so viele Jahre lang habe ich gedacht, gedacht und geschrieben. Jetzt endlich aber habe ich einen Menschen getroffen, dem ich ganz aufrichtig und ohne Hinterhalt alles das eröffnen kann, was in mir vorgeht. Diese Müdigkeit ist jetzt die einzige Freude meines Lebens.«

So sprach, verlegen lächelnd, Sserafima Andrejewna zu mir, während sie es sich auf dem Hocker vor dem Ladentisch bequem machte.

»Ich war schon lange nicht bei Ihnen gewesen, aber das Bewußtsein, ich darf zu Ihnen gehen und mit Ihnen sprechen, das war mir schon genug. Ja, ich habe sogar mit Absicht immer und immer wieder den Tag verschoben, an dem ich zu Ihnen gehen würde. Ich fürchte mich immer noch, daran zu glauben, daß ich endlich den Menschen gefunden habe, mit dem ich aufrichtig, bis zum Letzten, sein könnte. Oft brauche ich es gar nicht, daß ich Sie sehe; es genügt mir zu wissen, daß Sie überhaupt existieren. Ich spreche im Geiste mit Ihnen und ich weiß, daß Sie mich verstehen. Das ist eine Freude, die ich noch nicht erlebt in den sechs Jahren, die ich nun schon im Auslande lebe. Aufrichtigkeit ist eine gefährliche Sache. Manchmal spricht man mit jemandem ganz aufrichtig und dann fühlt man nicht nur keine Erleichterung, sondern man würde viel darum geben, wenn man jedes einzelne Wort, das man gesprochen, wieder zurückholen könnte. Man hat einem Menschen das Geheimste seiner Seele geschenkt, und er hat es nicht verstanden, es so aufzunehmen, wie es hätte sein sollen. Denn nur wenige gibt es, die das können. Und übrigens, es gibt auch nur wenige, die sich zu einer solchen restlosen Aufrichtigkeit entschließen können...

Eine lange Einleitung, nicht wahr? Ich wollte Ihnen die Geschichte meiner Ehe erzählen. Es ist eigentlich verwunderlich, daß bis jetzt noch niemand einen Roman aus dem Leben der Frau eines Kriegsgefangenen geschrieben hat. Ich habe viele Bücher über das Leben der Kriegsgefangenen gelesen, von Kriegsgefangenen selbst geschrieben oder von solchen ausgedacht, denen dieses Thema interessant erschien; aber kein einziges behandelt das Leben der Frau eines Kriegsgefangenen. Wie ist das zu verstehen? Interessiert das Thema niemanden? Oder ist keine unter diesen Frauen, die es selbst beschreiben könnte? Ich jedenfalls könnte es nicht. Aber gar zu gern würde ich davon erfahren, was andere Russinnen erleben, die als Gattinnen von Kriegsgefangenen ins Ausland gekommen sind. Sie müssen ja auch eine ganz andere Psychologie haben als irgendeine

Emigrantin. Schon das eine, daß sie Rußland freiwillig verlassen haben mit dem stolzen Gefühl, sie würden sich ein neues, schöneres Leben bauen. Ich erinnere mich noch ganz genau an einen Satz, den ich vor meiner Abreise nach Österreich, in meinem Abschiedsbriefe an Nikolaj, geschrieben: ›Mit Dir würde ich kein Mensch sein, Du würdest mich zur Sklavin meiner Liebe gemacht haben. Ich würde in einem Lande der Sklaven bleiben, in einem kulturlosen Milieu. Ich fahre ins Ausland, damit ich wieder Mensch werden kann, denn mit Oswald werde ich Mensch bleiben können.‹

Sie verstehen meinen Gedanken? Ich ging in ein freies Land, mit freien Menschen.

Unsere Reise, zuerst mit der Bahn, dann auf dem Dampfer, das war die glücklichste Zeit meines Lebens. Oswald war lieb und zärtlich mit mir. Mich beneidete man deshalb, und ihn beneidete man, daß er eine so graziöse und hübsche Frau heimführe.

Ich habe Rußland ohne jedes Bedauern verlassen. Mir selbst kam diese vollständige Gleichgültigkeit, mit der ich mich von meinen Eltern und von meiner Heimat trennte, sonderbar vor. Ich erklärte mir das aber damit, daß einen eben an eine ›solche‹ Heimat nichts fesseln könne. Wer ein vernünftiges, schöpferisches Leben leben will, für den ist Rußland kein Platz, der gehört nach Europa, dachte ich. Sie wissen ja, wie wir alle über Europa denken.

Und stellen Sie sich vor, unser ganzes eheliches Glück nahm buchstäblich in derselben Minute ein Ende, als wir den Boden dieses Reiches der Ordnung, der westeuropäischen Kultur betraten. Diese ›Ordnung‹, nach der ich mich so sehnte, zerstörte mein Leben. Für mich als Mathematikerin war die Ordnung alles. Als ich noch auf der Universität studierte, erzählte mir mein Professor einmal eine merkwürdige Geschichte von Kant: Die Vorlesungen Kants besuchte ein Student, an dessen Rock ein ganzes Jahr lang ein schlecht angenähter Knopf locker saß. Kant hatte sich an diesen Knopf so gewöhnt, daß er, sobald er nur das Auditorium betrat, ihn gleich ins Auge faßte und während der ganzen Vorlesung keinen Blick davon ließ. Nun, als er wieder einmal den Saal betrat und mit seinen Augen den schlecht angenähten Knopf suchte, sah er, daß dieser heute musterhaft fest am Rock saß. Dies brachte den großen Philosophen so aus dem Konzept, daß er seine Vorlesung nicht halten konnte.

Ich weiß nicht, was an dieser Anekdote wahr ist, aber als ich mich plötzlich in einem Lande befand, in dem es keine schlecht angenähten Knöpfe gibt, da war es mir, als fehlte mir etwas, was mir zu meinem Leben unbedingt notwendig ist.

Wir zogen natürlich zur Familie meines Mannes, die aus seinen Eltern und einer Schwester besteht. Vier große Zimmer, alle halbdunkel, da die Fenster auf eine schmale Gasse gehen. Kein Sonnenstrahl konnte dorthin gelangen; aber das hinderte mich nicht, sofort festzustellen, daß in der ganzen Wohnung die peinlichste Sauberkeit herrschte. In unserer Wohnung glänzt immer alles so, als ob es soeben aus der Fabrik gekommen wäre, und es gibt kein noch so kleines Ding, das sich nicht immer genauestens auf seinem Platze befände. Es braucht nur zu geschehen, daß ich die Schale, die Onkel Karl geschenkt hat, rechts statt links von der Schale aufstelle, die von Tante Minna stammt, so wird sicher in wenigen Minuten, von irgendeiner Zauberhand, die ursprüngliche Ordnung wiederhergestellt sein...
Gleich am nächsten Tag nach unserer Ankunft gab mir die Schwiegermutter eine ungeheure, breite, blaue Schürze, die beinahe wie ein Kleid aussah, und drückte mir ein Tuch in die Hand. Sie unterwies mich, wie ich den Staub abwischen und dann das Tuch beim Fenster ausschütteln müsse. Dabei blickte sie so drein, als ob von dem Erfolge ihrer Unterweisung das Wohl und Wehe des Vaterlandes abhinge. Dieses Staubabwischen ist jetzt meine wichtigste Beschäftigung im Lande der Kultur. Die einzige Beschäftigung, auf die ich ein Recht habe.
Das Mittagessen bereitet die Schwiegermutter, das Geschirr wäscht die Schwägerin, den Fußboden wäscht die Bedienerin, und ich wische Staub. Sagen Sie nur aufrichtig: Ist es dafürgestanden, nach Europa zu gehen, um Staub abzuwischen?«
Sie sagte das mit einem solchen Ausdrucke der Verzweiflung, daß ich mich nicht enthalten konnte, hellauf zu lachen. Auch sie mußte nun lachen. Das war so herzig! Sie hat einen lieben, süßen Mund mit so schönen, regelmäßigen, weißen Zähnen, daß sie, als sie lachte, einem jungen Mädchen glich. Überhaupt, trotz des traurigen Ausdruckes ihrer Augen hat sie so viel einfach Kindliches in ihrem Gesicht, daß man nicht anders kann, als ihr vom ersten Anblick an zugetan zu sein.
»Aber Sie werden doch genug Zeit haben, um zu lesen und spazierenzugehen, sich mit Musik zu beschäftigen! Und Sie müssen ja wohl auch Zeit für Ihren Mann haben!« sagte ich.
»Nein, dazu habe ich keine Zeit. Das heißt, Zeit hätte ich mehr als genug, aber die Tageseinteilung ist so, daß es vollständig unschicklich aussehen würde, wenn ich ein Buch lesen oder Klavier spielen wollte, sei es zu welcher Stunde auch immer.
In der Frühe Staub abwischen, und zwar so, daß dies Frau Meier, die gegenüber wohnt, unbedingt sehen muß. Wenn nur meine Schwiegermut-

ter bemerkt, daß Frau Meier ihr Staubtuch ausschüttelt, schickt sie mich unweigerlich zum Fenster, damit ich dasselbe tue.
Nun das Mittagessen. Mein Mann kommt aus dem Büro, ich muß ihm die Schuhe ausziehen und Hausschuhe an die Füße stecken. Ach, wenn Sie wüßten, wie hier die Männer verwöhnt sind! Ja, hier kann man sagen: Das ist die wahre Sklaverei, hier ist die Frau wirklich die Sklavin ihres Mannes! Dann setzen wir uns zu Tisch. Da wird nur von geschäftlichen Dingen gesprochen oder davon, wie teuer alles ist, wie schrecklich es ist, daß soviel Elektrizität verschwendet wird, und dergleichen. Nach dem Essen legen sich mein Mann und der Schwiegervater aufs Kanapee, um auszuruhen. Die Schwiegermutter und die Schwägerin nehmen eine Handarbeit, und auch mir geben sie eine. Ich habe versucht, während dieser Zeit etwas zu lesen, aber man warf solche Blicke auf mich, daß ich diesen Versuch gleich von vornherein aufgab.
Dann geht mein Mann wieder ins Büro, und nun beginnt die Schwiegermutter alle Zimmer zu durchforschen, ob nicht irgendwo Staub zurückgeblieben sei. Natürlich findet sie immer irgendwo etwas. In den sechs Jahren, die ich hier lebe, ist es noch kein einzigesmal vorgekommen, daß meine Schwiegermutter keinen Staub gefunden hätte; immer habe ich irgendwo etwas vergessen. Ich zählte am Gymnasium zu den besten Schülerinnen, und auch auf der Universität ging mir alles so leicht ein. Aber, stellen Sie sich vor, Staubabwischen, das habe ich bis heute noch nicht erlernen können. Übrigens macht mir die Schwiegermutter nie Vorwürfe. Sie nimmt mir nur das Staubtuch aus der Hand und verrichtet eine Zeitlang meine Arbeit. Ich sehe ihr aufmerksam zu und bemühe mich dann, es ihr nachzumachen.
Nachher gehen wir alle zusammen spazieren, bleiben vor jeder Auslage stehen und schimpfen über die Mode, über die Preise und über die Sittenlosigkeit der heutigen Welt. Einmal bemerkte ich, es wären doch nicht alle so. Aber da kam ich schön an. Meine Schwiegermutter belehrte mich lange über die Schlechtigkeit der Menschen, und das Resultat war, daß ich wohl oder übel überzeugt sein mußte, meine Schwiegermutter, mein Mann und dessen Schwester wären die einzigen anständigen und guten Menschen auf der Welt...
Ich fühle, daß meine Seele in dieser Umgebung dahinwelkt, und ich glaube oft, daß der Tod besser wäre als das Leben in dieser absoluten Ordnung. In allen diesen sechs Jahren habe ich es nicht zuwege gebracht, mich an meinen Mann, an mein Haus, an meine Bekannten zu gewöhnen. Im Gegenteil, von Tag zu Tag wird mir alles fremder und fremder...«
»Und Ihr Kind?« fragte ich.

»Mein Kind? Das gehört ja gar nicht mir. Die Schwiegermutter und die Schwägerin erziehen es. Sie haben es mir klipp und klar erklärt, daß das Kind von klein auf zur Hauswirtschaft und zur Ordnung erzogen werden müsse. Sie führen es immer spazieren, und es wird so eingerichtet, daß ich fast nie mit ihm allein bin.
Und wie sollte ich mein Mädchen denn auch erziehen? Von der Hauswirtschaft verstehe ich nicht viel und dazu spreche ich noch schlecht Deutsch. Ich verstehe es selbst, daß es so aufwachsen muß, wie es das hiesige Leben erfordert. Was mich aber tief betrübt, ist, daß man es fast ganz ohne Religion aufwachsen läßt. Meine Leute sagen, das wäre alles Unsinn. Dabei lassen sie aber doch feierlich das Christkind kommen und machen jedes Jahr eine große Geschichte mit dem Osterhasen. Sie kennen wohl das Christkind, aber von Christus, dem Erlöser, haben sie keine Ahnung und können daher auch dem Kinde nichts davon geben. Für sie ist alles die Idee des Fortschrittes. Welche Idee des Fortschrittes ist aber imstande, die Idee vom Heiland zu ersetzen?
Nun, ich muß Ihnen ja weitererzählen, wie ich dahinlebe. Um sieben Uhr ist Abendessen. Dazu erscheint mein Mann pünktlich, um ebenso pünktlich um acht Uhr ins Kaffeehaus oder ins Wirtshaus zu gehen. Der Schwiegervater tut das gleiche und die Frauen gehen ins Bett. Um neun Uhr ist die ganze Wohnung in tiefe Finsternis getaucht. Lesen, das wäre Verschwendung des elektrischen Lichtes, also ein Verbrechen. Ich liege im Bette, um bis zwei Uhr, wenn mein Mann heimkehrt, kein Auge zuzumachen. Und diese Stunden der tiefsten Stille und der vollsten Einsamkeit, das sind die schlimmsten, die ich erlebe. Ich grüble und grüble, die Gedanken und Erinnerungen bohren sich in mein Gehirn ein. Ich denke an Rußland und verzehre mich vor Heimweh. Wie leicht habe ich mich von Rußland getrennt und wie viele Tränen habe ich seither vor Sehnsucht nach meiner unglücklichen Heimat vergossen! Was mich noch besonders quält, ist, daß ich für meine Angehörigen in Rußland nichts tun konnte. Ich erarbeite selbst nichts, und wenn ich auch wollte, es wäre gar nicht möglich bei der Arbeitslosigkeit, die hier herrscht. Ich habe kein Verfügungsrecht, ich bin kein voller Mensch...
Sehen Sie, und mit wem sollte ich über meinen Kummer sprechen? Wem sollte ich klagen? Und, im Grunde genommen, worüber sollte ich klagen? Man behandelt mich gut, man füttert mich gut, man gibt mir keine schwere Arbeit. Ich müßte eigentlich den Leuten dankbar sein, und doch, mit jedem Tage verdorrt meine Seele mehr und mehr, und bald werde ich vielleicht keinen andern Ausweg mehr wissen, als meinem Leben ein Ende zu machen...«

»Und Ihr Mann?« warf ich ein.
»Mein Mann...«, seufzte sie schwer auf. »Meinen Mann habe ich schon vor sechs Jahren verloren, eben, als wir nach Österreich kamen. Ich habe Ihnen schon einmal erzählt, daß er drüben in Rußland ein ganz anderer Mensch gewesen ist. Er hat sich nicht anders ausgegeben, weder hier noch dort. Er war damals begeistert von mir, so wie er jetzt von Frauen begeistert ist, die ihm nun mehr zusagen. Finden Sie nicht, daß hier in Wien alles dazu angetan ist, die Männer vom rechten Wege abzubringen, in ihnen die niedrigsten Instinkte zu erwecken? Oder scheint dies mir nur deshalb so, weil sich mein Mann jeden Tag weiter von mir entfernt?
Ich habe einen unseligen Hang zur seelischen Analyse. Alles suche ich bis in die kleinsten Kleinigkeiten hinein zu zerlegen. Ich weiß, daß nichts so schwer zu verstehen ist wie das innere Leben eines Menschen, denn man muß da Tausende von winzigen Umständen in Betracht ziehen, die sein früheres und sein jetziges Milieu betreffen. Nun, diese Kleinigkeiten im Leben Oswalds habe ich nicht in Rechnung gezogen, denn ich kannte nicht das Leben, in dem er aufgewachsen, und, das ist wohl meine Schuld, ich gab mir wohl auch keine Mühe, mich in sie hineinzuleben.
Ich hatte grenzenloses Vertrauen zu meinem Mann und ich liebe ihn noch heute, wenn auch, wie er sagt, mit einer seltsamen Liebe...
Es gibt Themen, die man in der Gesellschaft nicht berührt. Mit Ihnen kann ich aber darüber sprechen. Es ist ein Unglück, daß die Menschen auf verschiedene Art lieben. So wie die Menschen die gleichen Bücher ganz verschieden auffassen, so ist es auch mit der Liebe. Und wehe, wenn zwei Menschen, die sich lieben, zu sehr verschieden sind in der Art, wie sie lieben!
Ich habe Ihnen schon erzählt, daß ich immer in hohem Maße rein physiologische Liebe zu mir erweckt habe, daß ich selbst aber gerade in dieser Beziehung immer ganz kalt geblieben bin. Bin ich schuld daran? Habe ich etwa Oswald jemals zum Vorwurf gemacht, daß er mich oft auf eine Weise lieben will, die mir Schmerz und Qual bereitet? Ich habe mich, soweit ich dies imstande war, bemüht, ihm zu helfen, ihm entgegenzukommen. Aber es ist dann doch der Zeitpunkt gekommen, wohl auch unter dem Einflusse der Großstadtatmosphäre, in dem ich ihn mit meiner fast rein geistigen Liebe nicht mehr befriedigen konnte.
Das kam ziemlich unvermittelt. Auf einmal bemerkte ich, daß er mich nicht mehr so küßte wie früher. In seinen Küssen, in seinen Umarmungen begann sich etwas Fremdes, Heißes zu zeigen, das mich erschreckte. Ich

bemerkte in den Blicken, mit denen er die Frauen ansah, etwas, was bisher nicht gewesen war.
›Ach, in so einem schönen Bein einer Frau ist doch etwas, was mir mein ganzes Herz umdreht!‹ – gestand er mir einmal ganz aufrichtig. ›Das Herz?‹ fragte ich und blickte ihn voll Unruhe dabei an. Von diesem Tage an begann ich mit ganz anderen Augen um mich zu blicken. Ich bemerkte, daß es auf den Plakaten, in den »Magazinen«, in den illustrierten Zeitungen eigentlich nichts anderes gäbe als nur schöne Frauenbeine. Wenn ich auf der Straße ging, da tanzten vor meinen Augen Tausende von Frauenbeinen einen verwirrenden Reigen, aus der Musik, die von dem Kaffeehause gegenüber zu uns herüberklang, hörte ich nichts anderes heraus als die Anbetung dieser Beine...
Mich faßte Schrecken. Ich erinnerte mich an seine Liebesbezeigungen, wie er meine Beine gestreichelt und geküßt hatte... Aber gibt es nicht Tausende von Beinen, die schöner, schlanker, aufreizender sind als meine? Womit die ganze Sache endete, das können Sie ja selbst erraten. Es fand sich eine Mitzi, die ebenso wie er in den Sport vernarrt ist und obendrein die schönsten Beine hat, die man sich nur denken kann. Gemeinsame Interessen, gemeinsame Spaziergänge, Musik von allen Seiten, Kino, alles das hat mir meinen Oswald weggenommen...
Die Schwiegermutter verhielt sich diesen Dingen gegenüber ganz ruhig, und es scheint mir, als ob sie der lebenslustigen, fröhlichen, immer freundlichen Mitzi zugeneigter wäre als der immer nachdenklichen und melancholischen Schwiegertochter. Mitzi brachte Sonnenschein ins Haus. Wenn sie irgendwo Staub sieht, greift sie sofort nach dem Staubtuch, sie lacht, tanzt und schimpft kräftigst über die hohe Stromrechnung. Sie fährt Ski und versteht Gulasch zuzubereiten, etwas, wozu man mich niemals auch nur von ferne heranließ. Sie hat kein Heimweh im Herzen und kennt nicht den Gedanken, daß das Leben inhaltslos und leer ist. Sie ist nichts als ein Weib, aber ein liebes, sympathisches, das das Leben einfach hinnimmt, wie es ist, während ich Fragen auf Fragen an das Leben stelle. Sie dachte nicht daran, ob ich Oswald liebe, sie denkt, glaube ich, überhaupt nicht, sie hat es gar nicht notwendig. Und so kam es, daß sich Oswald zu wundern begann, warum er eigentlich aus Rußland einen Menschen mitgebracht hat, der weder zu seiner Familie noch zu ihm selbst paßt.
Ich mußte mich damit abfinden. Alles, was mir übriggeblieben, das sind meine Gedanken, meine Erinnerungen an Rußland. Und an Nikolaj. Immer öfter und öfter begann ich ihm in meinen Gedanken zu begegnen. Und so bin ich zu meiner Tragödie gekommen. Ich habe Ihnen schon

erzählt, daß ich einen Menschen getroffen habe, der Nikolaj sehr ähnlich sieht. Für mich hat jetzt ein ganz eigenartiges Doppelleben begonnen... Doch davon ein anderes Mal, ich muß jetzt gehen, es ist schon sehr spät geworden...«

Sserafima Andrejewna erhob sich. Erst jetzt bemerkte ich, daß sie sich in der letzten Zeit sehr zu ihrem Vorteil verändert hatte. Wenn eine Frau schöner wird, so heißt das, daß sie liebt...

»Ich komme bald wieder«, sagte sie noch, mit einem leisen, bedeutsamen Lächeln. »Ich muß Ihnen noch etwas erzählen, etwas sehr Wichtiges!«

13. MAI 1927.

Ich werde von Tag zu Tag dicker. Mit Absicht, aus Berechnung. Meine Dicke soll den Beweis dafür abgeben, daß unser Geschäft gut geht. Und sie wirkt tatsächlich.

»Sie werden stark!« sagte eine meiner Kundinnen verwundert. »Man sieht gleich, daß Ihr Geschäft jetzt besser geht. Sehen Sie sich nur einmal die Frau Peter an, wie die aussieht! Nichts als Haut und Knochen. Da scheint's schief zu gehen! Ich kaufe jetzt auch nicht mehr bei ihr, wer weiß, da kann man sich noch eine Tuberkulose holen! Ihnen sieht man gleich an, daß Sie gesund sind!«

In der letzten Zeit habe ich eine ganze Reihe neuer Kundinnen bekommen, die sich durch meine Komplexion angezogen fühlen. Wieviel Lächerliches gibt es doch im Leben!

Etwas ganz besonders Merkwürdiges ist auch jetzt unser Essen. Wahrscheinlich können sich überhaupt nur Inhaber von Lebensmittelgeschäften einen Begriff davon machen. Alles, was übrig bleibt und was am nächsten Tag nicht mehr ganz frisch wäre, das müssen wir verzehren, ob wir wollen oder nicht. Es gibt Tage, an denen wir nichts als Wurst essen, andere, an denen wir zum Frühstück, zu Mittag und zum Abendessen Weißkäse haben. Manchmal wieder nähren wir uns beinahe ausschließlich von Obst, ein andermal müssen wir unglaubliche Mengen von Milch vertilgen. Dafür können wir uns selten ein normales Mittagessen leisten, denn ich kann es nicht über das Herz bringen, Fleisch zu kaufen, wenn ich so viele Lebensmittel in meinem Geschäfte zur Verfügung habe...

In mancher Beziehung freilich kann ich mich noch immer nicht ganz daran gewöhnen, daß ich einfach eine Milchfrau bin und nichts weiter. Heute war ein sehr sympathisch aussehender Herr, ein Vierziger wohl, bei mir. Er nahm ein Glas Milch, und während er trank, schrieb er fortwährend etwas in sein Notizbuch. Er machte den Eindruck eines Beamten.

»Wieviel bin ich schuldig?« fragte er, als er ausgetrunken hatte.

»Dreizehn Groschen«, antwortete ich.

Er legte mir dreizehn Groschen hin und daneben zehn Groschen Trinkgeld.

»Danke, ich nehme kein Trinkgeld!« sagte ich.

Verwundert blickte er mich an und mit freundlichem Tone begann er zu sprechen:

»Gestatten Sie mir, daß ich Ihnen einige Ratschläge gebe. Allem Anschein nach betreiben Sie dieses Geschäft noch nicht lange. Erstens einmal nehmen Sie für ein Glas Milch dreizehn Groschen, das ist viel zu billig, denn bei der Milch verdient man überhaupt nicht viel. Und wer ein Glas trinkt, dem ist es ziemlich gleich, ob er dreizehn oder fünfzehn Groschen zahlt. Dann, warum nehmen Sie so große Gläser? Ein bißchen kleiner, und es würde niemand etwas merken, für Sie wäre es aber doch ein beträchtlicher Vorteil. Und dann, kein Trinkgeld nehmen! Das ist ein Unsinn! Wissen Sie, ich interessiere mich für diese Sache. Ich bin nämlich Bankbeamter und werde abgebaut. Da will ich mir mit der Abfindungssumme ein Milchgeschäft aufmachen. Ich bin also sozusagen Leidensgenosse von Ihnen.«

Lange fragte er mich noch um alle möglichen Kleinigkeiten und ärgerte sich ganz besonders über die sinnlosen Beschränkungen, die dem »nicht gelernten« Kaufmanne gerade den Handel mit den Produkten verbieten, mit denen jedes kleine Kind umgehen könnte. Dann drückte er mir fest die Hand, wünschte mir alles Gute, nahm seine zehn Groschen wieder und begab sich auf die Suche nach einem Milchgeschäft.

19. MAI 1927.

»Zwei Glas Milch und zwei Kipfel!«, das waren die Begrüßungsworte, mit denen Willi und Fred zu mir hereinflogen.

»Nun, wie ist es Ihnen bei Ihrer Tournee ins Ausland ergangen?« fragte ich.

»Ach, diese Idee haben wir wieder aufgeben müssen. Unser Automobil ist zwar sehr hübsch geworden, aber es ist nicht gegangen, und so mußten wir es stehen lassen. Und dann gibt's überhaupt viel zuviel Musikanten auf der Welt. Wohin man kommt, immer heißt es, gerade gestern war ein Konzert in dieser Art. Wir haben im Radio unsere singende Säge vorführen wollen, aber da ist überhaupt nicht anzukommen, da braucht man zuviel Protektion. Ein wirkliches Talent kommt gar nicht unter! Aber das sind ja alles Kleinigkeiten! Wir sind derselben Meinung wie Ford, daß ein schlechter Anfang das beste Vorzeichen eines großen Erfolges ist. Wir haben übrigens eine glänzende Idee. Wir werden ein neues ›Magazin‹ gründen. Wir sind so viel unter dem Volk, daß wir genau den Geschmack der Massen kennen. Es ist schon alles vorbereitet, es fehlt uns eigentlich nur mehr das Geld. Sie werden sehen, die Leute werden sich um unser Magazin reißen. Die Hauptsache muß natürlich die Frau und die Liebe sein. Aber in den anderen Magazinen wird das alles nicht richtig behandelt. Es muß immer alles gerade scharf an der Grenze der Anständigkeit schweben; es muß eine Mischung von Freudscher Psychoanalyse und madonnenhafter Jungfräulichkeit sein. Jetzt wird bald wieder die Anständigkeit modern. Fred versteht es schon, die Ideen zu erfassen, die in der Luft liegen, er hat einen sechsten Sinn dafür. Und Sentimentalität muß auch dabei sein, die wird bald modern, aber natürlich sachliche Sentimentalität. Oder wenn Sie wollen, sentimentale Sachlichkeit. Am meisten ziehen Geschichten von tapferen Mädchen, die sich durch den ganzen Sumpf der Großstadt ziehen und dabei rein wie Lilien bleiben; oder Ratschläge, wie man zu einem guten Mann oder zu einer guten Frau kommt, wie man in der Ehe zu leben hat. Und die Hauptsache, Bilder, möglichst viele Bilder! Wissen Sie, womit wir jetzt beschäftigt sind? Wir laufen in ganz Wien herum und photographieren Liebespärchen. In den Parks finden wir genug. Damit verbinden wir übrigens auch ein anderes Geschäft. Wir photographieren die Pärchen, bringen heraus, wer die Leute sind, gehen dann zu ihm oder zu ihr, zeigen die Photographie und sagen, wir wären von ihrer Zärtlichkeit so entzückt gewesen, daß wir nicht umhin könnten, das Bild in unserem Magazin unter dem Titel ›Liebe in den Straßen Wiens‹ zu veröffentlichen. Selbstverständlich werden die Leute ganz blaß vor Angst, denn gewöhnlich sind ihre Zärtlichkeiten nicht für die Öffentlichkeit bestimmt. Leute, die das Recht haben, sich zu küssen, die küssen sich zu Hause und nicht im Park. Man bittet uns dann, von der Veröffentlichung Abstand zu nehmen, aber wir weisen ihnen nach, wieviel Geld wir für die Platten, für die Aufstellung des Apparates ausgegeben und wieviel Zeit wir verloren haben. Die Sache endet dann damit, daß wir uns, natürlich gegen Ersatz der Spesen, überreden lassen, auf die Veröffentlichung des Bildes zu verzichten. Auf diese Weise hoffen wir das Kapital zusammenzubringen, das wir zur Herausgabe der ersten Nummer unseres Magazins benötigen. Photographien bringen wir übrigens doch auch zusammen, denn

einige der Aufgenommenen erwiesen sich als Hochzeitsreisende, die uns sogar noch gerne etwas zahlten, damit ihre Küsse nur ja publiziert würden. Wenn die erste Nummer herauskommt, schicken wir Ihnen selbstverständlich ein Gratisexemplar zu!«
Willi und Fred zahlten, verabschiedeten sich freundlich und verließen, in lebhafter Unterhaltung begriffen, das Geschäft.

26. MAI 1927.

Ich hatte heute einen Besuch, der mich in eine außergewöhnlich traurige Gemütsstimmung versetzte. Meine Seele ist ganz krank geworden. Es war ein russischer Emigrant, den mir die Jüdin zuführte, die es sich in den Kopf gesetzt hatte, mit mir zusammen ein Hutgeschäft zu errichten. »Sie haben ja ein Geschäft, vielleicht können Sie ihn bei sich anstellen«, sagte sie, während sie sich im Geschäft umblickte, wohl, um wieder genau feststellen zu können, wohin die Hutschränke und die Spiegel zu stellen wären. Der Mann, den sie mir so rekommandierte, war stockbetrunken und brauchte sehr lange, bis er einen ihm passenden Platz zum Sitzen gefunden. Nun erst stellte sie ihn mir vor: »Fürst...«, sagte sie, wobei sie den Namen so aussprach, daß man nichts verstehen konnte, ob mit Absicht oder nicht, weiß ich natürlich nicht. Ihr Schützling hatte sich inzwischen wieder erhoben und vor den Ladentisch gestellt.
»Was sehen Sie mich so an? Freilich Fürst!« sagte er mit schwerer Zunge. »Natürlich bin ich ein Fürst. Allerdings, jetzt gibt's unter den Emigranten so viel Gauner, die sich als Fürsten ausgeben, daß es ein echter Fürst schwer hat, sich Glauben zu verschaffen. Und daß ich schlecht angezogen bin, das ist noch kein Gegenbeweis. Obwohl ich Ihnen gestehen muß, daß es hier im Auslande beinahe bedeutet, seinen Titel verloren zu haben, wenn man schlecht angezogen ist. Manchmal sehe ich mir meine zerrissenen Stiefel an und sage selbst zu mir: Mischka, du bist kein Fürst, sondern, verzeihen Sie den Ausdruck, ein Schöps. Eben ein Schöps, denn das ist das dümmste Tier. Wissen Sie, ich bin meistens mit mir selbst sehr höflich, denn die meisten Leute sind sehr unhöflich mit mir, und da tröste ich mich wenigstens damit. Aber das ändert nichts an der Sachlage, ein Schöps bin ich doch.«
»Wollen Sie Milch?« fragte ich.
»Milch?« lachte er bitter auf. »Ich will Schnaps, um die Feuersbrunst meiner kranken Seele zu löschen. Glauben Sie, daß man das mit Milch tun kann?«

Als ich ihm aber ein Glas Milch eingoß und dazu eine Wurstsemmel gab, machte er sich gierig darüber. Ich goß ihm noch einige Male nach und belegte ihm noch einige Male seine Semmeln, und alles war in wenigen Sekunden wieder verschwunden. Es war so, als ob er wochen-, ja monatelang nichts gegessen hätte. Dabei sprach er ununterbrochen weiter. Ich beobachtete ihn, und nach der Art, wie er aß, wie er saß und sich hielt, konnte ich feststellen, daß, soweit er auch gesunken sein möge, er unbedingt aus der besten Gesellschaft stammen müsse, ja, ich bildete mir sogar ein, feststellen zu können, daß er in der Petersburger Rechtsschule[1] studiert haben müsse.

Gekleidet war er buchstäblich in Fetzen. Ein schreckliches blaues Hemd, wie man es in Wien überhaupt nicht sieht, bedeckte halb seine dichtbehaarte Brust. Die Hose ließ ihre ehemalige Farbe nicht mehr erkennen, aber wie er das Bein nach vorn, ein ganz klein wenig gebeugt, hinstellte, das erinnerte mich an einen guten Bekannten von mir, der an dieser Anstalt studiert hatte.

»Sagen Sie, studierten Sie nicht an der Rechtsschule in Petersburg?« fragte ich ihn.

Er sprang auf und sah mich mit freudiger Überraschung an.

»Nun, endlich ein Mensch, der wirklich erkannt hat, wer ich bin! Aus der Bettelarmut heraus und aus den Fetzen haben Sie den richtigen Menschen erkannt! Ja, wirklich war ich dort! Und mit dem Dreispitz bin ich herumstolziert!«

Mit Tränen in den Augen ließ er sich langsam wieder nieder, und sein Gesicht zeigte tiefste Erregung.

»Und niemand will es mir glauben!« fuhr er nach einer Weile fort. »Alle lachen mich aus! In Belgien, in den Schächten, in denen ich in der letzten Zeit arbeitete, hat es mir kein einziger glauben wollen!«

Erregt fuchtelte er mir dabei mit seinen schmutzigen Händen vor dem Gesicht herum. Tiefschwarze, breite Ränder lagen unter seinen Fingernägeln, aber die Finger waren fein und lang, die Hand zierlich und schmal.

»Regen Sie sich nicht auf, bitte«, beschwichtigte ich ihn. »Ich glaube alles, was Sie sagen!«

»Nu, das wäre wieder etwas unvorsichtig, denn ich rede viel Unsinn zusammen. Aber heute, da will ich Ihnen einmal die Wahrheit sagen nach alter russischer Sitte. Wenn ich mich dann ausgebeichtet habe, kann ich ja wieder weiterschwadronieren...

Ich habe beinahe die ganze Welt abgereist, aber immer, wenn ich einmal

[1] Eine Anstalt, aus der die höheren Verwaltungsbeamten und Diplomaten hervorgingen.

mit Russen zusammengekommen bin, dann hat mich dieses eigene Gefühl gepackt. Ich mußte beichten, rückhaltlos, erbarmungslos...

Von Rußland will ich lieber nicht sprechen; was dort war, das ist ja ohnehin allen bekannt. Jeder weiß ja, wie wir Offiziere damals gelebt haben. Dann der Weltkrieg, der Bürgerkrieg, die Flucht mit der Armee Koltschaks, die Flucht ins Ausland über Wladiwostok. Da hat es viele Leiden für mich gegeben in Rußland! Aber im Ausland dann, da begann es phantastisch zu werden.

Ich war alles, was ein Mensch nur sein kann, vielmehr was ein Mensch nicht sein kann. Ich war Gigolo in Paris und habe mit den schönsten Frauen getanzt. Sie wissen ja, es hat da jemand gesagt: Tanzen, das ist beinahe dasselbe, wie seine Liebe erklären... Ich war dann Vertreter vieler Firmen, Tabakhändler, Lakai, Maler, Photograph, diente in der spanischen Fremdenlegion, arbeitete in den Kohlenschächten unter der Erde, war Kunstreiter im Zirkus, Gutsverwalter usw., ja, ich fuhr sogar einmal mit einer Mission nach Afrika, um dort die Wilden zum Katholizismus zu bekehren...

Mit einem Worte, ich hatte so viele Berufe, erlebte so viele Begegnungen mit Menschen, hungerte so viel, daß man aus meinem Leben leicht einige Leben hätte machen können.

Für wie alt halten Sie mich übrigens?«

Ich besah mir sein blasses Gesicht, in das dicke Haarsträhne hereinhingen, die tiefgefurchte Stirn, die nervös zitternden Wangen und den Mund, in dem einige Zähne fehlten. Ich dachte, ich hätte einen Greis vor mir.

»Ich bin fünfunddreißig Jahre alt. Dem Aussehen nach könnten Sie mir ruhig fünfundvierzig geben. Aber Sie dürfen nicht nach meinem Gesicht, Sie müssen nach meiner Seele urteilen, und dann bin ich nicht fünfunddreißig und nicht fünfundvierzig, sondern fünfundsechzig Jahre alt!

Nichts altert den Menschen mehr als die Fehler und Dummheiten, die er gemacht. Bitte, beachten Sie, diese Idee stammt von mir, ich habe es wenigstens noch nirgends gelesen. Im Gegenteil; man liest immer, dumme Leute erhielten sich die Frische ihrer Seele länger als gescheite. Übrigens, daraus, daß ich meine Dummheiten einsehe, können Sie ohne weiteres schließen, daß ich ein sehr gescheiter Mensch bin – aber leider habe ich keinen praktischen Verstand. Ich bin ein ausgemachter Idiot. Mein größtes Unglück aber ist, daß ich die Frauen vergöttere. Alle meine Mißerfolge kommen von den Frauen. Überall, wo ich war, ist es mir in wenigen Wochen gelungen, mich emporzuarbeiten. Ich verstehe zu arbeiten, ich erfasse die Situation, aber immer kommt mir irgendeine Frau dazwischen, und ich fliege hinaus, leichter als eine Feder. Ja, die

Versuchung lebt im Menschen selbst; die Sünde ist, wie bekannt, süß, und das Fleisch ist schwach; und da packt mich immer die Leidenschaft zu irgend so einer kleinen Frau; ich bekomme solche Sehnsucht, mit ihr irgendwo in der Einsamkeit zu schäkern, und alles geht zum Teufel. Denn das ist eben das Gemeine bei diesen Frauenzimmern: Immer haben sie irgendeinen Bruder, einen Vater, einen Mann oder eine Mutter, denen das natürlich nicht paßt. Sie müssen bedenken: Ich bin ein Mensch ohne Grund und ohne Boden unter den Füßen. Hier im Ausland, da ist für solche Leute kein Platz. Wir sind hier wie Schmetterlinge, die keinen Staub auf den Flügeln haben.

Und sehen Sie, immer wieder habe ich in der Liebe meinen Trost gesucht und, wenn auch nur für kurze Augenblicke, gefunden. Die Frauen haben einen ganz besonderen Zug, das Mitleid. Ich schätze das weibliche Herz unendlich hoch. Kein Mann kann so bemitleiden, so verstehen, so trösten wie eine Frau, so, daß einem gleich die ganze Welt ganz anders erscheint. Und da sind sie alle gleich, ob Russin oder Deutsche, Französin oder Engländerin... Ich sage Ihnen, wenn es nicht das Herz der Frauen gäbe, es stünde nicht dafür, zu leben! Wenn ich ein Künstler wäre, ich würde unbedingt ein Bild schaffen, das dies darstellt. Aber ich bin leider kein Künstler.

Immer, wenn ich mich tief im Sumpfe befand, da kam eine Frau und zog mich heraus, oder sie wollte mich wenigstens herausziehen. Aber ich war mit allen immer sehr grausam. Indem ich sie beleidigte, wollte ich mich an mir selbst rächen. In Wirklichkeit kannte ich aber doch nur einen Gedanken: Rußland! Und alle Frauen, die ich traf, waren mir nur insoweit wert, als sie mich auf irgendwelchen unsichtbaren Wegen nach Rußland führten.

Ich habe alle möglichen Schweinereien begangen und dabei immerfort an Rußland gedacht und Rußland angebetet. Für mich gibt es kein Leben außerhalb Rußlands. Von Tag zu Tag fühle ich das tiefer und grausamer. Denken Sie an das, was Dostojewskij sagte: Man soll das russische Volk nicht nach den Bestialitäten beurteilen, die es so oft begeht, sondern nach den hohen und heiligen Dingen, nach denen es selbst in seiner Verworfenheit lechzt...

Wissen Sie, woran ich jetzt denke? Ich will nach Rußland zurückkehren, selbst nach Sowjetrußland! Selbst dann, wenn man mir mitteilt, ich würde fünf Minuten nach dem Betreten des russischen Bodens erschossen werden. Ganz gleich, was geschieht, nur nach Hause will ich, heim! All diese langen Jahre wollte ich eins: Rußland vergessen! Aber ich konnte es nicht! Ich kämpfte gegen die Bolschewiken; sie töteten meine Eltern, sie nahmen mir alles weg, was ich besaß, aber sie sind mir dennoch lieber und teurer als alles andere, denn sie sind in Rußland, sie sind ein Teil meines Rußland. Sie wissen ja, lange kann der russische Mensch nicht hassen, auch nicht den Despotismus. Das hat schon Dostojewskij gesagt. Nun, in den langen Jahren meiner Wanderungen, da habe ich meinen Haß ganz vergessen, selbst gegen die Bolschewiken, die Rußland zerstört und meine Eltern getötet haben...

Ach, wir russischen Intelligenzler sind ja überhaupt Idioten, die reinsten Idioten! Wir haben uns da von Europa ein Idealbild zusammengestellt, weiß Gott was zusammengeträumt, und jetzt, wo wir Europa kennengelernt haben, nun, da sehen wir eben, daß wir Idioten waren!

Ich bin viel in Salons, in Gesellschaften, in Klubs herumgekommen! Ich habe Ihnen schon erzählt, daß mir die Bolschewiken nicht nur alles weggenommen, sondern auch fast alle meine Verwandten, Männer, Frauen und Kinder, ermordet haben; und wissen Sie, was mich Dutzende und Dutzende von diesen intelligenten Europäern gefragt haben? Sie haben gefragt, warum ich denn eigentlich gegen die Bolschewiken gekämpft habe! Und im Smoking, teure Zigarren im Mund, im Klubfauteuil hingestreckt, so haben sie mich gefragt, diese verfl... Europäer! Und daß die Rettung aus Osten komme, vom Bolschewismus, haben sie gesagt, diese verfl... Europäer, die einen Kammerdiener brauchen, wenn sie sich die Schuhe ausziehen wollen! Als ich diese Leute so sprechen hörte, da dachte ich anfangs, ich müßte verrückt werden vor Wut. Immer und immer habe ich sie getroffen, und immer waren es gerade die, die in ihrer Lebensführung am allerweitesten vom Kommunismus entfernt waren: Advokaten, Ärzte, Bankiers... Nun, ich sage Ihnen, heute bin ich so weit, daß ich die Bolschewiken gar nicht mehr hasse, aber diese europäischen Salonbolschewiken, die hasse ich über alles in der Welt, und, weiß Gott, schon deshalb wollte ich, der Bolschewismus sollte auch nach Europa kommen, damit ich mich daran weiden könnte, wie dann die richtigen Bolschewiken ihren vornehmen Gönnern die Gurgeln durchschneiden werden...«

Der Fürst machte eine Pause. Er hatte sich so in Wut geredet, daß ihm der Schaum vor dem Mund stand. Nach einer Weile fuhr er fort: »Ich habe diesen Leuten klarzumachen versucht, was das russische Volk unter den Bolschewiken leiden mußte und noch jetzt leiden muß. Sie lächelten dann ungläubig und sagten: Das russische Volk versteht es, zu leiden. Kein Volk versteht es so wie das russische. Übrigens, wenn bei uns der Kommunismus kommen wird – und er wird kommen, denn er ist unvermeidlich –, dann wird er eine ganz andere Form haben als der russische...

Sie können sich vorstellen, in welcher Wut mich nun diese Worte wieder versetzten. Warum soll das russische Volk leiden? Haben wir andere Nerven? Anderes Fleisch, andere Gefühle? Und das ist der größte Unsinn, daß der Bolschewismus hier in Europa anders aussehen würde als bei uns, denn die Kultur sitzt hier ebensowenig tief wie bei uns, höchstens ein ganz klein wenig tiefer! Vielleicht bin ich ungerecht. Aber ich hasse Europa, seit ich gesehen habe, daß die Europäer diese selbe Kultur, nach der wir uns gesehnt, nicht schätzen können! Nein, die Europäer lieben nicht ihre Kultur! Sie wollen sie gegen unsere, gegen irgendeine mythische östliche, gegen den Bolschewismus vertauschen!

Die Rettung kommt aus Rußland, sagen sie! Sie haben da irgendwelche Hypothesen zusammengebraut und behaupten, sie könnten sie auf das genaueste beweisen. Ich pfeife auf alle diese Hypothesen; mein Gefühl sagt mir, daß die Rettung nicht in Rußland, sondern in Europa liegt... Während ich diese Reden anhören mußte, schien es mir immer, als ob ich mich in einem Gebäude befände, das in Brand steht und einzustürzen droht. Auch wir russischen Intelligenzler steckten in einem solchen Hause und haben uns dadurch gerettet, daß wir aus den Trümmern herausgekrochen sind. Aber wozu haben sie denn in Europa ihr Wissen und ihre Technik, wenn nicht dazu, um das fallende Gebäude zu stützen und wieder aufzurichten?

Europa, mein Europa, mein Traum! Ja, es ist so, für uns russische Intelligenzler, für uns bedeutet die Enttäuschung an Europa den Tod!...

Ach, diese dummen Gelehrten, die da behaupten, in Europa sei alles alt geworden, es gäbe keine Kultur mehr, nur mehr eine Zivilisation! Blödsinn! Idiotie! Europa lebt erst in seinem Frühling!

Aber das Malheur ist, daß ich das alles nicht beweisen kann, ich fühle es nur. Und alle meine Worte sind nur ein leerer Schall für die Leute! Ich bin ja nur ein Trunkenbold und ein Schöps, der da in dieses Europa, von irgendwoher, hereingefallen ist. Wenn ich ein tüchtiger Mensch und kein Saufbold wäre, ich würde ein Buch schreiben mit dem Titel: Europäer, rettet eure Kultur! Und ich würde alle Bücher verbieten, die vom Untergang der europäischen Kultur sprechen, denn wenn die Menschen solches Zeug lesen, müssen sie ja den Glauben an sich selbst verlieren! Wie so ein Europäer nur ein Kommunist sein kann! Ein deutscher Kommunist, das ist für mich dasselbe Paradox wie eine grüne Kuh. Ein Kommunist hat keine Heimat. Ein Deutscher, der seine deutsche Kultur nicht schätzt, ist für mich ebenso abscheulich wie ein russischer Kommunist, der die Kirchen anspuckt...

Nun, und jetzt gehe ich nach Rußland, um dort zu sterben, weil mich

Europa beleidigt hat. Ich weiß, das ist echt russisch. Irgendein französischer oder deutscher Bischof hat gesagt, das Christentum im Osten lehre die Menschen zu sterben, das im Westen zu leben. Nun, ich habe ganz Europa abgegrast und bin zur Überzeugung gekommen, daß die Leute hier es verlernt haben, leben zu wollen. Deshalb gehe ich heim. Es ist dort in Rußland noch zehnmal schlimmer als hier, aber es ist wenigstens zu Hause! Sie sagen hier, der Bolschewismus ist unvermeidlich; nun gut, wenn ich schon dem Bolschewismus nicht entgehen kann, dann lieber wenigstens auf der russischen Erde von den Kommunisten erschlagen werden als im Ausland...

Freilich, ein Einreisevisum werde ich nicht bekommen, aber ich gehe einfach so, wie ich bin, über die Grenze, sollen sie mich dort gleich erschießen! Es ist doch Rußland... Kennen Sie den Vers von Blok:

›Ja, und selbst so bist du, mein Rußland,
Mir teurer als die ganze Welt!‹«

Lange noch plauderte der Fürst so fort, bis ihn die Frau, die ihn hergeführt, wieder fortschleppte...

Als abends Otmar heimkam, war das erste, was ich tat, daß ich ihm recht aufmerksam in die Augen sah, so, als würde ich in seinem Gesichte die Antwort suchen auf die Vorwürfe, die der arme Fürst heute Europa gemacht.

»Was siehst du mich so sonderbar an?« fragte er.

»Um zu sehen, ob die abendländische Kultur untergeht oder nicht!« antwortete ich.

Otmar lachte hell auf und umarmte mich. Er blickte heute fröhlich drein. »Ich habe heute ein wichtiges Examen abgelegt«, erklärte er. »Ich wollte dir nur nichts davon sagen, damit du dich nicht unnötig aufregst!«

»Nun, siehst du«, sagte ich voll Freude, »eure Kultur wird nicht untergehen! Solange ich sehe, daß du zielbewußt arbeitest, selbst unter den schweren Bedingungen, unter denen du lebst, erhältst du mir den Glauben an die Deutschen!«

Und mit einem ganz besonderen Gefühl des Stolzes wusch ich heute das Milchgeschirr und reinigte ich die Waage, die Gewichte und den Ladentisch. Ich wußte, daß ich durch meine Arbeit, dadurch, daß ich Otmar die Möglichkeit gebe, in der Universität zu arbeiten, meinen Teil dazu beitrug, die dem Untergange nahe deutsche Kultur zu retten. Sehr komisch und lächerlich, nicht wahr? Aber, wie man bei uns in Rußland sagt, ist es nicht gleich, womit sich das Kind tröstet, wenn es nur aufhört zu weinen?

1. JUNI 1927.

Ein Brief vom Vater:
»Meine Lieben!
Ich habe Euren Brief erhalten, in dem Ihr mitteilt, daß es Euch besser zu gehen beginnt. Bei uns ist es ganz warm geworden, man kann schon ohne Mantel gehen, obwohl ans Baden hier bei uns noch niemand denken kann. Es hat ein wenig geregnet, so daß kein Staub auf den Straßen liegt. Die Luft ist rein, alles blüht, es atmet sich leicht. An den Abenden gehe ich mit der Mutter spazieren, in den Stadtpark, und die ganze Zeit über sprechen wir von Euch. Nachher trinken wir unseren Tee und essen ein wenig, nicht viel; die Zeit ist für mich vorbei, in der dies Freude gemacht hat. Nach dem Essen legt die Mutter Patiencen und ratet, ob wir Euch bald wiedersehen werden. Immer bemüht sie sich, die Karten zu einer guten Antwort zu zwingen, aber es will ihr selten gelingen. Wenn wir uns dann ins Bett gelegt haben, lesen wir noch ein wenig, dann liegen wir beide noch lange wach und denken an Euch, tun aber so, als ob wir schlafen würden. Gestern nacht haben wir uns gegenseitig dabei ertappt. Der Mond leuchtete hell in unser Schlafzimmer. Wir blickten uns an und ich las in den Augen Deiner Mutter die Sehnsucht nach Euch...
Meine lieben Kinder, ich weiß nicht, warum das alles hat so geschehen müssen, wem das zum Nutzen war. Aber wie wahnsinnig schwer ist es für uns, in unserem Alter ohne Euch zu leben! Ich bin ganz grau geworden und mein Gesicht ist voll Runzeln. Ich bemühe mich, mich tapferer zu zeigen, als ich bin, für die Mutter. Aber ich fühle, wie die Tage dahineilen, unwiederbringlich. Das Leben kehrt nicht zurück. Werde ich Euch noch einmal wiedersehen, meine lieben, teuren Kinder?«

3. JUNI 1927.

Vom Handelsgremium haben wir heute den Bescheid bekommen, wir dürfen Zucker, Kaffee usw. nicht verkaufen, da wir nicht »gelernte Kaufleute« sind. Vor einem Monate noch hätte uns diese Entscheidung schwer getroffen; jetzt aber nahmen wir sie ziemlich gleichgültig hin, denn erstens geht unser Geschäft auch so ganz gut, und zweitens hegen wir die Hoffnung, daß Otmar bald eine Anstellung finden wird.

7. JUNI 1927.

Schon den vierten Tag brennt die Sonne ungewöhnlich heiß. Die Leute kriechen wie die Fliegen herum, ganze Scharen von Frauen und Kindern ziehen vor dem Geschäft vorbei, mit Badeanzügen versehen. Das Geschäft geht in der letzten Zeit so gut, daß ich geradezu entzückt bin. Eis, Eskimo, saure Milch und Früchte verkaufen wir in Mengen. Ich habe recht gehabt; es war nur notwendig, durchzuhalten, und es mußte gehen. Die Leute sehen, daß wir gut leben, und sie kommen daher gerne in unser Geschäft. Und in dem Gefühl, daß die größte Not vorbei ist, daß wir existieren können, liegt eine ganz besondere Freude.

In der letzten Zeit beginne ich mich mit wirklichem Vergnügen in mein Geschäft hineinzuleben. Ich lese Bücher, die Ratschläge geben, wie man ein Geschäft führen müsse, um den Umsatz zu erhöhen, wie man die Auslagen herrichten soll, usw. Ich habe die unüberwindlich scheinenden Schwierigkeiten besiegt und darin liegt ein ganz eigenartiger Genuß. Schließlich kann man in jedem Berufe irgend etwas finden, was einen interessiert und was ihn liebenswert erscheinen läßt.

16. JUNI 1927.

Ein gewisser Boris Kowerda hat den russischen Gesandten in Warschau erschossen. Über Rußland geht wieder eine Welle von Erschießungen, die ganz Europa in Empörung versetzt. Erschießungen in Moskau, in Odessa, in Taschkent, in Minsk. Und wie viele mögen wohl in den kleineren Städten erschossen worden sein, von denen in Europa niemals jemand etwas erfährt?...

Kaltes Entsetzen erfaßt mich, wenn ich denke, was jetzt in Rußland die erleben mögen, die aus irgendeinem Grunde als Konterrevolutionäre angesehen werden! Boris Kowerda hat nicht nur einen bolschewistischen Gesandten erschossen; durch seinen unüberlegten Schritt hat er Hunderten von unschuldigen Menschen in Rußland das Leben genommen. Mein Gott, welche Angst habe ich um die, die in Rußland sind!

24. JUNI 1927.

Abend. Die alte Trafikantin steckt wie eine Eule in ihrem Fenster, von ihrer Haube hängen lange, braune Bänder wie Federn herunter. Frau Meier bemüht sich erfolglos, ihre Kinder zusammenzurufen, die bereits über eine Stunde auf der Straße Krawall machen. Die »Unzufriedene« hockt nun schon an die vier Stunden am Fensterbrett und betrachtet alles, was in der Gegend vorgeht; morgen werde ich alles genau erfahren. Automobile, Motorräder, Fuhrwerke fahren vorbei, heute wie gestern und wie nun schon das ganze Jahr, und ich fülle Eis in die Tüten, gieße Milch ein, schneide Brot und Wurst, wie schon immer, wie – so scheint es mir – seit einer Ewigkeit!...

Ich habe mich bereits so sehr an diese Existenz gewöhnt, daß es mir ganz unwahrscheinlich vorkommt, es könnte irgendwo ein Leben ohne Milcheingießen und Wurstschneiden geben. Mich wundert nur das eine, daß ich mich trotz allem nicht von meinen Büchern und von meiner schriftstellerischen Beschäftigung trennen kann. Immer noch bemühe ich mich, dann und wann eine Minute zu erhaschen, in der ich etwas lesen, etwas schreiben kann. Wozu das alles?

Jeden Tag wiederhole ich mir, daß »Talent kein Nebel ist, der vergeht«, und immer noch lebe ich so, als ob irgendeine Zukunft meiner warte. Diese Hartnäckigkeit des Hoffens erscheint mir manchmal merkwürdig. Aber ich habe es gesehen, der feste Glaube an den Erfolg wirkt ansteckend. Unser Geschäft muß gut gehen, habe ich mir immer gesagt, und es geht jetzt wirklich so gut, daß wir um unsere Existenz keine Sorge mehr zu haben brauchen. Ja, nach einem Jahre habe ich es so weit gebracht! Ich kann stolz darauf sein!

Das Geschäft geht gut. Aber ist denn das ein Leben für uns? Ich werde erst dann glücklich sein, wenn wir uns ein Leben aufgebaut haben werden, das uns befriedigt. Und es muß kommen! Mein Herz ist heute voll von Hoffnung. Wieder ohne jede reale Grundlage. Aber warum soll das andere nicht gelingen, wenn das eine gelang?

26. JUNI 1927.

Seitdem ich sie das letztemal gesehen, ist Sserafima Andrejewna sichtlich abgemagert, aber die Schlankheit steht ihr gut, ihr Gesichtsausdruck ist feiner, durchgeistigter geworden, ihr Blick tiefer, gesammelter.

Während ich sie so anblickte, mußte ich unwillkürlich Beobachtungen darüber anstellen, in welch engem Zusammenhange doch das Aussehen eines Menschen und dessen Stimmungslage sich befinden. Man muß es nur verstehen, in den Gesichtern und Bewegungen der Menschen zu lesen, und man wird mehr erfahren als durch Worte.

Sserafima Andrejewna nahm Platz und wartete, bis ich der kleinen Grete Milch in den Krug eingegossen. Ich blickte sie währenddessen von der Seite an, wie sie leicht den Hals nach vorne bog, ich beobachtete ihre leichtgewellten feinen Haare, die Pose, mit der sie die Hände ineinanderlegte, gleichsam als ob sie etwas verbergen wollte, und ich begriff, daß sie äußerst glücklich und tief unglücklich zu gleicher Zeit sein müsse. Es war ein Mensch, der vor einem tiefen inneren Widerspruch stand. So wie sie jetzt dasaß, so mußte sie wohl tagelang gesessen sein, zu Hause, irgendwo im Park, in der Kirche...

Sie bemerkte es nicht einmal, wie Grete das Lokal verließ, und erst als die Türe sich neuerlich öffnete und ein Mädchen eine Milchflasche laut auf den Ladentisch stellte, fuhr sie auf, blickte mich an, und gleichsam als ob sie meine Gedanken erraten hätte, sagte sie:

»Nun, sehen Sie, so sitze ich ganze Stunden lang. Sitze und denke, und in diesen Gedanken, von denen niemand etwas weiß, niemand etwas versteht, die nur mir gehören, liegt ein tiefes Glück. Schon der eine Gedanke, daß in mein Leben, in dem ein Tag dem andern glich wie ein Tropfen Wasser dem anderen, etwas Neues gekommen ist, schon darin liegt ein Wunder. Ich habe in meine Seele eine große Freude und einen tiefen Kummer eingelassen. Ich freue mich dieses neuen Fühlens, und manchmal öffne ich gleichsam die Tür, die aus meinem Herzen führt, und lichte Sonnenstrahlen leuchten mir daraus entgegen.

Ich habe wieder Sonne in meiner Seele! Das scheint mir so wunderbar, so unwahrscheinlich, daß ich es kaum glauben kann, denn bisher lebte nur dumpfes, dunkles Leid in mir.

Ich will Ihnen alles von Anfang an erzählen. Das erstemal traf ich ihn auf der Treppe in unserem Hause. Es ist ein guter Bekannter meines Mannes, sie studierten zusammen am Gymnasium. Mein Mann ist mit ihm befreundet, so wie mit vielen, vielen anderen. Man muß es ihm lassen, er hat geradezu ein Talent, sich in der Gesellschaft angenehm zu machen. Oswald ist überhaupt in dieser Beziehung der typische Österreicher: Freundlichkeit und Höflichkeit sind ihm Natur, ebenso wie Fröhlichkeit und Esprit. In Gesellschaft wenigstens; denn zu Hause kann er sehr wohl recht langweilig, uninteressant, ja sogar manchmal recht grob sein. Ich stelle mir jetzt manchmal die Frage, was eigentlich meinen Mann so freundschaftlich mit meinem neuen Bekannten – er heißt

Dr. Halm und ist Künstler – verbinden kann, denn sie sind beide ganz entgegengesetzte Naturen.

Nun, unsere zweite Begegnung fand bereits bei uns in der Wohnung statt. Mein Mann war erkrankt; er hatte zwar bloß einen Schnupfen, aber so wie die meisten Männer ertrug er ihn sehr schlecht, langweilte sich, war kapriziös und nervös. Als noch ein wenig Fieber hinzukam, geriet er ganz aus dem Geleise, und eine weitere Komplikation, ein kleiner Abszeß, brachte ihn in namenlose Wut. Er fürchtete, er käme dadurch um einen Ausflug, auf den er sich schon wochenlang gefreut. Dr. Halm kam, ihn zu besuchen. Ich war gerade mit meiner gewöhnlichen Hausarbeit beschäftigt, als ich ihm die Tür öffnete, in der blauen Schürze, mit dem Staubtuch in der Hand. Sie können sich mein Erstaunen vorstellen, als ich in dem Eintretenden den Mann erkannte, dem ich damals auf der Treppe begegnete. Er beachtete mich weiter nicht und ging zu meinem Mann ins Schlafzimmer. Ich begab mich in mein Zimmer, setzte mich zum Fenster und blieb dort bis zum Mittagessen sitzen. Wie gewöhnlich, beschäftigte ich mich damit, meine Gefühle zu analysieren. Wenn mir jemand einige Wochen vorher noch gesagt hätte, ich könnte etwas Derartiges erleben, ich hätte es nicht geglaubt. Jetzt aber war es Tatsache geworden. Ich hatte diesen Menschen in meine Seele aufgenommen. Aber gleichzeitig wußte ich eines sicher: Ich würde es ihm nie sagen können, was ich fühle. Schon deshalb nicht, weil er mich nie verstehen würde. Können Sie sich vorstellen, was das heißt, wenn man einen Menschen hat, den man mehr liebt als vielleicht sein Leben, und von dem man weiß, daß man nie von ihm verstanden werden kann? Was mich übrigens auf die Idee gebracht hat, er würde mich nicht verstehen, das weiß ich nicht einmal. Aber eine innere Stimme rief mir zu: Fürchte ihn, fliehe vor ihm, er wird dich ebenso quälen wie damals Nikolaj. Er ist vielleicht der einzige Mensch auf der Welt, der mich lieben könnte, wirklich lieben, denn er hat etwas in sich, was mir ganz nahe, ganz teuer ist. Aber vielleicht ist gerade das der Grund, warum er nicht imstande sein wird, das zu begreifen. Villeicht klingt das paradox, aber es ist so. Dr. Halm wird mich deshalb nicht verstehen können, weil wir einander zu nahe, zu ähnlich sind. Er selbst erwartet es am allerwenigsten, dieses Gemeinsame zu finden, und leugnet es daher von vornherein. Menschen, die einander nahe sind, finden sich viel schwerer als entgegengesetzte Naturen. Meine innere Stimme flüsterte mir zu: Vergiß ihn gleich, er wird dein ohnehin schon so leidvolles Leben noch leidvoller machen, er wird dich ebensowenig verstehen wie Oswald, der dich nicht begriffen hat, weil er für dich zu einfach, zu wenig kompliziert war. Dr. Halm wird dich nicht verstehen, weil er zu kompliziert ist, zu sehr mit sich selbst beschäftigt und mit seiner Arbeit. So sprach ich zu mir, aber meine Seele war voll Jubel. Die Welt erschien mir wunderschön, und das erstemal bemerkte ich, daß in meinem Zimmer auf meinem Tische Blumen standen. Sie waren aber schon immer hier gewesen, jeden Tag; die Schwiegermutter stellt sie immer dorthin, denn sie findet, es gehöre zum guten Ton, daß in jedem Zimmer ein Blumenstrauß stehe. Wie ich sie bemerkte, wollte ich ihnen gleich neues Wasser geben, ich sang sogar etwas vor mich hin, als die Schwiegermutter eintrat. Schweigend, ohne mich nur anzublikken, nahm sie mir das Staubtuch aus der Hand. Ich war wie vernichtet. Ihr Schweigen, die Art, wie sie mich vollständig ignorierte, sagten mir genug. Als ich ins Speisezimmer trat, war das Mittagessen bereits aufgetragen, und am unzufriedenen Gesichte meines Mannes erkannte ich, daß er von meinem Vergehen bereits wußte. Die Schwiegermutter und die Schwägerin taten so, als ob sie mich nicht bemerkten, und mein Mann fragte mich:

›Bist du krank?‹

›Warum glaubst du das?‹ fragte ich verwundert.

›Ich dachte, du bist krank, weil du der Mutter nicht arbeiten helfen willst!‹

Ich erwiderte kein Wort. Nach dem Essen rief mich mein Mann in sein Zimmer und bedeutete mir sehr grob, daß, wenn ich essen wollte, ich auch arbeiten müßte. Er sprach noch lange sehr grausam zu mir, und aus allen seinen Worten hörte ich die Stimme seiner Mutter heraus. Dieser Mensch, der in der Gesellschaft so fein und höflich ist, er fand sich nicht verpflichtet, seiner Frau gegenüber auch nur die primitivsten Elemente des Anstandes und der Rücksichtnahme zu beachten.

Seine Worte verletzten mich aufs tiefste. Ich weiß nicht, was ich getan hätte, wenn nicht das Kind wäre. Als ich mich etwas beruhigt hatte, begann ich krampfhaft nachzudenken, wie ich mir selbst etwas erarbeiten könnte. Ich bin es übrigens nicht gewohnt, mich vor mir selbst zu verteidigen, wenn ich nur im geringsten Schuld in mir fühle. Ich versuchte es auch diesmal nicht, ja, ich war sogar innerlich bereit, zuzugestehen, daß er recht habe. Aber die Art, in der er mir dies alles gesagt, war zu grausam. Ich verteidigte mich auch gar nicht, ich schwieg. Als er endlich fertig war, befahl er mir:

›Du ziehst jetzt sofort Erika an und führst sie ins Atelier zu Dr. Halm. Du weißt, daß die Mutter in zwei Monaten Geburtstag hat, und da will ich ihr ein Porträt unserer Tochter schenken, die sie so liebt und mit deren Erziehung sie sich soviel Mühe gibt!‹

Er wollte mich auch mit diesen Worten wieder verletzen, aber ich reagierte nicht.
›Ich gehe nicht zu Dr. Halm, die Schwägerin soll gehen!‹ entgegnete ich. Es erschien mir unmöglich, daß ich jetzt diesen Menschen sehen sollte, mit ihm sprechen und alles das erleben, wovon ich selbst nicht wußte, was es bedeuten sollte.
›Du gehst, und nicht Trude! Trude darf auch nichts wissen vom Porträt, auch für sie soll es eine Überraschung sein!‹
Es war nichts mehr einzuwenden, ich zog das Kind an und ging. Der Schwiegermutter und der Schwägerin erklärte mein Mann, ich müßte von nun an zweimal wöchentlich mit dem Kinde spazierengehen, um es Russisch sprechen zu lehren. Sie konnten es zwar nicht einsehen, warum das gerade heute beginnen sollte, aber sie waren es gewohnt, sich den Anordnungen meines Mannes widerstandslos zu fügen.
Dreimal schritt ich um das Haus, bevor ich mich entschloß, die Treppe emporzusteigen. Wie froh war ich, daß sich das Atelier so hoch oben befand!...
Dr. Halm empfing mich vollständig gleichgültig, sein Blick streifte mich nur und blieb am Kinde haften. Kennen Sie dieses Gefühl, wenn man von einem Menschen weiß Gott was zusammenträumt, und wenn man dann sieht, daß er doch ganz anders ist? Aber so ist es schon; das Bild, das man sich von einem Menschen macht, unterscheidet sich immer von der Wirklichkeit. Glauben Sie denn, das Bild, das meine Schwiegermutter von mir in sich trägt, entspricht der Wahrheit?
So war ich in der ersten Minute tief enttäuscht. Ich fühlte, daß ich heute die zwei Stunden ganz umsonst wie betäubt am Fenster gesessen bin, daß überhaupt nichts geschehen sei, daß das Ganze nur eine Phantasie ist. Es war derselbe Mensch, dem ich auf der Treppe begegnete, derselbe, dem ich heute die Tür geöffnet, und doch ein ganz anderer, während er mit dem Kinde sprach und scherzte. Es gibt Menschen, denen das Lachen gar nicht zu Gesicht steht, die bereits mit einem leidenden, asketischen Ausdruck geboren sind, wenngleich sie absolut keine Asketen sind. Solche Menschen aber sollten eben nicht lachen. Sie zertrümmern damit das Bild, das sie in den Seelen der anderen Menschen hervorgebracht. Und Dr. Halm hat das typische Gesicht eines Asketen, diese dichtgeschlossenen feinen Lippen, und die Augen mit dem klaren, aber in weite Fernen gerichteten Blicke. Wie er aber mit dem Mädchen sprach und lachte, da wurde er selbst zu einem Kinde, einem lieben zwar, aber einem ganz gewöhnlichen Kinde. ›Gnädige Frau‹, wandte er sich höflich an mich, ›wollen Sie nicht einstweilen diese Journale anschauen? Oder meine Bilder?‹

Das Atelier ist sehr groß und eine Menge Bilder bedecken seine Wände. Alle Bilder, ohne Ausnahme, zeigen Christus, überall nur Christus. Ich habe schon früher von meinem Mann gehört, daß er ein sehr guter Maler ist, aber in sehr bedrängten Verhältnissen lebt, da er nur religiöse Bilder malt, die heutzutage niemand kauft, daß er aber trotzdem prinzipiell keine anderen Bilder malen wolle.
Ich habe immer eine eigene Art gehabt, zu Büchern und Bildern ein Verhältnis zu finden. Immer suchte ich vor allem die Lebenswahrheit in ihnen. Soweit der Autor das wirkliche Leben abzeichnet, soweit er von sich selbst spricht, so weit interessiert es mich. Stoße ich aber nur auf die kleinste Spur einer inneren Lüge, gleich ist es mit dem Interesse vorbei. Es mag Ihnen vielleicht komisch vorkommen, aber ich hörte auf, Tolstoi zu lesen, als ich erfuhr, daß das Leben, das er führte, dem widersprach, das er predigte. Ich konnte es ihm nicht verzeihen, daß er höchste Einfachheit empfahl, während er selbst wie ein Herr lebte. Seitdem bemühe ich mich immer, bevor ich ein Buch lese, etwas über das Leben seines Autors zu erfahren, um dann feststellen zu können, ob er mich in seinem Buche betrügt oder nicht. Ich weiß, daß diese Einstellung zu einem Kunstwerk mehr als lächerlich ist, aber dafür bin ich ja auch, wie Oswald sagt, ein Mensch, der nicht so ist wie die anderen.
Und so wie mit den Büchern ist es mit den Bildern. Jeder Künstler sieht die Welt anders als ein gewöhnlicher Sterblicher, aber er darf sie nur mit seinen eigenen Augen sehen. Daß Doktor Halm Christus malt, das stimmt ganz zu der Vorstellung, die ich mir von ihm machte. Und je länger ich mir seine Bilder ansah, desto klarer stand mir seine Seele vor Augen. Eine Seele von ungewöhnlicher Reinheit. Was man auch immer sagen möge von der Schönheit der Natur, der menschlichen Leidenschaften, ja von der Schönheit der Sünde, nichts kann der Reinheit der Seele gleichkommen, die immer und immer wieder die Menschheit zwingen wird, verehrend vor ihr in die Knie zu sinken. Doch diese Reinheit ist nur wenigen gegeben, und diese wenigen werden mit ihr geboren. Ihre Seele bleibt rein, weil es anders nicht sein könnte, weil sie nicht das Gesetz zerstören können, das in ihnen liegt. Sie mögen durch den Schmutz des Lebens ziehen, aber der Schmutz, der gegen sie spritzt, wird sie nicht beflecken. Wohin sie das Leben auch bringen möge, immer werden sie wieder mit derselben klaren, reinen Seele weitergehen, mit denselben weitgeöffneten, in die Ferne blickenden Augen.
Es gibt aber noch eine andere Art der Reinheit der Seele, eine, die sich der Mensch nur durch die größte Arbeit erringt, durch Verzicht, durch Kasteiung, durch Abtötung.

Und wenn es schon schwer ist, einen Menschen zu finden, der mit einer reinen Seele geboren wurde, so ist es noch schwerer, einen zu finden, der sie sich erkämpft, denn die Menschen lieben es nicht, an sich selbst zu arbeiten.

Während ich nun die Bilder Doktor Halms betrachtete, suchte ich zu ergründen, wie er zu dieser Seelenreinheit gekommen ist. Mein Blick blieb an einem Bilde des Christus am Kreuz haften. Der Ausdruck seines Gesichtes machte mich betroffen. An ihm las ich die Frage ab: ›Seid ihr Menschen es wert, daß ich für euch leide? Ich kam in die Welt und habe euch meine Seele gegeben. Ich habe für euch den Kelch des Leidens ausgetrunken. Ich habe gelitten wie ein Mensch, denn kein irdisches Wesen kann so leiden wie ein Mensch. Aber seid ihr es auch wert, werdet ihr euch an mich erinnern?‹ Und man sah es am Ausdrucke des Gesichtes des Heilands, daß er die Menschen besser kannte, als sie selber es glauben, daß er sah, er habe umsonst gelitten. Denn viele begeistern sich an seinen Leiden, aber niemand nimmt ihn in sein Herz auf. Christus in sein Herz aufnehmen, das hieße ja nach ihm leben. Und nach Christus leben, das hieße ja aufhören, ein gewöhnlicher Mensch zu sein, der nicht weiß, warum er lebt, warum er stirbt...

In dieser Minute kam mir Christus so nahe, wurde er mir so teuer wie noch nie vorher. Gerade als ich vor dem von Doktor Halm gezeichneten Bilde stand, da verstand ich erst bis zum letzten Ende das, wovon ich so viel gelesen und gehört, die Tragödie des Erlösers.

Darin liegt eben die Kraft eines genialen Kunstwerkes, daß es einem mit einem Schlage alles das enthüllt, was einem verborgen war, solange man mit den Augen eines gewöhnlichen Sterblichen sah.

Ich war bis ins Innerste erschüttert. Doch merkwürdig, ich nahm den Christus des Doktors Halm wie einen Menschen auf, der menschliches Leid und menschliche Leidenschaft erlebt hat. Vielleicht ist aber gerade das der Grund, warum mir Christus in dieser Minute so nahekommen konnte.

Noch eines war in dem Bilde, was mich tief bewegte und sich mir tief in die Seele prägte. Ich kann das nicht anders wiedergeben als durch das Wort: Es darf nicht sein! Und ich fühlte, daß das vor allem mir galt. Ich darf nicht, weil es gegen das Gesetz ginge, das in mir liegt. Was ich auch für Doktor Halm fühlen möge, wie sehr meine Seele auch nach ihm verlangt, es darf nicht sein, daß ich ihn liebe. Freilich, lieben ist ja gar nicht einmal das Wort, denn ich könnte mir noch gar nicht klar werden, was das eigentlich sei, was in mir vorging...

Warum müssen die Menschen auch immer für alles ein Wort suchen?

Warum wollen sie nicht ein Gefühl lassen, für das es keinen Namen gibt? Ich wollte, daß mein Gefühl, das immer mehr und mehr von mir Besitz nahm, ohne Namen bliebe.

Der Sprache der Menschen nach wäre ja wohl das Wort ›Liebe‹ das nächste gewesen; aber es lief mir kalt über den Rücken, als ich daran dachte, was die Menschen alles unter dieses eine Wort bringen. Jeder Mensch liebt nach seiner eigenen Natur. Je komplizierter der Mensch, desto komplizierter, aber auch desto tiefer und feiner seine Liebe. Darin, wie der Mensch liebt, zeigt sich das Wesen seiner Seele. Und da stellte ich mir eine Frage, die mich erschreckte: Und wenn in meinem Gefühl zu Doktor Halm der Wunsch nach körperlicher Nähe wäre? Das, was eben die Menschen als einen Bestand dessen ansehen, was sie Liebe nennen?

Nein, sagte ich mir. Nein! Weil es nicht sein darf! Es darf schon deshalb nicht sein, weil ich Oswald liebe. Was aber dann, wenn ich Oswald nicht liebte? Wenn ich allein auf der Welt wäre? Was wäre dann?

Auch dann nicht! Denn dann würde meine Seele verbrennen. Ich weiß nicht, ob Sie mich verstehen werden – das alles ist ja so merkwürdig und so verwirrt, was ich Ihnen da erzähle...

Ist Ihnen nicht schon der Gedanke gekommen, daß die Menschen mit der körperlichen Nähe zuviel Mißbrauch treiben? Ist das notwendig? Soll es so sein? Oswald hat mich mit seinem körperlichen Verlangen so oft gequält, daß mir deshalb oft ganz merkwürdige Gedanken gekommen sind, die geradezu phantastisch erscheinen könnten. Die physische Nähe sollte meiner Ansicht nach die Vollendung dessen sein, wovon die Seele erfüllt ist, sie sollte das letzte Glied in einer langen Kette sein, ein Entzücken, eine Ekstase, ein Mirakel. Dies zu erleben, sollte das größte Geheimnis des menschlichen Lebens sein. Was haben aber die Menschen daraus gemacht? Was hat Oswald daraus gemacht? Ich habe niemals in meinem Leben dieses Gefühl der Ekstase durchgekostet, die darin liegt, sich ganz, bis zum Ende, hinzugeben; vielleicht überschätze ich deshalb auch dieses Gefühl. Es sollte etwas ganz Seltenes sein, denn es ist ein Wunder, und Wunder können nicht häufig eintreten. Und wer dieses Gefühl mißbraucht, der verliert es letzten Endes.

Aber vielleicht habe ich auch das alles ganz falsch gesehen in meiner Verlassenheit, in meiner einsamen nächtlichen Grübelei. Wenn ich weiß, daß Oswald mich lieben will, eben auf diese Art, dann erfaßt mich Verzweiflung. Muß man denn so lieben? Kann man denn keinen anderen Ausdruck für die Liebe finden? Können denn die Menschen nicht bloß in guten, nahen Beziehungen zueinander stehen? Muß denn immer, wenn sich ein Mann und eine Frau treffen, gleich dieses entsetzliche Etwas kommen? Und warum hat es das Schicksal so gegeben, daß ich mich immer mit diesem treffen muß, ich, die ich doch davor fliehe wie vor dem Feuer?

Wenn ich einmal in den Augen des Doktors Halm diesen Gedanken lesen würde, das Verlangen nach mir als Frau, das, was ich fast bei allen Männern sehe, denen ich begegne, ich glaube, ich würde das nicht ertragen können...

›Nun, für heute sind wir fertig!‹ sagte da Doktor Halm. ›Ihr Mädchen ist sehr gut erzogen, mit ihr kann man sehr gut arbeiten!‹ Er trat auf mich zu, während er seine Hände mit einem Handtuch abtrocknete. Er schwieg plötzlich, seine Augen wurden groß und dunkel, ganz dunkel. Die Lippen preßten sich noch fester zusammen, die Brauen traten aneinander, und er blickte mir gerade, ganz gerade in die Augen.

Ach, was geschah da mit mir! Niemals in meinem Leben werde ich vergessen, welches Glück, welche Seligkeit und welcher Schmerz zugleich da auf mich einstürmten! Es war mir, als müsse ich ihm da auf einmal alles erzählen, alles, über die Staubtücher, die ich jeden Morgen aus dem Fenster beutle, über die Frau Meier, über Nikolaj, über meine Sehnsucht nach Rußland, über meinen Wunsch, irgend etwas zu verdienen, und vor allem darüber, wie mich Oswald quält, wie schwer es mir ist, daß er seine Mitzi mehr liebt als mich... Von allem wollte ich ihm erzählen, wollte dabei meine Augen nicht von ihm lassen. Geradeso war es mir, als wäre ich lange, lange durch eine Wüste gewandert, als wäre mir der Mund ganz ausgetrocknet und mit heißem Staub erfüllt und als hätte ich da auf einmal eine sprudelnde Quelle reinsten Wassers gefunden. Wie lange dieser Blick gedauert hat, weiß ich nicht; aber plötzlich nahm sein Gesicht einen mürrischen Ausdruck an, er reichte mir die Hand und sagte:

›Auf Wiedersehen! Bitte, schicken Sie mir Ihr Kind in drei Tagen!‹

Es schien mir, als ob dabei ein höhnisches Lächeln um seine Lippen schwebte.

›Einen schönen Gruß an Oswald‹, sagte er noch, während er mir die Türe öffnete. ›Ich kann Sie leider nicht weiter begleiten, ich habe noch eine sehr eilige Arbeit.‹

Ich sprach kein Wort und ging langsam die Treppe hinab, noch langsamer, als ich heraufgekommen war.

Meine Seele war erfüllt von tiefem Leid. Die paar Tropfen, die er mir von seiner Seele zu trinken gegeben, sie hatten mir nur noch mehr gezeigt, wie sehr ich gerade nach diesem Blicke dürstete, wie ich geradezu hungerte

nach einer verwandten Seele. Aber sein kalter Abschied, sein unterstrichener Gruß an Oswald sagten mir etwas anderes. Er verstand mich gerade so, wie ich es am meisten gefürchtet hatte, verstanden zu werden.
Er wußte es nicht, aber er beleidigte mich aufs tiefste, indem er das in mir sah, wovon ich am weitesten entfernt war; er verstand mich so wie irgendeine andere, beliebige Frau. Er selbst trägt in seiner Seele das eiserne Gesetz des ›Es darf nicht sein!‹, aber er hat es nicht gesehen, daß auch ich dieses Gesetz in meinem Herzen trage ...«

30. JUNI 1927.

Der Prozeß Grosawesku hat in unserem Geschäft eine ganz ungewöhnliche Aufregung hervorgerufen. Seit dem Beginn des Prozesses geht unser Geschäft bedeutend besser, denn nach der Lektüre der Zeitungen verspüren die Frauen den unwiderstehlichen Drang in sich, sich auszusprechen, und dafür ist unser Geschäft der geeignetste Platz, denn es ist, im Gegensatz zu den Lokalen unserer Konkurrenten, sehr geräumig. Merkwürdig, wovon der Umsatz eines Unternehmens abhängen kann!
Was mich an den leidenschaftlichen Debatten am meisten betroffen machte, ist, daß die meisten auf der Seite der Grosawesku standen, das ist auf der Seite der Mörderin und nicht des Ermordeten. Den Freispruch der Grosawesku sehen fast alle als vollständig gerechtfertigt an.
Besonders tat sich da Frau Resch hervor, eine sehr nette, sympathische Frau, die sogar zu den örtlichen Schönheiten gerechnet werden könnte. Sie trägt den Kopf immer besonders hoch, ist immer sehr gut frisiert und immer in blendend weiße Blusen gekleidet. Ihre Hauswirtschaft führt sie mustergültig, und ihre Kinder zeichnen sich vor den anderen durch besondere Wohlerzogenheit aus.
»Wir sprechen überhaupt viel zu wenig von uns!« erklärte Frau Resch. »Wir sollten mehr davon erzählen, was wir von unseren Männern zu ertragen haben. Ein schönes Buch würde ich herausbekommen, wenn ich alles das aufschreiben könnte, was ich von meinem Hans ertragen mußte!«
»Alle Mannsbilder sind Schweine!« sagte Frau Chmelicek. »Ich hoffe, daß die Grosawesku wenigstens den anderen Männern ein wenig Angst eingejagt hat. Freilich, nicht jede hat Mut genug, ihrem Mann eine Kugel in die Stirn zu jagen. Aber verdienen würden sie es alle!«
»Er hat sie immer auf den Bauch geschlagen!« sagte eine Arbeiterin, der vor Aufregung die Augen glänzten. »Sie hat deshalb ein totes Kind

geboren. Da ist ihr gar nichts anderes übriggeblieben, als ihn zu erschießen. Was verstehen die Männer schon überhaupt von Kindern? Wenn es möglich wäre, ohne die Männer Kinder zu bekommen, würde ich überhaupt alle Männer erschießen lassen. Sie bilden sich ein, daß die ganze Welt sich um sie dreht und daß die Weiber nur so auf sie fliegen. Ich bin schon längst draufgekommen, daß die Männer meine größten Feinde sind. Ich war schon dreimal verheiratet, aber alle meine Männer waren Trunkenbolde, Taugenichtse, Faulpelze. Ich arbeitete für alle drei; sechs Kinder sind gestorben, fünf leben noch, irgendwo am Land bei den Bauern. Weil ich sie nicht erhalten kann. Ich bin erst vierunddreißig alt und sehe aus wie sechzig. Und alles wegen der Männer. Jeden Tag hat man nur Qual von ihnen, jeden Tag verwunden sie uns mit ihren Worten und mit Schlägen – und am meisten, wenn sie zu uns von ihrer Liebe sprechen! Wenn einer sagt: Ich liebe dich, ist das ohnehin dasselbe, als ob er sagen würde: Ich erschlage dich.«

1. JULI 1927.

Otmar hat seine Prüfung für die Lehrerbildungsanstalt mit Auszeichnung abgelegt und beginnt jetzt Stellengesuche zu schreiben. Ach, wie bin ich glücklich!

Ich kann es mir gar nicht vorstellen, daß wir einfach alle zusammen am Tag durch die Straßen gehen, stundenlang, tagelang zusammensein können. Wird das wirklich so werden? Wird wirklich eine Zeit kommen, in der wir wie alle anderen Menschen gemütlich zu Mittag beim Tisch sitzen können? Wird es einmal so sein, daß ich nicht immer Tag und Nacht daran denken werde, ob man mir die leeren Milchflaschen zurückgibt, ob man mir am Samstag zahlen wird, ob die Milch nicht säuert, ob die Wurst nicht verdirbt?

Sollte es wirklich möglich sein, daß für mich ein Leben käme, in dem ich nicht mehr um halb fünf Uhr aufstehen muß, nicht mehr auf den Markt laufen und nichts mehr mit der Milch, dem Eis, den Früchten und dem Gemüse zu tun haben brauche?

Die meisten Menschen wissen ja gar nicht, wie glücklich sie sind, daß sie ein Leben führen wie das, von dem ich jetzt träume! Mir kommt da eine Erzählung in den Sinn, die ich einmal in meiner Kindheit gehört: Ein Mushik beklagte sich, daß es ihm in seiner Hütte zu eng sei. Da gab ihm der Pope den Rat, er möge sich noch ein Schaf in die Hütte nehmen, dann würde es besser werden. Der Mushik klagte dann, es wäre jetzt nur noch enger, worauf er den Rat erhielt, sich noch einige Hühner und zwei Ferkel dazuzunehmen. Als nun der Mushik jammerte, es sei noch viel, viel enger geworden, gab ihm der Pope den Rat, alle die Tiere hinauszuwerfen. Der Bauer befolgte den Rat, und die Hütte, in der er vorher keinen Platz zu finden geglaubt hatte, erschien ihm nun weit und geräumig...

4. JULI 1927.

Im Kino nebenan läuft der Film »Iwan der Schreckliche«, eine Produktion des Goskino. Nach Geschäftsschluß sah ich mir den Film an, denn ich wollte etwas sehen, was mir Rußland nahebrachte. Dieser Besuch war für mich ein ganzes Ereignis, denn es war dies wohl das erstemal, daß ich ohne Otmar, der ja mit Jurka zu Hause bleiben mußte, irgendwohin ging. Zu diesem Film kam ich wie zu einer großen Freude und zu einem großen Leid. Ich wollte Rußland haben, mein Rußland, wie es lebt, russischen Himmel, russische Erde, russische Bauernhütten, russische Gesichter. Und bevor ich noch etwas gesehen hatte, da krampfte sich mir schon das Herz zusammen. Ach, nur im Traume und nur auf der Leinwand kann ich dich sehen, mein Rußland!
Ich kam in das Lokal hinein, als das Bild schon begonnen hatte, und das erste, was ich sah, war ein winterliches Feld, über das ein Zug von Schlitten zog. Das Orchester spielte: »Ach, mein Wägelchen, wenn ich kein Geld mehr hab', verkauf ich dich...« Welcher Zufall! Woher hatten die Leute hier dieses Lied, das zur Zeit unserer Flucht in Sibirien gespielt und gesungen wurde und dessen Melodie so innig mit allem verknüpft ist, was ich in jenen traurigen Tagen erlebte? Es wird wohl ein ehemaliger Kriegsgefangener gewesen sein, der dieses Lied hierhergebracht.
Man wies mir einen Platz an, aber ich blieb immer noch an der Mauer stehen und konnte mein Auge nicht von der Leinwand wenden; ich fürchtete mich, ich könnte auch nur eine Sekunde lang meinen Blick vom russischen Schnee, vom russischen Himmel wenden. Wald, Feld und Schnee. Rußland und Schnee, das sind zwei Begriffe, die in meinem Herzen untrennbar verbunden sind...
Langsam gleiten die Schlitten über den tiefen Schnee, gezogen von mageren, kleinen Pferden, und es scheint mir, als ob ich das Klingen der Glöcklein hörte. Neben den Pferden schreiten die Kutscher, in lange Pelze mit hoch aufgestelltem Kragen gekleidet, und es ist mir, als hörte

ich einen dieser Mushiks ein endloses trauriges Lied vor sich hinbrummen. Ich war so froh, daß es dunkel war. Da konnte wenigstens niemand den Ausdruck meines Gesichtes beobachten. Neben mir saß ein Pärchen, das ununterbrochen Konfekt aß und halblaute Bemerkungen machte. Der Film war sehr gekürzt, man war wohl der Ansicht, das Publikum interessiere sich mehr für das Lustspiel und für die Pariser Modenschau; aber dennoch, was waren für mich diese fast zusammenhanglos aneinandergereihten Bilderfetzen! Iwan der Schreckliche, der seine heiße Krautsuppe über den Kopf des sich unter schrecklichen Schmerzen windenden Hofnarren gießt. Iwan der Schreckliche, der seinen Sohn erschlägt, Iwan der Schreckliche, der in schwarzer Mönchskleidung für die Seelen derer betet, die er zu Tode gequält hat – ach, dieses grausame, düstere und manchmal so rührend traurige Gesicht des Menschen, der trotz allem Gott sucht: das ist mein Rußland!

Schrecklich ist manchmal dein Antlitz, o Rußland, aber manchmal auch majestätisch schön, wenn die Sehnsucht nach dem Schönen und dem Guten aus deinen Liedern tönt...

Es war schon ganz dunkel, als ich nach Hause ging. Die Fenster waren geöffnet, und von überall her ertönten die Klänge der Klaviere und der Radios, und viele Stimmen sangen mir unbekannte, seltsame Lieder.

Wien ruhte nun von der Arbeit aus, und alles war so leicht, so graziös, so einschmeichelnd, so ganz anders als die russische Fröhlichkeit, die grobe, schwere, düstere russische Fröhlichkeit mit den betrunkenen, heiseren Stimmen, dem Gebrüll und dem Lärmen...

Ich ging heim, allein in der Dunkelheit. Und so klar ich auch fühlte, daß meine Heimat auch jetzt, im zwanzigsten Jahrhundert, nicht anders ist, als sie damals im sechzehnten war, so sehr ich auch die Grausamkeit meiner Heimat durchschaute, dennoch fühlte ich, daß ich nie werde aufhören können, an sie zu denken und sie zu lieben...

Ja, und selbst so bist du, mein Rußland, mir teurer als die ganze Welt.

5. JULI 1927.

Von den Eltern habe ich nun schon vier Tage lang keine Nachricht, wo sie mir doch bisher täglich, selten nur einmal jeden zweiten Tag geschrieben haben.

6. JULI 1927.

Lange saß heute das hübsche Fräulein Mimi bei mir und klagte mir ihr Geschick. Was mir am meisten bei ihr auffiel, das war die philosophische Ruhe, mit der sie sich und ihr Schicksal, gleichwie von der Seite her, betrachtete.

»Ich bin vierundzwanzig Jahre alt«, erzählte sie. »Bisher habe ich immer auf einen Bräutigam gewartet. Aber die Zeit vergeht, ich muß viel arbeiten, esse schlecht. In zwei Jahren werde ich wie eine geschundene Katze aussehen. Bisher hat mir meine Mutter geholfen, jetzt ist sie krank, unheilbar, und sie kann nicht mehr dienen. Nun ist die Reihe an mir, sie zu erhalten, und ich erarbeite im Monat neunzig Schilling. Damit kann man unmöglich leben. Ich muß mir unbedingt ein Verhältnis suchen. Freilich wäre es mir angenehmer, zu heiraten, aber wer nimmt heutzutage ein Mädchen, das keine Mitgift hat? Gelernt habe ich auch nichts Besonderes, außer der Hauswirtschaft. Ich bin noch hübsch, wie Sie sehen, arbeitsam und fleißig, viele machen mir den Hof, aber heiraten will mich niemand. Weil ich kein Geld habe. Dieses verfluchte Geld! Alles, mein ganzes Leben ruiniert mir dieses verfluchte Geld...

Jetzt habe ich drei Verehrer: einen Kaufmann, einen alten Mann, einen Beamten und einen ganz jungen Burschen; was er ist, sagt er mir aber nicht. Ich glaube, ich werde mich für den Kaufmann entscheiden. Er ist Witwer und hat drei erwachsene Kinder. Vielleicht gefalle ich ihm so, daß er mich zum Schluß doch heiratet. Der Junge würde mich sicher in ein paar Monaten sitzen lassen, und für den Beamten wäre ich ohnehin zu wenig fein. Freilich ist das sehr unangenehm, aber schließlich und endlich besteht ja das ganze Leben aus Unannehmlichkeiten...«

Während Fräulein Mimi das erzählte, lächelte sie so lieb und ruhig, als handelte es sich nicht um ihr Lebensglück, sondern um irgendeinen geringfügigen Einkauf.

»Aber vielleicht warten Sie doch noch ein wenig«, sagte ich. »Es kann doch nicht sein, daß sich niemand finden würde, der ein so liebes, braves und fleißiges Mädchen wie Sie heiraten wollte!«

»Wissen Sie was?« rief sie plötzlich aus, »ich gebe einfach eine Annonce in die Zeitung! Ich schreibe ganz aufrichtig, wie alt ich bin und daß ich kein Geld habe, daß ich aber eine gute Hausfrau bin und auch einen Witwer mit beliebig vielen Kindern nehmen würde. Vielleicht findet sich doch jemand!«

Fräulein Mimi stand auf, und mit vor Freude glänzenden Augen lief sie hinaus.

7. JULI 1927.

Ein kurzer Brief von Vater:

»Die Mutter ist unerwartet krank geworden. Gegen Abend war die Lage so, daß sich eine Operation als unvermeidlich erwies. Ich will nicht sagen, daß es keine Hoffnung mehr gibt, aber sie ist sehr klein. Ich habe niemals in meinem Leben die Wahrheit verschwiegen und ich will auch nicht, daß Ihr nicht orientiert seid. Ich weiß, daß es Dir, meine Alja, in der Fremde noch schwerer sein wird, diesen Schmerz zu ertragen. Die Operation wird morgen um zehn Uhr vormittags stattfinden. Als die Mutter noch bei Besinnung war, bat sie mich, Dir diese Blumen zu schicken. Sie hat sie geküßt. ›Möge dieser Kuß mein letzter Segen für Alja sein‹, hat sie gesagt. Nun, wir wollen das Beste hoffen. Euer Vater.«

Immer und immer lese ich diese Zeilen und nehme die kleinen Veilchen in die Hand, die mir den Kuß meiner Mutter brachten, den letzten vielleicht.

Da tritt die »Unzufriedene« ins Geschäft. Ich bediene sie und höre dabei den Bericht über alle Ereignisse des heutigen Tages an. Mein Herz zerspringt mir vor Angst. Die Mutter ringt mit dem Leben, ist vielleicht tot. Sie ist in Rußland, ich in Wien. Nicht hinfahren, nicht hinfliegen darf ich, denn ich bin verstoßen aus meiner Heimat.

Wieder eine Kundin. Wieder Milch eingießen, Butter und Wurst abwiegen. Statt zehn Deka wiege ich fünfzehn und entschuldige mich. Und ich soll mich absolut darüber äußern, was die Wäsche mehr schone, »Persil« oder »Rinso«. Vielleicht begräbt man jetzt meine Mutter...

Ein Mädchen kommt und will etwas für sich um drei Groschen kaufen. Minutenlang suchte sie aus und überschüttet mich mit Fragen, wie sie am besten fahre. Meine Gedanken sind in Rußland, am Bette meiner Mutter. Es ist mir, als sähe ich ihr bleiches Gesicht und ihre wächsernen Hände. Wer pflegt sie? Wer darf sie pflegen, während ich hier Wurst abschneiden und Milch eingießen muß?

Nach Hause will ich, nach Hause! Jetzt! Sofort! Zur Mutter! An ihrem Bette will ich sitzen und die Nächte wachen. Nach Hause!...

Aber der Aufschrei meines Herzens verwandelt sich in ein ruhiges »Guten Tag«, als die Trafikantin ins Geschäft eilt und mit ihrer scharfen Stimme drängt:

»Fünf Deka Extrawurst und zwei Semmeln, aber geschwind, ich habe eine Kundschaft in der Trafik!«

Ich schneide die Wurst auf und nehme alle Kräfte zusammen, damit die Trafikantin nicht sähe, wie meine Hände zittern. Wen geht es auch etwas an, daß meine Mutter im Sterben liegt?...

Endlich bin ich wieder allein. Ich lege meine Lippen an die Blümchen und glaube die Wärme des Mundes meiner Mutter zu verspüren...
Der Brief war zehn Tage unterwegs. Was mag sich da alles schon ereignet haben?

13. JULI 1927.

Fräulein Mimi ist sehr niedergeschlagen, auf ihr Inserat hat sich niemand gemeldet.
»Sagen Sie, bitte«, meinte sie ganz traurig, »gibt es denn in ganz Österreich keinen Mann, der ein Mädchen ohne Geld heiraten würde? Eine Woche warte ich noch, und dann gehe ich zu dem alten Kaufmann. Was soll man machen, wenn man kein Geld hat?«

14. JULI 1927.

Wieder eine Woche lang keinen Brief. Achtzehn Tage sind es, seit meine Mutter operiert worden ist, und noch immer weiß ich nichts.

15. JULI 1927.

Wenn mir jemand gesagt hätte, ich würde in Wien das erleben, was ich nun erlebte, ich würde ihm ins Gesicht gelacht und gesagt haben: Erstens bin ich in Wien und zweitens lebe ich ja unter Deutschen. Für mich war der Begriff »Deutscher« immer eng verbunden mit der Vorstellung von Ordnung, Achtung der fremden Persönlichkeit, des Eigentums, der Kultur...
Ich hatte heute Wäsche. Schon um sechs Uhr früh, als ich vom Markt zurückkehrte, begab ich mich in die Waschküche und Otmar blieb im Geschäft. Ich weiß nicht, wieviel Uhr es war, aber auf einmal stürzte die Hausmeisterin zur Tür herein, bleich und erschrocken. So habe ich sie noch niemals gesehen.
»Ach, Frau Wagner«, sagte sie, »wenn Sie wüßten, was in der Stadt geschieht! Und meine Kinder sind baden gegangen! Wenn man sie erschießt, wenn man sie erschießt!«
Die Tränen stürzten ihr aus den Augen, und sie wischte sie mit ihrer blauen Schürze ab.

Ich ließ die Hände sinken und konnte keinen Laut hervorbringen. Es war, als hätte ich in dieser Minute alle deutschen Worte vergessen; was sie sagte, erschien mir vollständig unwahrscheinlich, ja unmöglich.
»Die Tramway verkehrt nicht«, erzählte sie schluchzend weiter, »das Telephon funktioniert auch nicht. Die Arbeiter gehen auf die Polizisten los, es heißt, die Polizei hat die Arbeiter überfallen...«
Habe ich den Verstand verloren? Telephon und Tramway arbeiten nicht? Die Polizei überfällt die Arbeiter?
»Das ist ja alles unmöglich, Frau Laske. In Wien kann so etwas nicht sein. Da hat Ihnen jemand etwas vorgeplauscht!« tröstete ich sie, nun selbst schon so ruhig geworden, daß ich zu waschen fortfuhr.
»Es heißt, das Parlament brennt und auch der Justizpalast! Es sollen schon über hundert Tote sein!« bestand die Hausmeisterin.
»Märchen!« entgegnete ich, immer noch ruhig. »Das ist unmöglich, wir sind ja in Wien und nicht in Rußland!«
Die Hausmeisterin ging fort, anscheinend durch meine Worte etwas beruhigt, und auch ich wusch weiter, denn ich glaube, nichts wäre mir in dieser Minute sicherer erschienen, als daß dies alles unmöglich war. Kaum war aber eine Viertelstunde vergangen, kam die Hausmeisterin wieder zu mir. Diesmal aber malte sich auf ihrem Gesicht ein derartiges Entsetzen, daß ich selbst von ihrer Angst gepackt wurde.
»Was ist los, Frau Laske?« fragte ich.
»Ach«, schluchzte sie, »niemand wird in die innere Stadt hineingelassen und man laßt auch niemanden heraus. Die Leute sagen, die Polizei hätte den Justizpalast angezündet und läßt die Feuerwehr nicht löschen. Das Parlament ist in die Luft gesprengt worden. Jeder, der keine Dokumente hat, wird arretiert. Und meine Kinder haben doch keine Dokumente, sie sind ja bloß baden gegangen...
Auf den Straßen bauen sie Barrikaden, und überall wird geschossen... Sie sollen schon die Geschäfte plündern, es wird sicher wieder Hunger wie im Kriege... Oh, wo nur meine Kinder sind! Wenn nur ihnen nichts geschieht!«
Ich mag sie wohl ganz verständnislos angesehen haben, denn sie sagte, nach dem wir beide eine Weile geschwiegen:
»Aber bitte, Frau Wagner, schauen Sie nur auf die Straße, da werden Sie schon selbst sehen, daß etwas los ist!«
Ohne meine Schürze abzunehmen, flog ich die Stiege empor und ging, die Hände noch voll Seifenschaum, aus dem Haustor auf die Straße hinaus. Wo sonst kaum mehr als drei Menschen auf einmal zu sehen waren, herrschte ein außerordentliches Leben. Die Leute standen in

Haufen beisammen, und heftig gestikulierend sprachen sie erregt miteinander. Ich bemerkte viele mir gänzlich unbekannte Gesichter, wohl Leute aus anderen Gassen. Ich näherte mich einer dieser Gruppen – und plötzlich glaubte ich an alles, was mir die Hausmeisterin erzählt. Ich erfaßte mit einemmal diese Einstellung der Wahnsinnspsychose, diese leidenschaftliche Maßlosigkeit, dieses Hervorschießen des Tierischen im Menschen, kurz und gut, diese Stimmungslage, in der der einzelne Mensch vollständig aufhört zu existieren, in der alles verfließt in eine gleichmäßige Masse, die nur einen Willen hat, den, zu zerstören und zu töten...

Oh, wie gut kenne ich dies! Und mit einemmal war es mir, ich wäre in Rußland. Ja, das war Rußland! Das Rußland der Menschen, die Haß in den glänzenden Augen tragen und in abgerissenen Worten und Gesten von Mord und Vernichtung sprechen...

»Genossen!« rief da ein kleiner, mir ganz unbekannter Mann, in einem zerrissenen Anzuge, mit einer grauen Sportmütze auf dem Kopf und einem grellila Schal um den Hals. »Genossen! Dort vergießt die Polizei das Blut der Arbeiter! Die Polizei ist der Feind des Arbeiters! Nieder mit der Bourgeoisie! Die Arbeiter müssen die Macht in ihre Hände nehmen!«

Als ich diese Worte hörte, als ich dieses blasse, wutverzerrte Gesicht, diese glänzenden Augen, diese zitternden Lippen, diese geballten Fäuste sah, als ich bemerkte, mit welcher Aufmerksamkeit, mit welcher Erregung diese sonst so friedlichen, sympathischen Menschen, die ich so liebgewonnen, die Worte des Fremden in sich aufnahmen, da verstand ich, daß die Hausmeisterin wahr gesprochen. Ich verstand es nun auch, daß es ganz gleichgültig sei, welcher Nationalität ein Mensch angehöre: wenn er zu einem Teile dieser Masse geworden ist, dann ist er ein Tier...

Ich kehrte in die Waschküche zurück, warf die Schürze von mir, wischte mir die Hände ab und lief ins Geschäft zu Otmar und Jurka.

Das Geschäft war voll von Menschen, die alle die Vorgänge besprachen. Einige Leute waren mir ganz unbekannt. Am meisten war ich betroffen über die Stimmung, die gegen die Polizei herrschte. Wenn man ihnen zuhörte, konnte man meinen, es gäbe keine Unordnung, an der nicht die Polizei schuld wäre. Offenbar wirkten die Worte des Unbekannten. Noch etwas fiel mir auf: In allen Gesichtern konnte man geradezu das Entzücken darüber lesen, daß etwas ganz Besonderes, ganz Großes vorgefallen sei; es war so, als fühlten die Leute sich erlöst von der Kette der Alltagslangeweile, als hätte jetzt erst für sie das Leben begonnen, ein neues, intensiveres Leben. Alle sprachen gleichzeitig, schrien fast, niemand hörte den anderen. Und wieder wurde es mir ganz klar, daß das, was alle diese Leute zusammenbrachte, was allen ihren Worten – welches auch ihre Bedeutung sein mochte – zugrunde lag, ein und dasselbe Elementare war: ein unstillbarer Durst nach Zerstörung...

Leute kamen und gingen; die einen machten sich auf, um zu versuchen, zum Schauplatz der Ereignisse zu gelangen, die anderen kamen, um Neuigkeiten zu bringen, eine phantastischer als die andere. Da stürzte eine Frau, mit einem Kinde auf dem Arm, ins Geschäft und teilte mit, in der inneren Stadt lägen ganze Berge von Leichen auf der Straße und über den Gürtel wären bereits Panzerautos im Anfahren, die auf die Häuser schössen und auf die Menschen, die sich in den Straßen blicken ließen. Nach einer kurzen, erregten Debatte kamen die Leute überein, es wäre das beste, sich in den Wohnungen zu verstecken, und in einer Minute war das Geschäft leer. Ich blickte auf die Straße, kein Mensch war zu sehen. Das große Geschäft gegenüber war zugesperrt, die Rolläden heruntergelassen. Es war so, als ob in den nächsten Minuten der Feind einziehen würde.

Nachdem aber die angekündigten Panzerautos ausgeblieben waren, begannen sich die Leute langsam und schüchtern wieder auf die Straße zu wagen. Da führte man in einer Droschke ins Nebenhaus eine Frau, die in der Stadt verwundet worden war. Wieder erfaßte die Menge Panik. Aber noch immer wußte eigentlich niemand, was los war, wer die Sache angezettelt hatte und worauf das alles hinauslief.

Nachmittag fiel mir plötzlich meine Wäsche ein. Heute war ja Freitag, um fünf Uhr mußte die Wäsche erledigt sein, sonst erwartete mich eine Rüge der Hausmeisterin. Ich ging hinunter.

»Ach, meine Kinder sind noch immer nicht zurück!« klagte mir da die Hausmeisterin, und als sie sah, daß ich meinen Weg in die Waschküche nahm, fügte sie hinzu: »Wenn Sie heute nicht fertig werden, so macht das nichts. Wenn solche Sachen vorgehen, dann ist's schließlich gleich, ob Sie mit der Wäsche fertig werden oder nicht!«

Ihre Worte machten einen tiefen Eindruck auf mich. Sie wußte es selbst nicht, aber es waren dies charakteristische, große Worte. Die strenge, akkurate, pünktliche Hausmeisterin, für die die Ordnung immer das oberste Gesetz gewesen, sie sagte sich von dieser Ordnung los und sanktionierte damit das, was heute in der Stadt vorging, die Zerstörung der festgesetzten Ordnung. Wie, wenn nun alle in Wien anfangen würden, so zu denken? In ganz Österreich? Was würde dann geschehen?

Ich kam in die Waschküche. Der Ofen war ausgegangen. Aus dem Kessel tropfte eine rötliche Flüssigkeit auf den Boden. Mein erster Eindruck war, das ist Blut! Aber ein merkwürdig lichtes, fast rosenrotes Blut.

Ich begriff nichts, aber ein beinahe mystischer Schreck erfaßte mich. Ich hob den Deckel vom Kessel auf, in dem die Wäsche kochte – drinnen war alles rot, ganz rot. Noch immer konnte ich nichts verstehen. Mechanisch zog ich ein Wäschestück heraus, das zuoberst lag – es war meine rote Schürze, die ich vormittags, als ich ins Geschäft gelaufen, in der Eile in den Kessel geworfen hatte, statt sie auf den Tisch zu legen... Unsere ganze Wäsche war nun verdorben, rot gefärbt, dort in Streifen, dort in Flecken, dort in merkwürdigen Zeichnungen...

Rasch schwemmte ich sie aus, aber es half nichts. Traurig trug ich die Wäsche in die Wohnung, denn es wäre unmöglich gewesen, sie auf dem Dachboden aufzuhängen. Ich werde sie nun nach und nach in unserem Zimmer trocknen müssen.

Gegen Abend wollte ich um Käse und Wurst für den morgigen Tag laufen. Ich nahm das Kind mit. Auf der Straße war es wieder äußerst lebendig. Wenn man nicht näher den Ausdruck der Gesichter untersucht hätte, hätte man meinen können, es handle sich um irgendein freudiges Ereignis.

Je näher ich dem Geschäfte kam, in dem ich meine Einkäufe besorgen wollte, desto dichter wurde die Volksmenge. Nun aber begann mich der Gesichtsausdruck dieser Menschen wieder aufs tiefste zu erschrecken. Wieder war es dieser elementare Haß, diese unerschütterliche Entschlossenheit, überall hinzustürmen, selbst in den Tod. Ich blieb stehen. Plötzlich ertönte ein Schuß, ganz in der Nähe. Die Kugel sauste über meinen Kopf irgendwohin. Ich packte das Kind bei der Hand und lief an die Mauer des nächsten Hauses. Mehrere Schüsse folgten, wieder ganz in der Nähe. Woher die Kugeln kamen, wußte ich nicht. Es mußte irgendwo dicht hinter mir sein.

Ich sah, wie sich an einer Stelle die Menge in dichten Klumpen zusammenballte; dort mußte ein Kampf vor sich gehen. Ich hörte laute, schreckliche Schreie und vernahm das Klirren von Fensterscheiben, die mit Steinen eingeschlagen wurden.

Wieder flog eine Kugel ganz in meiner Nähe vorbei, und ein greller Schrei durchschnitt die Luft.

»Eine Frau haben sie erschossen! Ein Kind auch!« schrie es um mich herum. Da lief ich, mein Kind an der Hand, was ich laufen konnte, mir mit übermenschlicher Kraft einen Weg durch die Massen bahnend. Allmählich wurde es freier auf der Straße, und in der Gegend unseres Geschäftes standen nur mehr einzelne Gruppen beisammen, die die Ereignisse besprachen.

»Soll es nur brennen!« schrie eine mir unbekannte Frau aus vollem Halse.

»Alles soll niederbrennen, wenn wir vor Hunger sterben!«
Einige Personen hatten sich um sie gesammelt, und sie fuhr fort:
»Da drinnen haben sie lauter Geschäfte, in denen nur die Reichen kaufen, und mein Kind muß ohne Milch dasitzen! Selbst geh' ich in die Stadt und werde schon irgend jemandem die Gurgel zudrehen! Ganz Wien soll von mir aus brennen!«
Grauenhaft klangen diese Schreie durch die Straßen. Wie dunkle Schatten hoben sich die Figuren der Menschen von den düsteren Wänden der Häuser ab. Da und dort leuchtete ein Licht in einem Fenster auf, um dann wieder zu verlöschen. Irgendwo in der Ferne ertönte wieder ein Schuß... Oder schien es mir nur so? Weil ich nun auf alles gefaßt war, weil ich meinte, daß alles nun so werden müßte wie einst in Rußland?...

16. JULI 1927.

Schon zeitlich früh erschienen an der Tür des Geschäftes zwei bekannte Gestalten: Willi und Fred. Aber wie sahen sie aus! Fred leuchtete unter dem Auge ein großer blauer Fleck, und die Wange war so angeschwollen, daß man das Auge kaum sah. Willi trug die eine Hand in der Binde und ein Bein schleppte er hinkend nach.
»Was ist mit Ihnen geschehen?« fragte ich, mit Mühe das Lächeln unterdrückend, das sich mir auf die Lippen zwang, denn in beiden lag trotz des anscheinenden Ernstes der Situation etwas so Komisches und gleichzeitig Rührendes.
»Opfer der Masse. Justizpalast!« antwortete Willi lakonisch.
»Wir haben die Polizei bei der Niederwerfung des Aufstandes unterstützt«, fügte Fred hinzu, nicht weniger wichtig.
»Aber Undank haben wir geerntet!« klagte Willi. »Wir haben geholfen, den Justizpalast zu löschen, und es ist eine große Frage, ob es der Feuerwehr überhaupt gelungen wäre, sich ohne unsere Hilfe einen Weg durch die Menge zu bahnen. Und als wir in der Wachstube Belohnung verlangten, was denken Sie? Einfach hinausgeschmissen hat man uns!«
»Und unseren Photoapparat haben wir dabei auch eingebüßt«, ergänzte Fred düster.
»Aber das macht nichts!« meinte Willi heiter. »Wir haben eine neue Idee, die uns ganz bestimmt Erfolg bringen wird.« Willi schwieg und Fred lächelte bedeutsam. Nachdem sie keine Miene machten, weiterzusprechen, sagte ich: »So erzählen Sie doch endlich, was mit Ihnen los ist, wie Sie Ihren Apparat verloren haben!«

»Ach«, sagte Willi, »wenn wir nur unser Magazin schon gegründet hätten, welch herrlicher Stoff wäre das, aber so muß ich es Ihnen einfach mündlich erzählen, wie das alles war. Nun, hören Sie zu:
So zwischen acht und neun Uhr vormittags kamen wir in Geschäften in die innere Stadt, denn wir wollten Gruppenbilder für unser Magazin aufnehmen. Da sahen wir, wie ein Herr in einem Telephonautomaten stand, in den Apparat hineinbrüllte, mit den Fäusten gegen die Wand schlug und mit den Füßen stampfte. Sein Gesicht hatte einen derartig merkwürdigen Ausdruck und seine Pose war so komisch, daß wir hellauf lachen mußten. Er ging dann heraus und schimpfte laut vor sich hin, daß er keine Verbindung bekommen konnte. Wir folgten ihm, denn wenn sich ein Mensch ärgert, dann sind immer Chancen gegeben, daß man mit ihm irgend etwas verdienen kann. Höflich führten wir ihn zu einem andern Automaten, aber dort hatte er dasselbe Pech. Und anstatt uns zu bezahlen für unsere Hilfsbereitschaft, schimpfte er uns aus, daß wir ihm lästig fielen, gerade in einem derart wichtigen Moment. Er müsse nämlich unbedingt irgendwohin auf der Tramway fahren, aber die Tramway funktionierte ebensowenig wie der Automat. Dienstbeflissen lief Fred um ein Taxi, aber da stellte sich heraus, daß er kein Geld zum Autofahren habe, und er schimpfte uns und den Chauffeur weidlich zusammen. Da blieb uns nun nichts übrig, als unsere Hände von diesem aussichtslosen Geschäft zurückzuziehen. Wissen Sie, das ist schon ein bitteres Gefühl, wenn man einem Menschen bereitwillig helfen will und man erntet nur Undank dafür!«
Willi seufzte und Freds einziges Auge blickte schmerzvoll drein.
»Nicht weit von der Universität kam uns eine große Menschenmenge entgegen«, fuhr Willi mit seiner Erzählung fort. »Recht wild und zornig sahen die Leute drein. Ich und Fred haben zornige Leute nicht gern, aber wir mußten doch sehen, was los war. Wenn irgendwo etwas los ist, ist immer die Möglichkeit da, daß man irgend etwas verdienen könnte. ›Genossen, her zu uns!‹ schrien ein paar junge Leute, die übrigens sehr verdächtig aussahen. ›Rache für Schattendorf! Das lassen wir uns nicht gefallen!‹ Klar, daß mit diesen Strolchen nichts zu verdienen war, die hatten alle genau so wenig Geld wie wir. Da meinte Fred: ›Photographieren wir den Haufen, vielleicht können wir das für unser Magazin brauchen.‹
Ich machte einige Aufnahmen. Wir waren inzwischen vor die Universität gekommen. Da wollten die Leute in die Universität eindringen, aber die Polizei drängte sie zurück. Auch das nahmen wir auf. Dann ging's weiter zum Parlament, und wieder raufte sich die Polizei mit der Menge

herum. Die Menge wollte jetzt wieder ins Parlament eindringen und bewarf die Polizei mit Steinen. Halt, dachte ich mir, das sind wir in Wien eigentlich gar nicht gewohnt! Wieder machte ich zwei Aufnahmen, da kam aber die berittene Polizei, und ich dachte, jetzt wäre es Zeit, sich zu verduften. Ich lief davon, Fred mir nach, aber bald blieben wir wieder halten, denn die Menge wich nicht zurück. Wir gingen wieder vor, soweit es uns ohne Gefahr ratsam schien und schauten zu. Ganz närrisch waren die Leute, ganz verrückt. Wie die Wilden warfen sie auf die Polizei mit Steinen. Da dachte ich mir: Schlecht geht's uns schon, aber so einem Polizisten geht es eigentlich doch noch schlechter. Da ist es mir doch lieber, kein Geld in der Tasche, aber auch keine Steine an den Kopf. Wie die Tiere waren die Leute! Wir hatten keine Ahnung, weshalb. Von Schattendorf haben wir nichts gehört, denn unsereins hat doch kein Geld, sich Zeitungen zu kaufen. Immer unheimlicher wurde es, ein paar Burschen neben uns riefen uns zu: ›So, jetzt könnt's losgehen! Jetzt wär's richtig zum Plündern und den Reichen die Schädel einzuschlagen!‹ Da sahen wir, wie sie einen Polizisten vom Pferd herunterzogen und auf ihn mit weiß Gott was zu schlagen begannen. Nun konnten wir es nicht mehr aushalten und liefen hin, um ihm zu helfen. Aber der Erfolg war, daß sie uns auch zu prügeln begannen. Mir haben sie die Hand verwundet, ein Pferd ist mir auf die Zehen gestiegen und Fred bekam einen Stein ins Auge. Ein paar Polizisten befreiten ihren Kameraden und uns. Heute wollten wir Belohnung dafür haben, und wissen Sie, was sie uns auf der Wachstube gesagt haben? ›So? Da müssen Sie uns aber zuerst beweisen, daß Sie ihn geschützt und ihn nicht auch geschlagen haben! Wenn man Sie ansieht, würde man eher das letztere annehmen müssen!‹ Ja, so haben sie gesagt! Wo sollten wir Zeugen herbekommen? Nach der Geschichte mit dem Polizisten, da sind wir erst auf den Geschmack gekommen. Wir zogen weiter mit, dorthin, wo es gerade am interessantesten war, und kamen zum Justizpalast. Mein Ehrenwort, mein Offiziersehrenwort! Wenn wir nicht gewesen wären, Wien stünde heute nicht mehr! Die Leute waren so wild wie die Tiere. Alles wollten sie kurz und klein schlagen. Wir redeten den Leuten zu, aber niemand wollte uns hören; da machten wir wieder einige Aufnahmen, wie sie auf den Justizpalast einstürmten und wie sie Leitern aufstellten und bei den Fenstern hineinkrochen. Einige Leute neben uns zogen Flaschen aus der Tasche und einer sagte: ›So, da haben wir genug Benzin, das reicht für mehr als für den Justizpalast!‹

Dann sahen wir zu, wie der Justizpalast brannte. Das war schon sehr interessant, das muß ich sagen! Die Feuerwehr kam angefahren, aber

die Menge ließ sie nicht heran. Im Gegenteil, sie begannen die Feuerwehrleute zu verjagen, und fortwährend warfen sie Steine in den brennenden Justizpalast. Die Glassplitter sind nur so herumgeflogen. Als sich die Feuerwehrleute dann doch bis zu uns durchgearbeitet hatten, nahm so ein Kerl neben mir sein Messer aus der Tasche und wollte den Schlauch zerschneiden. Fred und ich fielen ihm in die Arme, aber da kamen wir schön an! Von allen Seiten stieß man uns weg, so daß wir schnell die Hände von der Sache ließen. Ich machte wieder eine Aufnahme, aber da packte so ein Vagabund den Apparat und schrie: ›Ihr Gauner, wegen eurer Photographien wird man noch die Leute einsperren, wenn man sie erkennt!‹ Und er warf den Apparat zu Boden und zerstampfte ihn mit den Füßen. Schluß war es mit dem Magazin! Das verdarb uns so die Laune, daß wir den Justizpalast Justizpalast sein ließen. Zündet nur an, ihr Idioten, dachten wir, was geht das uns an! Ihr werdet schon sehen, was herauskommt! Mit Mühe bahnten wir uns den Weg zurück, und ich glaube, wir haben es auch richtig erraten. Kaum waren wir um die Ecke, da begann die Polizei zu schießen.
Später hörten wir dann, daß die ›Reichspost‹ geplündert wird, und begaben uns dorthin, um zu sehen, ob sich nicht da vielleicht etwas machen ließe. Das Glück schien uns günstig zu sein. Die Leute trugen alles mögliche aus dem Gebäude heraus, und wir kamen gerade hinzu, wie ein Bursche eine funkelnagelneue Schreibmaschine gegen eine Wand schleudern wollte. Wir hielten ihn auf und baten ihn, er möge sie lieber uns geben. Wir hätten sicher eine schöne Belohnung bekommen, wenn wir sie abgegeben hätten. Aber der dumme Kerl sah uns an, als ob wir den größten Blödsinn von ihm verlangen würden, entriß uns die Maschine und schleuderte sie so zur Erde, daß ein formloser Haufen dalag. Ich glaubte, ich müßte weinen vor Schmerz. Aber dem Kerl war das nicht genug, er stampfte noch mit seinen Beinen darauf herum, so daß zum Schluß dasselbe übrigblieb wie von unserem Photoapparat. Inzwischen begann die Polizei Ernst zu machen, und da zogen wir es vor, möglichst rasch zu verschwinden.
Pech haben wir gehabt, nicht wahr? Sicher haben sich genug Leute gefunden, die bei diesen Bränden gut verdient haben. Und wir, wir haben schwer draufgezahlt!«

17. JULI 1927.

Ich trug heute vormittag Kehricht aus dem Geschäft in den Hof, Salatblätter und verdorbenes Obst. Vor der Hoftür stand die Hausmeisterin, mit dem großen Schlüsselring in der Hand. Als ich die Türe, die in den Hof führte, öffnen wollte, begann in der Wohnung nebenan die Uhr zu schlagen. Die Hausmeisterin blickte mich streng an, sperrte die Tür zu und sagte:

»Es schlägt zehn Uhr! Nach zehn Uhr darf am Sonntag kein Mist mehr hinausgetragen werden!«

Würdevoll stand sie da, wie ein Mensch, der die ihm anvertraute Position bis zum letzten Blutstropfen zu verteidigen entschlossen ist. Im ersten Moment wollte ich laut auflachen. Nur die Hand hätte ich auszustrecken gehabt, um meinen Eimer ausleeren zu können, aber ich durfte es nicht, weil es gerade in dieser Sekunde zehn Uhr geworden war. Dann wollte ich mich über die Unliebenswürdigkeit der Hausmeisterin ärgern, aber schon in der nächsten Sekunde fand ich die richtige Einstellung; ich wurde erfüllt von tiefer Freude darüber. Noch am Freitag war es ihr gleichgültig gewesen, ob ich die Waschordnung einhielt oder nicht, heute ließ sie mir nicht einmal diese Kleinigkeit mehr durchgehen. Das hieß nicht mehr und nicht weniger, als daß in Österreich wieder Ordnung herrschte, nicht nur äußerlich, sondern auch in den Gehirnen der großen Masse. Freilich, das sind Kleinigkeiten; aber solche Kleinigkeiten sind es, aus denen die Ruhe und Ordnung im Staate zusammengesetzt ist. Und wehe, wenn die Menschen zu glauben beginnen, diese Kleinigkeiten wären Dinge, die man vernachlässigen kann! Ich weiß es nur zu gut, daß es dann nicht mehr dabei bleibt, daß das Ende die Zerstörung des Ganzen ist!

18. JULI 1927.

Fräulein Mimi kam einen Sprung zu mir.

»Noch immer keine Antwort auf meine Anzeige«, sagte sie. »Wenigstens nicht so, wie ich wollte. Sechs meldeten sich, die mich aushalten wollen, aber niemand, der mich heiraten will. Jetzt ist der alte Kaufmann meine einzige Hoffnung. Er ist sechzig Jahre alt und wird hoffentlich bald sterben. Freilich fällt es mir sehr schwer, zu ihm zu gehen, aber hungern ist noch schwerer...«

Kräftig drückte sie mir die Hand und verabschiedete sich. Was ich kaum verstehen konnte, was mir beinahe unheimlich vorkam, ist, daß in ihr keine Spur von Bitterkeit, von Neid, von Menschenhaß zu sehen war. Sie nahm ihr Leben, wie es ist, als etwas, was durch keine Macht geändert werden kann.

19. JULI 1927.

Sag's nicht, verbirg dich, hüll sie ein,
Die Träume und Gefühle dein!
Begnüg dich, tief in dir zu sehn
Ihr stummes Auf- und Niedergehn,
Wie in der Nacht der Sterne Licht:
Genieße sie und sag es nicht!

Wie käme je ein Herz aus sich?
Wann faßte je ein andrer dich
Und wie du lebst und was dich drängt?
Es lügt, wer ausspricht, was er denkt.
Es trübt den Quell, wer in ihn sticht:
Trink seine Flut und sag es nicht!

Und leb nur auf dich selbst gestellt:
In deiner Brust webt eine Welt
Voll zaubrisch seltsamem Geschwärm. –
Sie wird betäubt vom äußren Lärm,
Geblendet stets vom Tageslicht.
Lausch, was sie singt, und sag es nicht!

Tjutschew.

Sserafima Andrejewna ist heute so still ins Geschäft eingetreten, daß ich sie erst erblickte, als sie schon auf ihrem gewöhnlichen Platze saß, am kleinen runden Sesselchen vor dem Ladentisch.
Ihr Gesicht war sehr bleich; vielleicht erschien es deshalb noch bleicher, weil sie ganz in Weiß gekleidet war. Sogar weiße Strümpfe und Schuhe hatte sie an. So ging man bei uns in Rußland früher im Sommer; hier aber fiel es mir auf, ich habe das bisher nur bei Kindern gesehen. Es stand ihr sehr gut, aber unterstrich etwas in ihr, was ich nicht gleich erfassen konnte. Ja, das war es: Hoffnungslosigkeit. Und so faßte ich

dieses weiße Kleid als den Ausdruck tiefster Trauer, größten Kummers auf, als den Ausdruck des Verzichtes auf alles, was ihr bisher teuer war.

Lange saß sie schweigend da. Ich fragte sie nicht, ich wußte, sie würde mir alles sagen. Es war ihr nur sehr schwer, den Anfang zu finden. »Nicht alles kann man mit Worten erzählen«, begann sie endlich leise zu sprechen. »Es gibt wohl im Leben eines jeden Menschen Erlebnisse, von denen man nicht sprechen kann, weil sie ganz zu etwas anderem werden in dem Momente, in dem man sie in Worte faßt. Das, was in der Tiefe der Seele edel, rein und schön ist, das erscheint dann gewöhnlich und abgeschmackt, wenn man es durch die Sprache an die Oberfläche bringt. Ganz besonders schwer aber ist es, davon zu sprechen, was im Innern des Menschen manchmal so vorgeht, daß man sich selbst nicht ganz klar darüber ist, daß gar keine äußeren Kennzeichen vorhanden sind, die die Gefühle bestimmen, selbst für den, den sie beherrschen... Selbstverständlich will ich Ihnen davon erzählen, wie meine Geschichte mit Dr. Halm zu Ende ging. Doch schon das stimmt nicht ganz genau, denn wie klingt das, wenn man sagt, es ist etwas zu Ende gegangen, was eigentlich gar nicht begonnen hat! Nun, an dem Tage, da ging ich zu Dr. Halm mit der festen Absicht, ›mich ihm zu erklären‹. Können Sie sich dieses Gefühl vorstellen, wenn ein Mensch, der Ihnen ganz besonders teuer ist, Sie nicht versteht, einfach nicht verstehen kann? Dieses Gefühl der Hoffnungslosigkeit, der Machtlosigkeit, und dennoch dabei die ganz verborgene Hoffnung, es könnte vielleicht doch durch irgendein Wunder gelingen...

Ich war überzeugt, daß er mich nicht vergessen hatte, wohl schon deshalb, weil ich immer an ihn denken mußte. Es ist doch ein merkwürdiges Ding; man denkt fortwährend an einen Menschen, man hüllt ihn ein in seine Gedanken, man bindet ihn so fest an sein eigenes Innenleben, daß man zuletzt gar nicht glauben kann, es könnte dies alles kein Begegnen, sondern nur ein einseitiges Suchen sein. Und so kommt es, daß man oft gerade mit den Menschen, mit denen man sich in seinen Gedanken am meisten beschäftigt hat, die wenigsten Berührungspunkte finden kann, wenn man mit ihnen wirklich zusammentrifft, deshalb, weil sich die beiden nun in ganz verschiedenen Sphären des Gemeinsamseins befinden: der eine hat bereits – freilich nur in der Phantasie – die höchsten, beseligendsten Grade des Zusammenseins erreicht, während sich der andre noch auf der niedrigsten Stufe befindet.

Das wurde mir ganz klar, als ich damlas Dr. Halm sah. Warum mußte das aber so kommen? Daß ich auf ihn einen tiefen Eindruck gemacht,

dessen war ich sicher, darin irrt sich eine Frau selten. Noch brennt mir die Wärme und Herzlichkeit seines ersten Blickes in der Seele; aber ebenso erschauere ich noch heute unter der Kälte, die in seinen Worten, in seinem Benehmen lag. Und ich wußte auch damals schon, daß mich dieser Mensch nicht verstanden hat und auch nicht verstehen würde. Den ganzen Heimweg über quälte mich dieser Gedanke und erfüllte mich so, daß ich meinem Kind auf keine einzige der Fragen eine Antwort geben konnte, mit denen es mich überschüttete. Ein Vers, den ich einmal vor langer, langer Zeit gehört, kam mir in den Sinn:
›Wie groß ist doch die Macht eines Menschen über dich, der von dir nicht einmal die kleinste Zärtlichkeit haben will!‹
So ist die Frau: wie intelligent und hochstehend sie auch sein möge, immer verlangt sie nach dem Manne, der stärker ist als sie. Diese Sehnsucht lebte auch in mir, wenn auch irgendwo ganz weit verborgen in der Tiefe meiner Seele. Aber Oswald war nicht der Mann, dem ich mich unterwerfen wollte, wenn ich mich auch äußerlich ganz in seine Macht fügte. Das war es nicht, was ich wollte. Ich wollte nicht eine bloß äußerliche Unterwerfung, sondern eine vollständige, von ganzem Herzen, einen Menschen, den ich achtete. Dr. Halm achte ich, aber nicht Oswald.
Ach ja, als mich zum erstenmal sein Blick traf; aber ich wollte Ihnen doch erzählen, wie es mir erging, als ich ihn zum letztenmal sah. Ich erinnere mich, daß der Tag vorher ein sehr schwerer für mich gewesen war. Mein Mann hatte mich gezwungen, mit ihm in ein Tanzcafé zu gehen. Das Publikum war sehr gemischt, und jede Bewegung derjenigen, die mit mir tanzten, beleidigte mich. Als einer von ihnen mir nach dem Tanze mit seinen feuchten Lippen einigemal die Hand küßte, verlangte ich, daß mich Oswald nach Hause bringe. Am darauffolgenden Tage zu Mittag machte mir mein Mann deshalb die heftigsten Vorwürfe. Er sagte, ich wolle aus mir irgendeine Prinzessin machen, ich sehe jeden Menschen als tief unter mir stehend an, ich überhebe mich, ich suche hinter jeder einfachen Höflichkeit weiß Gott was, usw. Wie gewöhnlich schwieg ich, aber meine Seele erfüllte sich mit Bitterkeit.
Ach, wenn doch Dr. Halm imstande gewesen wäre, diese meine Trauer zu erfassen! Wenn es doch ein Mittel gäbe, einen Menschen zu zwingen, das zu schauen, was in der Seele vorgeht! Nur den hundertsten Teil meiner Trauer sollte er sehen können und begreifen, und alles wäre gut...
Wiederum ging ich einigemal vor dem Haus auf und ab, und wieder stieg ich ganz langsam die Treppe empor. Dabei wiederholte ich mir

immerfort den einen Satz, den zu sagen ich mir vorgenommen: ›Ich will nicht, daß Sie von mir besser denken, als ich bin, aber Sie denken viel schlechter von mir, als ich es verdiene!‹
Aber wie sollte ich ihm das sagen? So ganz unvermittelt? Alles, was zwischen uns war, war ja so wesenlos, so unfaßbar, so unausdrückbar. Ja, dazu, da war mein Verstand zu wenig. Da sollte man einen sechsten Sinn dafür haben, der einen unvermittelt den Zustand eines fremden Herzens fühlen läßt. So verirrte ich mich gleich in allem Anfang in einem Labyrinth und verlor Dr. Halm, bevor ich ihn noch gefunden.
Er begegnete uns mit der Uhr in der Hand. Sein mürrischer Blick sagte mir, daß er zürne, weil wir um fünf Minuten zu spät gekommen waren. Soll ich ihm es jetzt sagen oder lieber später? fragte ich mich. Aber wann? Bevor ich noch recht überlegt hatte, ob ich sprechen sollte, waren aber die Worte schon gesagt, rein mechanisch, buchstäblich wie ich es mir vorgenommen: ›Ich will nicht, daß Sie von mir besser denken, als ich bin, aber Sie denken viel schlechter von mir, als ich es verdiene.‹ Kaum hatte ich jedoch zu Ende gesprochen, da war ich mir ganz klar darüber, daß sie nicht nur nicht am Platze waren, sondern ihm vollständig unverständlich sein mußten. Ich hatte ja ganz vergessen, daß nur ich den Weg zu ihm gesucht, nicht aber er zu mir. Meine Worte klangen mir selbst ganz fremd, so, als ob es gar nicht meine Stimme gewesen wäre. Alle meine Qualen, mein Unglück in der Ehe, meine Sehnsucht nach der Heimat, meine Einsamkeit, die Erniedrigungen, die ich in den langen Jahren erdulden mußte, all das habe ich ihm in diesem Satze zusammenfassen und ihm nahebringen wollen. Nun war es gesagt, aber umsonst! Er hat nicht verstanden, was hinter ihnen lag, er sah mich nur aufmerksam an; und wieder, auf einen Augenblick, war sein Blick tief und weich, mild und warm geworden, aber gleich machte er ihn wieder erlöschen, er selbst. Wieder nahm sein Gesicht den ernsten, steinernen, fast trotzigen Ausdruck an, als er das Mädchen bei der Hand nahm und vor die Staffelei führte.
Ich wußte, wenn ich ihm jetzt alles über Oswald sagen würde, würde er mich vielleicht verstehen. Das wäre der einzige Weg zu seiner Seele gewesen. Aber ein Gefühl des Stolzes hielt mich zurück. Ich war zu ihm gekommen und er hat mich zurückgestoßen. Oswald versteht mich nicht und ich achte ihn nicht; aber ich habe ihn dennoch lieb und ich wollte deshalb nichts Schlechtes über ihn sprechen, selbst nicht zu Dr. Halm.
So eigenartig ist es bei mir: Wenn ich mich einmal an jemanden angeschmiegt habe, so kann ich nicht mehr loskommen von ihm...

Dr. Halm begann zu zeichnen und ich vertrieb mir wieder die Zeit damit, daß ich seine Bilder betrachtete. Es ist Ihnen vielleicht schon aufgefallen, daß es für jeden Menschen eine Tageszeit gibt, die für ihn besonders charakteristisch ist. Dr. Halm hat eine ausgesprochene Vorliebe für die Abenddämmerung. Mir kam der Gedanke: Liebt er die Dämmerung vielleicht deshalb, weil da das innere Leben des Menschen zu erwachen beginnt, das den Tag über niedergehalten wird durch den Lärm, die Arbeit, die Sorgen?

Da fiel mein Blick auf ein kleines Porträt, das ein junges Mädchen vorstellte. Nur einen einzigen Blick hatte ich darauf geworfen und – warum, das ist mir ein Rätsel – ich war sofort vollständig überzeugt, daß Dr. Halm diese Frau liebt. Und zwar so, wie nur er lieben kann, vollständig und tief. Bisher hatte ich in ihm nur die geistigen, ich möchte sagen die asketischen Züge seines Charakters gesehen. Jetzt, nachdem ich dieses Porträt erblickt, wußte ich, daß er auch Mensch sein könne, daß er imstande sei, menschliche Leidenschaften zu fühlen.

Das Gesicht dieses Mädchens erregte mein Interesse. Ich bin überzeugt, daß es kein Thema gibt, zu dem man nicht immer noch etwas dazu sagen könnte, und daß es kein Gesicht gibt, in dem man nicht irgend etwas nur ganz ihm eigenes finden könnte. Was mir vor allem auffiel, war die ruhige Klarheit und Aufrichtigkeit des Blickes und der liebe Zug um den Mund. Das mußte eine Frau sein, die durch ihre Gegenwart Wärme bringt, die nicht viel fragt, weil in ihrer Seele Friede, Ruhe und Stille ist, volle, lebendige Stille... Sie hatte den Blick einer Frau, die den Sinn ihres Lebens in der Erfüllung ihrer Pflicht als Weib sieht.

Jede menschliche Seele hat ihren Stil; so auch die ihre. Das war nicht so eine Sportmitzi wie die, mit der mein Oswald seine Zeit verbringt, sondern eine echte Frau. Und je länger ich meinen Blick auf dieses Bild richtete, desto mehr verstand ich, daß Doktor Halm nur eine solche Frau lieben könne. In dieser Frau war etwas, was ganz auffällig meinem Wesen entgegengesetzt war; schon rein äußerlich sind wir ganz verschieden, und noch mehr wohl unser Inneres. Ihr Seelenleben muß volle Harmonie sein, meines unüberbrückbare Dissonanz. Ihr wird alles das im Leben gegeben sein, was sie braucht, um ihren klaren Blick sinnvoll wirken lassen zu können, mir wird das Schicksal immer und immer wieder alles versagen, womit ich mein Leben erfüllen könnte. Ihr Leben wird immer eine tiefe Bedeutung haben, während ich in meinem Winkel sitzen und denken werde, daß mein Leben nichts ist, was mehr ist als dieser dunkle Winkel. Ihr Leben ist voller Sinn, meines ein bloßer Zufall. Aber, wenn er sie liebt, dann muß ich aus seinem Leben gehen, sagte

ich mir, auf immer. Vielleicht deshalb, weil ich selbst den ganzen Schmerz, einen geliebten Menschen zu verlieren, erlebt hatte, wollte ich nicht einem andern Menschen Schmerz zufügen. Ich wollte nicht die reine Harmonie zerstören, die aus diesen lieben Augen sprach. Dr. Halm hat das Wunder dieser Seele entdeckt, er soll glücklich werden.
Die Unglücklichen haben einen Trost: sie können sich am Glück anderer erfreuen. Ohne Neid, ohne Bitterkeit... Alle Gedanken, von denen meine Seele voll war, als ich hierhergekommen, begannen langsam zu schwinden und machten dem Gefühle der Freude Platz darüber, daß er mit diesem Mädchen glücklich wird, vielleicht schon glücklich ist...
Schluß! sagte ich mir. ›Neminem laede!‹[1] dachte ich, merkwürdigerweise auf lateinisch. Und in derselben Sekunde hörte ich die Stimme des Dr. Halm:
›Schluß! Das Porträt ist fertig!‹
Laut lachend hüpfte das Mädchen vom Stuhl herunter und ich bemühte mich, alles das zu verstecken, was ich in diesen Minuten gedacht und erlebt. Ich wollte sein Glück nicht verdüstern, ich wollte in seine Seele keinen Zwiespalt bringen, dadurch, daß er sich in Gedanken mit mir beschäftigen sollte. Ich ging auf ihn zu, lobte seine Arbeit und sah ihm klar, fast fröhlich in die Augen. Und da schien es mir, als hätte er mich verstanden. Er erwiderte meinen Blick ebenso hell und freudig und drückte mir fest, fest die Hand.
Als ich die Treppe hinunterging, da erst kamen mir die Tränen in die Augen. Ich wußte, daß ich jetzt in meine Einsamkeit zurückkehre, in meine Trauer, für immer... Und in den Ohren tönten mir die Verse, die ich einst, auf meiner Flucht nach Sibirien, gehört:
›Es hat einen Sinn, die tiefe Verzweiflung zu lieben
Und zu trinken den Kelch aus bitteren, bitteren Kräutern.‹«

21. JULI 1927.

»Wir müssen unser Geschäft verkaufen!« erklärte mir heute Otmar. »Ich bin vollständig überzeugt, daß ich im Herbst eine Stellung bekomme. Das Geschäft geht jetzt sehr gut und wir werden es leicht an den Mann bringen.«
»Ich bin nicht dagegen«, antwortete ich, »wenn ich nur so überzeugt wäre wie du, daß du die Stelle wirklich erhältst.«
»Ich habe heute die Zusicherung bekommen, daß ich in Salzburg angestellt

[1] Schade niemandem!

werde. Und da möchte ich doch noch ein paar Wochen vorher Zeit haben, daß wir uns körperlich und geistig erholen.«

Der Gedanke, ich würde ohne Geschäft leben können, machte mich vor Freude erzittern. Nicht mehr so frühzeitig aufstehen müssen, nicht mehr in ewiger Angst leben, ob die Milch sauer wird, ob die Kunden am Ersten zahlen werden! Eine menschliche Wohnung, Licht und Luft für unser Kind – kann man sich etwas Herrlicheres vorstellen? Aber die Möglichkeit, wir könnten doch sozusagen zwischen zwei Stühlen sitzen bleiben, erschreckte mich. Otmar blieb aber unbeugsam. Um meine Bedenken von vornherein zu besiegen, teilte er gleich abends einigen Kunden mit, daß wir gesonnen wären, unser Geschäft zu verkaufen.

22. JULI 1927.

Zu mir kommt öfters, aus einem ganz anderen Bezirk, eine ältere Dame. Sie hat etwas Eigenartiges an sich. Ihrer Kleidung nach macht sie den Eindruck eines Menschen, der in äußerst beschränkten materiellen Verhältnissen lebt, ihren Reden nach könnte man sie für eine Millionärin halten, die es nur aus irgendeinem Grunde nicht für angebracht hält, ihre Schätze zu zeigen. Ihr Mann lebt irgendwo in Indien, wo er ein Goldbergwerk oder so etwas Ähnliches besitzt; er liebt sie außerordentlich und denkt nur an sie und soll morgen oder übermorgen eintreffen. Allerdings zieht sich dieses Morgen schon sehr lange hin. Jeden Tag kauft sie ein Viertelliter Milch, drei Dekagramm Butter oder Marmelade und fünf Deka Wurst für ihre Katze, die, wie sie jeden Tag bemerkt, ihr Mann so liebhat. Ich nenne sie die Engländerin, denn sie liebt es, ihre Rede mit englischen Brocken zu untermischen, weil ihr Mann in Indien auch englisch sprechen muß.

Sie kommt nicht wie andere Leute ins Geschäft; sie stürzt immer, wie in höchster Eile, herein. Man hat den Eindruck, es brenne bei ihr zu Hause und sie müsse Hilfe holen. Sie ist immer allein und sie spricht auch niemals von jemand anderem als von ihrem Manne, der mir wie ein mythisches Fabelwesen erscheint.

»Frau Wagner, wie finden Sie diesen Schlafrock?« wandte sie sich heute zu mir, während sie mir, sich nach rechts und links drehend, ihren grellroten Baumwollschlafrock mit schwarzen Samtquasten vorführte. Dann öffnete sie ein Paket und zog daraus einen blauen Schlafrock heraus, an dem gelbe Quasten baumelten.

»Dieser Schlafrock ist für meinen Mann«, erklärte sie. »Wie gefällt Ihnen der? Wissen Sie, die Männer lieben es, daß die Frauen in gewissen Augenblicken sehr elegant und gleichzeitig sehr verführerisch gekleidet sind. Ich möchte mir noch einen roten Pyjama nähen; glauben Sie, er würde mir stehen? Ich bin blond, und da wäre wohl blau besser. Aber Rot bedeutet Leidenschaft, und ich will, daß mein Mann sofort, wenn er zurückkehrt, in mir ein Meer von Leidenschaft findet!«

Ich betrachtete ihre Falten, ihren Mund mit den schlecht eingesetzten Zähnen, ihr liebes, aber schon sehr gealtertes Gesicht und sah, daß da keine Farbe der Welt mehr helfen könnte.

»Wie lange ist Ihr Mann schon fort von Ihnen?« fragte ich sie.

»Ach, spielt denn die Zeit eine Rolle in der Liebe? Er ist vor zwölf Jahren fortgefahren, aber ich liebe ihn noch so wie am ersten Tage, als er sich mir erklärte.«

»Erhalten Sie oft Briefe von ihm?«

»Ach nein, er schreibt mir überhaupt nicht..., aber unsere Liebe ist so stark, daß sie keiner Briefe bedarf. Wissen Sie, ich sage es nur Ihnen, ich schreibe ihm beinahe jeden Tag einen Brief. Diesen lege ich in eine Kiste, und wenn er heimkommt, so wird er sehen, daß ich jeden Tag an ihn gedacht habe...

Ich beginne jeden Brief so: ›Mein Geliebter, den ich noch so heiß liebe wie an dem Tage, an dem wir uns das erstemal begegnet!‹ Ich schreibe diesen Satz schon länger als zwölf Jahre. Er wird es natürlich verstehen, daß ein Mensch, der zwölf Jahre lang ein und dasselbe sagt, nicht lügt.«

»Er hat Ihnen also, seitdem er weggefahren ist, nicht geschrieben?«

»Nein, aber das war auch nicht notwendig. Ich liebe ihn auch ohne Briefe. Nur einmal hat mir ein Freund meines Mannes geschrieben, er wäre am Tropenfieber erkrankt.«

»Und haben Sie nie den Versuch gemacht, durch irgendeine Behörde Erkundigungen einzuziehen?«

»Nein, das ist auch gar nicht notwendig. Sobald er eine Million beisammen hat, kommt er ohnedies zurück. Und wissen Sie, diese Behörden, die arbeiten ohnehin so oberflächlich! Stellen Sie sich vor, man schreibt mir, mein Mann sei am Tropenfieber gestorben, und es ist vielleicht nur ein Mißverständnis! Freilich, ich würde ihnen ohnehin nicht glauben. Hans kann nicht sterben, denn er muß zurückkehren, und wir werden Millionäre sein. Er kann jeden Tag unerwartet eintreffen, um mir eine desto größere Freude zu bereiten. Wissen Sie, Männer, die lieben, die haben es sehr gerne, eine angenehme Überraschung zu bereiten! Heute werde ich sogar das Nachtmahl für ihn vorbereiten...

Ja, ich bin überzeugt, daß heute niemand mehr so lieben kann, wie mein Hans mich liebt. Die heutige Welt versteht überhaupt nichts von Liebe. Meine Nachbarn lachen mich aus, weil ich auf meinen Hans warte. Deshalb kaufe ich auch in einem andern Bezirk ein, damit ich nur diese Leute nicht sehe. Sie sagen, Hans sei lange schon gestorben und ich habe bloß den Verstand verloren. Die werden dumm dreinschauen, wenn Hans zurückkehrt! Ich habe auch das Zimmer für ihn heute hergerichtet. Glauben Sie, es wäre nicht besser, gleich heute abend meinen Schlafrock anzuziehen? Und wenn er läutet, und ich bin nicht angezogen? Wissen Sie, die Männer lieben es nicht, wenn die Frauen zu Hause schlampig gekleidet herumgehen; Hans ganz besonders! Ich habe auch Zigaretten für ihn gekauft und eine Flasche Bier. Heute nachmittag hätte ich beinahe den Briefträger geküßt und dann einen Miedervertreter; ich dachte im ersten Moment, es wäre Hans. Übrigens, was meinen Sie, soll ich mir nicht vielleicht doch ein Mieder kaufen? Bin ich nicht zu voll? Vielleicht hat jetzt Hans auch die schlanke Figur lieber...«

Einige Sekunden starrte sie mir ins Gesicht, dann lief sie so eilig, wie sie gekommen war, wieder davon.

»Ich plaudere da, und vielleicht ist Hans schon zurückgekommen!« rief sie mir noch zu, als sie sich schon in der Türe befand.

25. JULI 1927.

Unser Geschäft ist verkauft, und wir wohnen jetzt in einem kleinen, möblierten Zimmer in der Währingerstraße. Es ist alles viel schneller gegangen, als wir voraussehen konnten.

Schon am nächsten Tage, nachdem wir zum erstenmal unsere Absicht, das Geschäft zu verkaufen, kundgegeben hatten, tauchten die ersten Käufer auf. Otmar verhandelte mit ihnen.

»Wir kauften das Geschäft um 3500 Schilling«, erklärte er. »Meine Frau hat es aber in besseren Zustand gebracht, als es war; es geht jetzt sehr gut, weshalb wir im vollen Rechte sind, 4000 Schilling zu verlangen.« Und eine Stunde später war der Kauf bereits abgeschlossen, wir waren frei. »Wie glücklich bin ich!« sagte ich! »Otmar und Jurka umarmend. Wir können jetzt Sonne genießen und frische Luft, und ich kann wieder wissenschaftlich arbeiten. Ich werde Dostojewskijs Biographie fertig machen!«

29. JULI 1927.

Beinahe ein Monat ist schon vergangen, seit die Operation an der Mutter vorgenommen wurde, und ich habe noch immer keine Nachricht. Ich bin ganz zerquält und zermartert. Ich schreibe jeden Tag und bekomme keine Antwort. Es ist, als ob ein Alp auf mir läge und ich in den leeren Raum hineinschreie. Ach, Rußland, wie unendlich weit bist du! Wären meine Eltern in Asien, in Australien, ja vielleicht irgendwo um den kalten, dunklen Nordpol, mein Schrei würde eher gehört werden... Aber Rußland ist das Land des Schweigens. Eines Schweigens, das dumpfer ist als der Tod...

Jeden Tag einige Male geht der Briefträger vorbei, aber niemals hat er etwas für mich. Ich bin eine Verstoßene, und ich muß mich an den Gedanken gewöhnen, daß ich selbst das Recht verloren habe, eine Mutter zu besitzen...

30. JULI 1927.

Wir waren soeben bei Doktor Walter und seiner Frau. Mit welcher Freude gaben wir ihnen das Geld zurück, das sie uns zum Ankauf des Geschäftes geliehen und das uns wohl vom Untergang gerettet hat! Mit welcher Freude blickte ich in ihre lieben Gesichter, als sie uns für die Zukunft Glück und Erfolg wünschten! Wenn sie nur wüßten, wie dankbar ich ihnen dafür bin, daß sie mir, einer Fremden, einem Menschen, den sie fast gar nicht gekannt, das Geld anvertraut hatten, das sie selbst sicher nicht leicht erworben. Wenn sie wüßten, wie viele Stunden der Angst ich erlebte, als unser Geschäft schlecht ging und ich fürchten mußte, das Geld, das sie uns geliehen, sei verloren...

Glücklich und zufrieden gingen wir von ihnen weg. Für mich sind sie die Verkörperung meines Glaubens an den Menschen. Sie haben gesehen, wie wir untergingen, und sie haben uns die Hand zur Rettung gereicht.

2. AUGUST 1927.

Ein Brief vom Vater:

»Die Mutter ist, wie durch ein Wunder, gerettet. Die Gefahr ist vorbei. Zweimal hat sich die Temperatur noch bedenklich erhöht, jetzt aber wird alles gut werden. Ich hoffe, daß wir die Mutter bald aus der Klinik nach Hause nehmen können. In bezug auf das Geld steht es momentan um uns sehr tragisch, denn die Krankheit hat sehr viel gekostet.«

3. AUGUST 1927.

Stille. Tiefe Stille. Das ganze Haus schläft, obwohl es erst elf Uhr ist. Otmar befindet sich in der Stadt. Ich erwarte ihn. Ich kann nicht schlafen ohne ihn... Ich habe heute schon viel an Dostojewskijs Buch gearbeitet und dann habe ich im Zimmer Ordnung gemacht, es ist überall rein und gemütlich, auf dem Tisch steht ein großes Bukett mit rotem Mohn. Von fernher tönt Musik und Gesang. Still ist es ringsum, still auch in meinem Herzen.

Nicht nur versöhnt habe ich mich mit diesem Leben, ich beginne es bereits zu lieben. Es macht mir Freude, den Boden zu wichsen, bis er glänzt wie ein Spiegel, und ebenso freuen mich alle die anderen täglichen Arbeiten einer deutschen Hausfrau. Ich beobachte das Leben meiner Nachbarin, und was ich sehe, erfüllt mein Herz mit Achtung, ja mit Bewunderung. In ihr ist das, was mein ganzes Leben lang mein Ideal war: Geduld und Beständigkeit in der Arbeit.

Ihr ganzes Leben war nichts als beständige Arbeit. Arbeit in der Schneiderei, in der sie von früh bis abends fleißig die Hände regte, um dann ihren Verdienst in die Sparkasse zu legen für ihre Mitgift. Sie hat sich um ihr erspartes Geld eine Einrichtung gekauft, ein wunderschönes Schlafzimmer aus kaukasischem Nußholz. Diese Möbel scheinen mir ein Symbol zu sein dafür, daß ein Mensch, der arbeiten und sparen kann, vieles erreicht, was anderen als unmöglich erscheinen würde. Diese Liebe zum eigenen Heim, in dem jeder Winkel, jedes Stück das Ergebnis zielbewußter und beständiger Arbeit ist, sie gibt mir den Glauben an das deutsche Volk, sie gibt mir das Gefühl der Sicherheit, daß das, was hier vorhanden ist, nicht zerstört werden kann...

Es ist still. Der Himmel ist von Sternen übersät. Welche Stille herrscht heute in meinem Herzen!

Ich kam zu der Überzeugung, daß, wenn ich jetzt stürbe, sich nichts, gar nichts in der Welt ändern würde. Sie würde ebenso wunderschön und die Nacht ebenso mild und still bleiben, wie sie jetzt ist. Nicht mich braucht die Welt, sondern ich sie. Und in diesem Gedanken lag etwas Beruhigendes für mich, ebenso wie in dem, den ich vorher gedacht, als ich den Sinn der kaukasischen Möbel meiner Nachbarin zu ergründen versucht hatte.

Ich fordere nichts von meinem Leben. Ich sehe es an wie ein Geschenk Gottes. Ich bin hier nur auf einen Augenblick, auf einen kurzen Besuch. Aber kein Schmerz liegt in diesem Bewußtsein, sondern Beruhigung.

Ich liebe die Stille und die Gemütlichkeit meines kleinen Zimmers, liebe

den roten Mohn im Wasserglase, den frisch gewichsten Boden, liebe das bißchen Geschirr, das ich besitze, und die paar Töpfe mit Blumen, die ich mir selbst aus Samen aufgezogen habe.
Diese Blumen sind emporgewachsen; jetzt blühen sie, im Herbste werden sie verwelken. Ich lebe, freue mich und werde dann vergehen. – Aber die Welt wird so wie früher klar und schön sein.
Bald kommt Otmar nach Hause. Ich werde ihm das Nachtessen geben und dann werden wir schlafen gehen. Ich werde mich eng an ihn schmiegen, und es wird mir warm und heimlich in meinem Herzen sein. Ich danke dir, Gott, daß du mir das Glück der Liebe gegeben hast!
Wie schön ist das Leben, wie heiter diese warme Spätsommernacht, diese Stille in meinem Herzen! Ich bin glücklich, ganz glücklich, mit dem stillen Glück des Menschen, der das Geheimnis des Lebens begriffen hat...

5. AUGUST 1927.

Wir sind in Salzburg, wo Otmar weitere Schritte unternehmen muß, um seine Stelle zu erlangen. Mehr als ein Jahr lang bin ich im Geschäft gestanden und habe nichts von der Natur gehabt als das Stückchen Himmel, das mir zwischen den Milchflaschen hindurchleuchtete, und auch das nur zur Mittagszeit. Und jetzt bin ich in Salzburg! Es erscheint mir dies alles so unwahrscheinlich schön. Das Herz möchte mir vor Glück zerspringen bei dem Gedanken, wir könnten in dieser herrlichen Stadt wohnen.
»Otmar«, sagte ich, während wir auf der Staatsbrücke standen und die märchenhaften Umrisse der Festung betrachteten, »Otmar, die Bewohner Salzburgs sind sicher die glücklichsten Leute in der Welt, denn einen schöneren Ort kann ich mir unmöglich vorstellen...«
Manchmal schließe ich die Augen.
»Otmar«, sage ich dann, »es ist mir zu schön! Ich weiß nicht, ob du dieses Gefühl verstehen kannst, aber es schmerzt mich, daß alles so schön ist. Es ist unwahrscheinlich, es ist, als ob es nur meine Phantasie wäre und nicht die Wirklichkeit. Wie, wenn das alles nur Dekoration wäre und morgen verschwinden würde?«
Otmar lacht. Er liebt Salzburg, die Stadt, in der er seine Jugend verbracht, die Stadt, in der seine Eltern lebten und gestorben sind...
Wir setzten uns in einem Park auf eine Bank, mitten unter blühenden Rosen. Mirabellpark heißt er.

»Otmar«, sage ich, die Augen schließend. »In Rußland habe ich die ganzen letzten Jahre hindurch nichts wirklich Schönes gesehen. Entweder den grauen, schmucklosen Alltag der Stadt oder die wilde Natur des Ural. Hier ähnelt die Natur der in meiner Heimat, dem Ural, aber es ist hier alles verklärt durch die Poesie einer sonnigen Kultur.«

Ich öffne die Augen wieder; ein Meer von Sonne! Vor mir duften schlanke Rosen, dunkelrote, rosenfarbene, gelbe, stolz neben den dünnen Stangen emporstrebend, die sie stützen sollen. Grüne Beete mit üppigem Grase, das so zugeschnitten ist, daß es wie ein weicher, dichter Teppich aussieht. In der Mitte, in einem kleinen Wasserbecken, erhebt sich eine von grüner Patina bedeckte Pegasusfigur. Jurka beschaut mit Entzücken die vielen Goldfische, die im Wasser schwimmen. Menschen, die mir alle wie zu einem Feste gekleidet scheinen, gehen langsam vorbei. Wie anders sind ihre Kleider als die, die man bei uns in Rußland hatte, aber auch anders als die meiner Kundinnen in Wien. Die Frauen tragen malerische »Dirndlkleider« in hellen, fröhlichen Farben, bunte Schürzen und weiße Blusen, die die dunkelbraune Hautfarbe so hübsch zur Geltung bringen; die Männer haben grüne oder blaue Röcke mit merkwürdigen Knöpfen und kurze, lederne Hosen, die die Knie freilassen; am Kopfe sitzen keck grüne Hüte mit langen Pinseln aus Haaren. Mir gefallen diese Kostüme, mir gefallen die Gesichter dieser Menschen, mir gefällt alles, was ich in den paar Stunden von Salzburg gesehen habe. Alles nehme ich in mich auf, die Leute, die Blumen, die grünen Kuppeln der Kirche, den blauen Fluß, die weite, azurne Ferne, die stolzen Bergketten, die dunkle Stille des Doms, die Gräber und die Katakomben, das Mozartdenkmal und all die Musik, die über den Häusern zu schweben scheint, deshalb vielleicht, weil in meinem Herzen alles klingt, was ich in mich eingesogen und was jetzt mir gehören wird.

Nein, ist das wirklich möglich, daß ich hier leben werde, diese reine Luft in mich einatmen und jeden Tag diese Menschen sehen werde, die so freundlich lächeln?

Wir essen im »Stern« zu Mittag. Eine merkwürdige, dicke Suppe, die wir in Rußland nie gekannt, die aber sehr schmackhaft ist, dann einen »Bauernschmaus« und »Salzburgernockerl«. Das Kind ist ganz außer sich vor Entzücken und fragt:

»Werden wir jeden Tag so schmackhaft essen wie heute, wenn wir in Salzburg wohnen werden?«

Dann gehen wir wieder in der Stadt spazieren. Wir besteigen die Festung auf sonderbaren Stiegen, blicken auf Salzburg hinab, und wieder erscheint mir alles wie eine Fata Morgana, die mich betrügt und mir eine wunderbare Landschaft an die Stelle der Wände meines Geschäftes hinzaubert. Abends gehen wir in den Garten des Augustiner-Bräustübels. Da bringt mich nun alles vollends in Entzücken. Die untergehende Sonne, die die Spitzen der Berge mit glühendem Rot übergießt, die vielen Lampen, die im Laubwerk alter Kastanienbäume hängen, die eigenartigen Riesensteinkrüge mit dem schäumenden Bier, der Rettig, der wie Hobelscharten geschnitten ist, der Ochsenmaulsalat, dessen bloße Bezeichnung mich schon in die fröhlichste Laune versetzt, und vor allem die lustigen, zufriedenen, glücklichen Gesichter der Menschen, die hier zu Hunderten um die runden Tische sitzen. Diese Gesellschaften, aus Vätern, Müttern und Kindern bestehend, dieses gutmütige Lachen, diese Lebenslust und dabei doch diese Zurückhaltung und Ruhe, kurz, das alles, was man zusammen im Deutschen »Gemütlichkeit« nennt, das macht auf mich tiefsten Eindruck und zwingt mich fortwährend, Vergleiche mit Rußland anzustellen...

In der Nacht werden wir wieder nach Wien zurückfahren. Mit Trauer verlasse ich diesen Ort, der mir in einem Tage wie zu einer Heimat geworden ist. Sind es vielleicht die Berge, die mich an meine Jugendzeit erinnern und die ich in Wien so vermißt habe? Oder ist es dieser Fluß, der mich an die klaren Bergwässer meiner Heimat erinnert? Oder ist es einfach die ganze Landschaft mit den Menschen zusammen, der sonnige Tag und das Gefühl der Freude, der Befreiung, die in mein Herz eingezogen sind?

Und wieder denke ich mit Schrecken daran, daß dies alles vielleicht nur ein vorübergehender Traum bleiben könnte. Und wenn nun Otmar die Stelle doch nicht bekäme? Er hat in Salzburg weitaus nicht alle die Persönlichkeiten getroffen, mit denen er sprechen wollte; es ist ja Sommer, alles ist auf Urlaub. Und was wird sein, wenn er wohl eine Stelle bekommt, aber in einer anderen Stadt oder auf dem Lande?

Nein, ich will in Salzburg leben, nirgends anders als in Salzburg, denn hier habe ich mich gleich wie zu Hause gefühlt. Und was kann es Schöneres geben als das Gefühl, zu Hause zu sein?

8. AUGUST 1927.

Ein Brief vom Vater:

»Meine Lieben!

Gestern habe ich Euch einen langen Brief geschickt und heute schreibe ich schon wieder, einfach deshalb, weil ich nicht die Kraft habe, einen

Tag zu sein, ohne mit Euch gesprochen zu haben. Das Schreiben an Euch ist mir zu einer wahren Krankheit geworden.
Früh gehe ich ins Lazarett, dann zur Mutter in die Klinik, abends komme ich nach Hause, lese Märchen aus Tausendundeiner Nacht und lege mich schlafen. Ich lebe dahin wie in einem Nebel. Zeit, Ort und alles andere spielen für mich nicht die geringste Rolle mehr. Mich beschäftigt nur der eine Gedanke noch, wie die Mutter wieder sitzen, gehen können wird...«

12. AUGUST 1927.

Die ersten Zeilen, von der Hand der Mutter geschrieben:
»Meine lieben, teuren Kinder, Alja, Otmar und Jurka!
Heute bin ich das erstemal gesessen, zwei Minuten lang, aber es ist mir gleich schwindlig im Kopfe geworden und ich mußte mich wieder hinlegen.
Wie froh bin ich, wie unendlich froh, daß ich lebe!
Es küßt und umarmt Euch

Eure Mutter.«

16. AUGUST 1927.

Ein Brief vom Vater:
»Fünf Tage habe ich keinen Brief von Euch bekommen und schon bin ich in Aufregung. Ist etwas geschehen? Diese letzten Monate haben uns so viel Unglück gebracht, daß ich jeden neuen Tag fürchte.
Die Mutter ist so schwach, so blaß und so mager, daß einem das Herz wehtut, wenn man sie ansieht. Sie begann zu gehen, aber es machte ihr noch ungeheure Schwierigkeiten. Ach, Alja, wenn Du nur hier wärest! Irina und ich sind den ganzen Tag im Dienst und die arme Mutter ist ganz allein.«

20. AUGUST 1927.

Für uns ist jetzt eine Zeit des quälenden Wartens angebrochen. Es ist schon lange her, daß Otmar sein Stellengesuch nach Salzburg geschickt, und immer noch ist keine Antwort da. Das bißchen Geld, das uns geblieben ist, schmilzt von Tag zu Tag zusammen, trotzdem wir so sparsam leben, wie es nur überhaupt möglich ist. Wie oft habe ich es schon bedauert, daß wir unser Geschäft verkauft haben! Ich spreche aber davon nichts zu Otmar, denn ich will ihn nicht beunruhigen. Er selbst ist ganz ruhig, denn er ist überzeugt, daß er die Stelle erhält.

22. AUGUST 1927.

Ein Brief von der Mutter:
»Der Vater ist arretiert worden und befindet sich im Kerker. Ursache unbekannt. Er hofft, es handle sich um ein Mißverständnis.«
Es dreht sich mir alles vor den Augen. Ich kann es draußen nicht aushalten, ich kann nicht die frische, freie Luft einatmen, wenn ich weiß, daß sich mein Vater im Kerker befindet. Ich kann nicht essen, alles zerreißt mir mein Herz. Wenn ich einen Bettler sehe, denke ich, so ist auch mein Vater, wenn ich Reichtum sehe, denke ich daran, daß man meinen Vater von allem weggerissen. Die Sonne, die Luft, ja die bloße Möglichkeit des Lebens selbst verursacht mir Schmerz ...
Mein armer Vater! Und ich habe keine Macht, ihm zu helfen. Ich möchte ihn aufsuchen, für ihn bitten, flehen! Aber wen? Wo? Rußland ist weit, unendlich weit, denn es hat mich für immer aus seinen Grenzen gewiesen. Es erlaubt mir nicht, meinen Eltern in ihrer höchsten Not auch nur ein Geringstes an Liebe zu erweisen, ihnen zu helfen.

24. AUGUST 1927

»Solnce Sonne, ich will mit dem Sowjetischen Konsul in Wien wegen Vaters Verhaftung sprechen!«, sagte ich heute Otmar, der Jurka etwas zeichnete, und beide lachten lustig dabei.
Ganz erschrocken sah mich Solnce an.
»Du willst zu ihm ins Konsulat gehen?«
»Ja!« sagte ich entschieden. »Ich bin überzeugt, Vater hofft, daß es mir gelingt, ihn zu retten, wie es schon einige Male gewesen in meiner Heimatstadt! Ich fühle direkt, wie seine Seele mich darum bittet!«
»Alja, das ist gefährlich«, sagte Otmar und sein Gesicht wurde blaß.
»Gehen wir sofort ins Konsulat«, sagte ich voll Energie und nahm meinen Hut.
»Ich kann nicht so untätig leben, wenn ich weiß, daß Vater leidet!«
»Mamotschka, das ist gefährlich!« Plötzlich weinte Jurka, der uns auf-

merksam zuhörte. »Die Menschen verschwinden dort, so erzählt man im Milchgeschäft in Ottakring«, sagte Jurka, und er umarmt mich krampfhaft und will meinen Hut von meinem Kopf herunternehmen.

»Jurka, ziehe deinen Mantel an. Ich will deinen Großvater retten!« sagte ich. Schweigsam gingen wir die langen Straßen entlang. Wir gingen langsam, weil wir alle müde und aufgeregt waren. Endlich sehen wir die russische Kirche.

»Ihr wartet auf mich da auf der Straße!« sagte ich Otmar und Jurka.

»Mamotschka, geh nicht hinein!« schreit Jurka und weinend hängt er sich an meinen Hals. Ich küsse ihn und stelle ihn neben den Vater. Ich küsse Solnce Sonne Otmar und gehe zum Eingang.

»Mit wem wollen Sie sprechen?« fragt mich ein Mann mit typisch russischem Gesicht.

»Ich will mit dem Konsul sprechen!« sage ich kurz.

»Wegen welcher Angelegenheit?«

»Verhaftung meines Vaters im Ural.«

»Warten Sie da!« antwortet er gleichgültig.

Der Russe zeigt auf einen Sessel im Raum. Einige Männer in Zivil gehen an mir vorbei und schauen mich neugierig an. Sie sprechen darum so leise, damit ich nicht verstehe, was sie sagen. Nur höre ich, daß sie russisch sprechen. Bange Minuten vergehen. Endlich kommt der Russe, der vorher mit mir sprach. »Kommen Sie mit«, sagte er. Ich gehe hinter ihm.

Wir kommen zum Drehkreuz, dem ersten Hindernis.

Erst geht mein Begleiter, dann ich durch das Drehkreuz; hinter uns bleibt es unbeweglich. »Komme ich noch zurück?« denke ich, noch ein zweites und ein drittes! Wir kommen zu einer sehr gepflegten, schönen Tür. Es ist dort etwas Gedrucktes befestigt. Ich bin aber so aufgeregt, daß ich es nicht lesen kann. Mein Begleiter klopft, und ich höre eine Stimme: »Herein!« Die Tür geht auf. Ein gepflegter, schöner Raum; ein großer Schreibtisch – vor ihm sitzt ein Herr in elegantem Anzug. In einer Ecke des Zimmers sitzt eine dunkle Gestalt mit der rechten Hand in der Hosentasche. »Er hat sicher einen Revolver in der Hand«, denke ich.

Der Konsul steht langsam auf und sagte zur dunklen Gestalt in der Ecke des Zimmers: »Ich rufe Sie später an.« Dann kommt der Konsul zu mir. Er gibt mir die Hand und fragt mich liebenswürdig: »Die Milchfrau von Ottakring?«

»Wieso wissen Sie, daß wir ein Milchgeschäft hatten?« fragte ich erstaunt, und ich dachte an den unglücklichen Russen, der mich einige Male im

Geschäft besuchte und mir viel Unruhe und Sorgen in meinem Leben machte. »Wir wissen eben alles!« lächelte der Konsul charmant.
Er war ausgesprochen sympathisch und herzlich, und ich habe das merkwürdige Gefühl, ihn zu kennen. Wo sah ich ihn in meinem Leben? Ich kenne seine Stimme, sogar wie er meine Hand herzlich bei der Begrüßung gedrückt hatte war mir bekannt, und trotzdem konnte ich mich nicht erinnern, wo ich ihn gesehen habe. »Wegen welcher Sorge kommen Sie zu mir?« fragte mich der Konsul liebenswürdig.
»Mein Vater ist wieder verhaftet. Er ist alt und krank. Ich kann Ihnen sagen, daß mein Vater nie in seinem Leben jemanden weh getan hat. Er ist der beste Mensch, den ich in meinem Leben gesehen habe. Können Sie mir sagen, warum man ihn verhaftet; was erwartet ihn?«
Der Konsul wurde plötzlich ernst und sagte sehr besorgt: »Ich kann Ihnen keine Auskunft geben!«
»Können Sie meinem Vater helfen?« fragte ich, und meine Stimme zitterte vor Aufregung.
»Ich kann Ihnen nichts versprechen. Ich kenne die Angelegenheit Ihres Vaters nicht.« Und plötzlich noch ernster geworden, sagte er mir: »Ich gebe Ihnen einen Rat: Kommen Sie nie mehr wieder hierher; kommen Sie nie mehr zu uns!«
Ich schaute ihn verzweifelt an. »Können Sie uns nicht helfen? Kommt der Vater nicht mehr heim?« fragte ich aufgeregt, verzweifelt.
»Ich habe Ihnen schon gesagt – die Entscheidung liegt nicht bei mir. Ich bewundere Ihre Tapferkeit und Ihre grenzenlose Liebe zu Ihrem Vater. Jetzt aber gehen Sie schnell heim. Und kommen Sie *nie* zu uns.« Er stand vor mir. Sein Blick war warm und herzlich, aber in seinen Augen lag Trauer. Fest drückte er meine Hand und begleitete mich zur Tür. Jemandem rief er: »Begleiten Sie bitte die Bürgerin zur Tür!« Und wieder marschierte ich durch das Drehkreuz, die drei, die bei meinem Kommen in Bewegung waren, und endlich war ich draußen.
Weinend stürzte Jurka auf mich zu, und Otmar rannte auch zu mir. Wir gingen langsam zu irgendeinem Park und blieben auf einer Bank sitzen.
»Der Vater ist verloren!« sagte ich mit Tränen. Otmar nahm meine Hand, und Jurka umarmte mich. Und dann gingen wir traurig und niedergeschlagen in unser kleines gemietetes Zimmerchen.

28. AUGUST 1927.

Aus Salzburg ist ein amtliches Schreiben eingetroffen. Zitternd hielt ich es in den Händen, mein Herz begann zu klopfen. Ich fühlte, daß darin eine abschlägige Antwort auf das Gesuch enthalten sei. Otmar öffnete langsam den Umschlag, heiter lächelnd; während er aber las, erblaßte er.

»Mein Gesuch ist abschlägig beschieden worden!« sagt er mit tonloser Stimme.

Ich war entsetzt, wie vor den Kopf geschlagen. Kein Wort konnte ich hervorbringen.

Otmar setzte sich zum Tisch und begann zu schreiben.

»Wem schreibst du?« fragte ich.

»Ich schreibe meinem ehemaligen Professor. Er hat eine einflußreiche Stellung, er kann mir sicher helfen. Wenn er es nicht tut, dann weiß ich nicht, was werden wird... Aber ich weiß bestimmt, er wird es tun, er ist ein sehr guter Mensch!«

Otmar verschloß den Umschlag und wir trugen ihn zur Post. Den ganzen Weg über sprachen wir kein Wort.

3. SEPTEMBER 1927.

Aus Salzburg keine Antwort. Die Tage, die wir jetzt erleben, sind noch quälender als die, in denen wir ganz Wien abliefen, um Arbeit zu suchen. Ich wirtschafte so sparsam, daß es mehr nicht mehr möglich ist. Ich gehe zu den entferntesten Märkten, um nur um einige Groschen weniger ausgeben zu müssen.

Otmar aber ist ganz ruhig; er ist überzeugt, daß ihm sein Professor helfen wird.

7. SEPTEMBER 1927.

Ein Brief aus Salzburg. Otmar las ihn durch, und bevor er es mir noch sagte, sah ich es schon an seinem Gesichte, daß er die Stelle in Salzburg bekommen hat. Ich warf mich ihm an den Hals und begann zu weinen. Seit wir nach Österreich gekommen waren, war dies das erstemal, daß ich weinte. Und diese Tränen waren Freudentränen. Jetzt kann ich es mir erlauben zu weinen, denn jetzt sind wir gerettet...

Wir sind auf dem Untersberg. Den ganzen Tag sind wir in der Sonne gelegen, jetzt ist es Abend und wir sitzen neben der Schutzhütte auf einer Bank und blicken in die Stadt hinab. Ist es, weil wir so hoch über all dem Getriebe sind, ist es, weil wir einen Tag voll Sonnenfreude hinter uns haben, oder ist es bloß deshalb, weil ich mit Otmar und Jurka zusammen bin, jedenfalls fühle ich mich glücklich und ruhig. Ich könnte mir jetzt nichts Besseres und nichts Schöneres vorstellen, als dem Geplauder des Buben zuzuhören, die Nähe Otmars zu fühlen und nieder auf die Stadt zu blicken, die im Dunkel versunken ist und in der nun ein Licht nach dem anderen aufleuchtet...

Und wieder scheint es mir, als hätte ich die Weisheit des Lebens erfaßt, als hätte ich den Gipfel erreicht, von dem aus es kein Höhersteigen mehr gibt. Ich habe begriffen, worin das Glück des Lebens besteht, und das, was dieses Glück ausmacht, das habe ich erreicht! Es ist schwer, die Gedanken auszudrücken, die wie lichte Flammen auf mich eindringen, so wie die Lichter da unten. Ach, wie viele es doch sind! Ich blicke hinunter und kann nicht daraufkommen, woran mich diese Lichter eigentlich erinnern, die da über die dunkle Tiefe hin ausgestreut sind. Ja, so wie ein Fackelzug, eine lange Prozession von Menschen mit lodernden Flammen, die ins Dunkle gehen, um etwas zu suchen. Sie kommen zum Fuße des Berges, auf dessen Gipfel ich sitze. Sie suchen wohl die Wahrheit, denke ich mir, die ich gefunden, die einfache Wahrheit des Lebens... Mein Gott, noch einmal danke ich dir, daß du mir die Freude gegeben hast, auf dieser Erde zu leben, die Schönheit zu erblicken, diese Berge und diese Lichter und das Glück, die Liebe!

In dieser Minute ist es mir klar geworden wie noch niemals, daß das Leben nur ein Augenblick ist. So wie diese Lichter sind wir, die dort in der Tiefe aufzittern, irgendwohin gehen, suchen, nicht wissend, was, und die dann eins nach dem andern erlöschen. Aber man bemerkt es gar nicht, dieses Erlöschen, denn neue Lichter treten an die Stelle der entschwundenen. Mir ist jedoch gar nicht weh bei diesem Gedanken. Im Gegenteil, vielleicht gerade deshalb, weil es so kurz ist, erscheint mir das Leben nur noch schöner und noch liebenswerter.

Und wirklich, wie unsagbar schön ist dieses Leben! So herrlich ist es, seinen gesunden, sonngebräunten Körper zu fühlen und zu denken, daß morgen wieder die Sonne leuchten wird. So warm wird es mir ums Herz, wenn ich zusehe, wie das Kind hin und her läuft, Blumen pflückt und ohne Unterlaß von den Käfern und den Schmetterlingen plaudert.

So wird es morgen wieder werden, wie es heute war. Die Sonne brannte, oben wölbte sich der blaue Himmel und unten lag das ganze große Land vor mir ausgebreitet, die vielen kleinen Dörfer und Weiler, die blauen Bäche und Flüsse und die silbernen Bänder der Straßen. Wunderschön bist du, Österreich! Glückliches Land, das so viel Schönheit hat in seinen Tälern und Bergen – und noch dazu übersät ist mit schmucken, reinen Tafeln, die jedem Menschen auf das genaueste anzeigen, wohin er sich zu wenden hat, wenn er Ruhe, Aussicht oder Komfort haben will. Sie fügen zu all dem Schönen noch eine Ruhe hinzu, ein Gefühl der Klarheit und der Sicherheit, wie es niemand in Rußland kennt; ja, so merkwürdig es vielleicht klingen mag, diese Tafeln erhöhen noch die Freude an der Schönheit dieser Welt.
Es ist mir unendlich wohl. Mein Körper ist ausgeruht und auch meine Seele. Unwillkürlich wende ich jetzt meinen Blick zurück auf den Lebensweg, den ich zurückgelegt, und es scheint mir nun, als habe sich, unsichtbar und unfühlbar, jemand um mich gesorgt, um mich zu dem jetzigen Glück zu führen. Jemand, der ganz groß, unendlich weise und unendlich liebevoll ist. Und immer mehr erfüllt sich mein Herz mit Dankbarkeit. Ich danke dir, großer Gott, für die Sonne, für die Natur, in der jede Blume mich mit Freude erfüllt, für das Glück, in diese unendlich weite Ferne blicken zu dürfen, für das Glück, daß ich in diesem herrlichen Lande eine neue Heimat gefunden habe, eine Heimat, in der ich nun still und ruhig werde leben können, zusammen mit meinen Lieben...
Mein Gott, wie schön ist es, zu leben! Wie glücklich bin ich über das, was ich erreicht habe! Endlich habe ich Ruhe für meine Seele gefunden, denn ich habe die Liebe, die Mutterschaft und die Möglichkeit, mich einer regelmäßigen Arbeit, die dem Geiste etwas gibt, zu widmen. Ich erinnere mich, daß ich einmal vor vielen Jahren, in einer Enquete über den Sinn des Lebens geschrieben habe, ich wolle Frau und Mensch sein. Damals habe ich nur davon geträumt; jetzt kann ich endgültig sagen, ich habe das erreicht, was ich wollte; ich bin Frau und Mensch. Ich habe alles getan, was in meinen Kräften stand, oft vielleicht sogar über meine Kräfte hinaus, um diese Ruhe zu erringen.
Wenn ich Worte hätte, würde ich beten, wie ein Kind, zart die Hände faltend...
Nimm, o Gott, heute meine Dankbarkeit entgegen, für alles, was du mir in diesem Leben geschenkt hast, für die bitteren Stunden des Leidens, die mich gelehrt haben, die Freude zu lieben, und für die Stunden der Freude, die meine Seele licht und fest wie Stahl gemacht haben. Am meisten aber danke ich dir für das große Glück der Liebe, die es mich

vergessen gemacht hat, daß der Mensch einsam sein kann, für die Liebe, die aus mir das gemacht hat, was ich jetzt bin. Und ich danke dir für das Glück der Mutterschaft, für das Glück, in meinem Kinde noch einmal ein Leben leben zu dürfen...

Es ist ganz dunkel geworden. Die Zahl der Lichter in der Stadt unten wächst und wächst. Auf den Straßen huschen Lichter dahin. Es scheint, als ob sie etwas suchen würden...

Und ich, ich habe alles, alles gefunden!